Juliane Lepsius So haben sie es berichtet

Juliane Lepsius

So haben sie es berichtet

Gert Löllbach,
Charlotte, Johanna, Ruth Herz, Richard (Rix) Löwenthal,
Eva und Ruth Brössler, Gerhart Scheunert,
Wilhelm Magnus und Hans Jonas

Jüdische und nichtjüdische Schicksale in der NS-Zeit und danach

Herausgegeben von Erhard Roy Wiehn
Hartung-Gorre Verlag Konstanz

Umschlagtitelfoto: Jüdische Flüchtlinge gelangen auf Fischerbooten von Dänemark nach Schweden 1943 (Foto Sammlung Dr. Juliane Lepsius);
Umschlag-Rückseite: Dr. Juliane Lepsius, November 2013 (Foto Axel P. Lepsius)

Bibliografische Information Der Deutschen Nationalbibliothek
Die Deutsche Nationalbibliothek verzeichnet diese Publikation in der Deutschen Nationalbibliografie; detaillierte bibliografische Daten sind im Internet über <http://dnb.dnb.de> abrufbar.

Lektorat: Erhard Roy Wiehn

2. Auflage 2026; 1. Aufl. 2014
Verlag: Hartung-Gorre Verlag, Säntisblick 26, 78465 Konstanz,
verlag@hartung-gorre.de
Druck: Libri Plureos GmbH, Friedensallee 273, 22763 Hamburg

ISBN: 978-3-86628-489-0 und 3-86628-489-6

Inhalt

Für Lajos Székely (1904–1995), Psychoanalytiker, der mir auf den Weg geholfen hat.

Vorwort

Während meiner Dienstjahre an der Deutschen Botschaft in Stockholm erhielt ich die schwerste Aufgabe meines Berufslebens. Auch als Nicht-Juristin war ich durch die Ausbildung für den Höheren Auswärtigen Dienst befähigt und befugt, konsularische Aufgaben wahrzunehmen und Zeugenvernehmungen durchzuführen. 1963 hatte in Frankfurt der erste Auschwitz-Prozess begonnen, in dem erstmals vor einem deutschen Gericht ehemalige KZ-Aufseher als Angeklagte erscheinen mussten. Im Frühjahr 1964 begannen die Befragungen von Zeugen, denen die deutschen Ermittlungsbehörden nicht zumuten konnten, in das Land ihrer ehemaligen Peiniger nach Frankfurt zu reisen und diesen wieder zu begegnen. Als Konsulin wurde ich ermächtigt und beauftragt, in Schweden lebende Zeugen des Holocaust dort "auf deutschem Boden" – d.h. in der Deutschen Botschaft – zu ihren leidvollen Erfahrungen zu befragen und sie dazu zu bewegen, über ihre traumatischen Erlebnisse auszusagen.

Ich hatte mich schon länger mit Schicksalen aus der Zeit des Nationalsozialismus befasst. Oft hatte ich mit dem in Berlin aufgewachsenen und – nach den Novemberpogromen 1938 – nach Schweden geflohenen Gert Löllbach gesprochen. Nach meinem Ausscheiden aus dem Auswärtigen Dienst erzählte er mir eingehend von seinem Leben im jüdischen Widerstand in Deutschland und seinem Einsatz für die vor der Vernichtung geretteten jüdischen Flüchtlinge in seiner neuen Heimat Schweden, wo er in enger Zusammenarbeit mit der zionistischen Hechalúz-Fischerboote für die Flucht über den Öresund organisierte: Mut zum Widerstand, so das erste Kapitel dieser Aufzeichnungen.

Durch das nach Stockholm geflüchtete Psychoanalytiker-Ehepaar Lajos und Edith Székely lernte ich ihre in Berlin lebenden Freunde Richard und Charlotte Löwenthal kennen, mit denen sie Erinnerungen aus ihrer Heidelberger Studienzeit und der frühen Verfolgung in Deutschland teilten. Der Politologe Richard Löwenthal spricht in Berlin mit grosser Offenheit über sein gegenwärtiges und vergangenes politisches Leben. Sein Wunsch war es, dass auch der mutige Einsatz seiner Frau Charlotte im französischen Widerstand in Interviews festgehalten würde, an denen er weitgehend teilnahm. Darauf folgen Gespräche mit Charlottes Schwestern Hannah in Schweden und Ruth, die im französischen Exil überlebte: Auseinandersetzung mit Totalitarismus.

Bei den Vorarbeiten zu meinem 1991 erschienenen Buch *Es taucht in Träumen wieder auf – Schicksale seit 1933* (Droste Verlag Düsseldorf) hatte ich durch Sonja Teller, die Auschwitz überlebte, und ihren Mann George die Londoner Kinderpsychoanalytikerin Hansi Kennedy kennengelernt. Sie bat mich, auch mit ihren ehemaligen Wiener Schulkameradinnen Eva und Ruth Brössler

Kontakt aufzunehmen, die nach dem langen Fluchtweg über Holland und die Schweiz ein neues Leben in den USA aufbauten: Schicksal und Chance.

In meiner Arbeit an den Themen, die mich über Jahrzehnte bewegten, nahm ich nach vielen Jahren wieder Kontakt mit meinem ehemaligen Psychoanalytiker Gerhart Scheunert auf, der einer neuen Generation der Vergangenheitsforscher gegenüberstand, die ihm seinen frühen Beitritt zur NS-Partei vorhielten. Im hohen Alter durchdachte er noch einmal die entscheidenden Phasen seines Lebens und liess mich in vielen Gesprächen an seinen Erinnerungen teilhaben: Die Last des Irrtums.

Mein Vetter Wilhelm Magnus erklärte mir die Situation seiner und auch meiner mütterlichen Familie mit unseren in der Nazizeit gefährdenden Anteilen "jüdischen Blutes". Diese hatten für meinen in Russland gefallenen Bruder Bernd-Gero die Beförderung zum Offizier ausgeschlossen. Wilhelm Magnus emigriert nach dem Krieg in die USA, wo er mit seinen jüdischen Mathematikerfreunden zusammenarbeitet. Dies führt ihn und seine Frau Trude auch zu einer engen Freundschaft mit dem Philosophen Hans Jonas, an dessen philosophischer Arbeit er intensiven Anteil nimmt. An dem freundschaftlichen Umgang durfte ich teilnehmen: Freunde in der Neuen Welt.

Die häufigen Gespräche mit diesen Zeugen ihrer Zeit, die ich in Deutschland, Frankreich, Holland, England, Schweden und den USA führen konnte, erstreckten sich über mehr als ein Jahrzehnt. Die Aufzeichnungen wurden noch von ihnen abgesegnet. Ihnen allen gilt mein bleibender Dank für ihr Vertrauen und die vielen Stunden tiefgehender Gespräche, die mein Leben bereichert haben.

Nümbrecht, im November 2013 Juliane Lepsius

1. Mut zum Widerstand: Gert Löllbach[1] und der Bund Hechalúz[2]

Im Sommer 1932 nahm für den Berliner Gymnasiasten Gert Löllbach die glückliche Kindheit ein jähes Ende. Seine Eltern kamen bei einem Schiffsunglück ums Leben. Der Vater gehörte der Konzernleitung der AEG an und hatte für diese Berufung 1924 eine Zelluloidfabrik in Elz bei Limburg verkauft. Von dort stammte seine Mutter, deren Familie noch ein frommes jüdisches Leben führte. In Elz und in Berlin war Gerts Kindheit und Schulzeit glücklich und ungetrübt bis zum Tod der Eltern ein halbes Jahr vor Hitlers Machtergreifung.

Das Berliner Goethe-Gymnasium lag in der Nähe des Kurfürstendamms, wo viele jüdische Eltern wohnten. "Dass wir Juden waren, wussten wir, weil die Hälfte unserer Klasse an den jüdischen Feiertagen nicht zur Schule kam. Wenn die anderen evangelischen oder katholischen Religionsunterricht hatten, gingen wir zum Rabbiner Dr. Winter. Das war bekannt und offen, das spielte unter uns Schülern keine Rolle, und die Lehrer machten zwischen Juden und Nichtjuden keinen Unterschied. Im Jahr 1929 kam der erste Klassenkamerad in Hitlerjugend-Uniform zur Schule. Er warf mit antisemitischen Schlagworten um sich, aber wir alle gaben ihm so Bescheid, dass er schwieg." Dass sein Vater aber schon 1930 eine Pistole in die Synagoge mitnahm, weil SA-Trupps mehrfach die Besucher angegriffen hatten, wusste Gert nicht.

Für ihn änderte sich alles, als er zur Familie der Tante nach Kreuznach kam. Er sollte nur die Zeit der Seereise seiner Eltern bei den Verwandten verbringen, aber er blieb als Waise zurück. Als die Nationalsozialisten (*im Januar 1933*) die Macht ergriffen, machte sich das in der kleinen Stadt schnell bemerkbar – auf der Strasse und in der Schule. "Unter den Lehrern spürte man die gegenseitige Aufsicht. Einer von ihnen bekannte sich noch offen als Sozialist. Er war bald verschwunden, ich weiss nicht wohin." Man hörte damals allenfalls etwas von "Erziehungslagern".

Im Biologieunterricht kam die "Rassenlehre" auf den Stundenplan. "Nachdem unser Lehrer verschiedene Köpfe vermessen hatte, musste er feststellen, dass von drei Schülern mit Idealmassen, langem Schädel und anderen "arischen" Merkmalen, zwei jüdisch waren. Von nun an wurden Namen genau angesehen und streng kontrolliert, wer gemessen werden durfte." Bald ver-

[1] http://collections.ushmm.org/search/catalog/vha26327 (*Alle folgenden Fußnoten stammen vom Herausgeber.*)

[2] "Der Pionier", 1917 gegründeter Weltverband mit dem Ziel, die Einwanderung nach Eretz Israel (Land Israel/Palästina) zu fördern; 1922 in Deutschland gegr. und 1938 in die Abteilung I des Palästinaamtes überführt; vgl. http://de.wikipedia.org/wiki/Hechaluz

schwanden die jüdischen Mitschüler einer nach dem anderen aus der Schule. "Ich blieb übrig und erfuhr, dass mein Verbleiben damit zusammenhängen könnte, dass mein Vater im Ersten Weltkrieg Offizier gewesen war. Es war aber eher zu meinem Leidwesen, dass ich schliesslich der einzige Jude im ganzen Kreisgymnasium war. Die vielen Aufmärsche auf dem Schulhof waren eine Tortur, denn ich als Jude war der einzige Junge, der keine HJ-Uniform tragen durfte. Bei der Fahnenehrung traten die Hitlerjungen mich von hinten und malträtierten mich auf jede Weise."

Zu Anfang hiess es, die jüdischen Jungen sollten mit der ganzen Klasse den Arm zum Hitlergruss erheben, wenn der Lehrer den Raum betrat oder wenn das Deutschlandlied gesungen wurde. "Danach sollten wir weder grüssen noch mitsingen. Wenn man in der ersten Zeit eine vorbeimarschierende Kolonne nicht gegrüsst hatte, konnte man zu Boden geschlagen werden. Dann schlug die SA Juden zu Boden, weil sie mit "Heil Hitler" gegrüsst hatten, und kurz darauf konnte es einen wieder umgekehrt treffen." Gert wusste nie, woran er war, aber alle anderen wussten, er war "der Jude".

"Die Familie meiner Tante versuchte es mir in ihrem Hause so angenehm wie möglich zu machen. Sie führte ein orthodoxes Leben, das war mir völlig fremd." Für Vater und Mutter hatten Aufklärung und Wissen im Zentrum ihres jüdischen Bewusstseins gestanden. Onkel und Tante hatten einen erfolgreichen Weinhandel. Er wurde boykottiert, und sie mussten Geschäft und Haus aufgeben. Sie versuchten es noch mit einem kleinen Milchladen, aber dann wurde es ganz verboten, bei Juden zu kaufen oder an sie zu liefern. Ihr Sohn wanderte nach Argentinien[3] aus, die Tochter wurde Dienstmädchen in einer Familie, die mit dem letzten Schiff nach Südamerika emigrierte. Ihr Leben in Bolivien blieb ärmlich und von dem ihrer Vergangenheit weit entfernt.

Gert kam noch bis zum Abitur, aber die Lehrer gaben dem jüdischen Schüler von einem Tag zum anderen keine guten Noten mehr. Studieren durfte er nicht. Bei einem Freund seines Vaters in Limburg konnte er als Praktikant in einer jüdischen Holzhandelsfirma beginnen. Hier und in Gerts nahem Geburtsort Elz sprach man noch viel von seinem Vater, der in den 1920er Jahren der Hauptarbeitgeber gewesen war. Viele lobten die vorbildliche Fürsorge, die er seinen Mitarbeitern auch noch bewies, als er die Fabrik verkaufen musste. Seinen Chauffeur hatte er durch persönliche Fürsprache beim Bischof von Limburg untergebracht. Jetzt sah Gert den Mann, der ihn als Kind auf dem Arm getragen hatte, in brauner SA-Uniform sogar den Bischof fahren.

---

[3] Gabriel Groszman, Semi Uffenheimer – Jüdische Familiengeschichte aus Breisach, Lörrach, Bühl, Graben in Baden und in Argentinien. 1902–1981–2013. Konstanz 2013.

"Bei meinem Arbeitgeber schwenkten auch die, denen der Besitzer noch privat geholfen hatte, auf die Propaganda ein, dass die wirtschaftliche Not nur auf Versailles und auf die Juden zurückzuführen sei. Der Firmenname durfte nicht mehr auf dem Lieferwagen stehen, treue Kunden konnten nur noch im Dunkeln ihre Einkäufe machen. Schliesslich erschien der Prokurist in SA-Uniform, und kurz darauf war die Firma "arisiert". Das bedeutete immer, dass ein Nationalsozialist die Leitung übernahm und der Besitzer gehen musste. Wenn er Glück hatte, erhielt er für alles, was er geschaffen hatte und an Werten verlor, noch ein geringes Entgelt. Wenn er sich weigerte, wurde er verhaftet und seine Firma zwangsenteignet. Unser Firmeneigentümer hatte unter den Schikanen schon mehrfach Herzattacken erlitten und verliess mit seiner gequälten Familie die Stadt. Nach längerer Zeit gelang es ihm noch, nach Uruguay zu kommen. Ich konnte natürlich nicht in der "arisierten" Firma bleiben und verlor meine Praktikantenstelle."

Schon in der Berliner Schulzeit hatte Gert dem jüdischen Jugendbund *Kadima*[4] angehört, was hebräisch "Vorwärts" und "Ostwärts" bedeutet. In Kreuznach hatte er die sportlichen Aktivitäten fortgesetzt und eine eigene Ortsgruppe gebildet. Nun bot der Verband ihm selbst die Möglichkeit, vorwärts zu denken in einer Landwirtschaftsausbildung[5] von Jugendlichen, die nach Palästina strebten. "Viele von uns begeisterten sich damals für die zionistische Idee. In einem jüdischen Staat würden alle Verfolgten Zuflucht finden, und unser Leben als Juden würde wie das anderer Völker sein. So lange es Antisemitismus gab, würde es nötig sein, Juden zu schützen, und dazu brauchten sie eine Heimat, eigene Staatsbürgerschaft und eigene diplomatische Vertretungen."

Die jüdischen Jugendbewegungen mussten im "Reichsausschuss der Jüdischer Jugendverbände" zusammengefasst sein, der dem nationalsozialistischen Reichsjugendführeramt unterstand. "Für die Arbeit unserer Organisation brauchten wir die Genehmigung des Reichsjugendführers Baldur von Schirach,[6] seine Faksimileunterschrift stand in unseren Führerausweisen. Dass wir als notwendig erkannt hatten, junge Menschen auf die Auswanderung vorzubereiten, passte noch in die Politik der Nazis vor 1938. Mit Himmlers Billigung wollte man so viele Juden wie möglich zur Auswanderung treiben."

---

[4] http://de.wikipedia.org/wiki/Jüdische_Jugendbewegung

[5] Hebräisch: Hachschará; dazu: Erhard Roy Wiehn (Hg.), Wer hätte das geglaubt – Erinnerungen im Kibbuz Buchenwald – Netzer Sereni an Hachschará und Konzentrationslager. Mit einem Vorwort von Zwi Helmut Steinitz und einem Beitrag von Ruth u. Heribert Fiedler über Hachscharót und die Hachschará-Stätte Ahrensdorf. Konstanz 2010; http://de.wikipedia.org/wiki/Hachschara

[6] Baldur von Schirach (1907–1974); http://de.wikipedia.org/wiki/Baldur_von_Schirach

25 Jungen und Mädchen im Alter von 17 bis 19 Jahren wurden in zweijähriger Ausbildung auf einem Gut in Westfalen auf eine führende Rolle in der Jugendauswanderung vorbereitet und mit hebräisch-zionistischer Kultur vertraut gemacht. Neben dem alten jüdischen Bauernhof war das Arbeitsdienstlager "Simon von Tecklenburg" eingerichtet worden. "Mit Gesang und geschultertem Spaten marschierten die Arbeitsmänner an uns vorbei, wenn wir auf dem Felde arbeiteten. So lange sie in Kolonne waren, ging das zackig vorüber, aber wenn sie nicht marschierten, wurde es gefährlich. Sie verfolgten uns einzeln und belagerten uns in unserem Haus. Ihre brutalen Versuche, unsere Mädchen in ihre Gewalt zu bekommen, konnten wir noch abwehren. Aber ständig wuchs meine Angst, wie das weitergehen sollte."

Nach zwei Jahren wurde Gert Jugendleiter für den Kreis und die Stadt Essen. Dort gab es ein modernes Jugendheim, das der vorausschauende jüdische Bankier der Firma Krupp noch gestiftet hatte. Es bot den jüdischen Jugendlichen Büroräume, eine Bibliothek, einen Versammlungsraum, Filmsaal und Theaterbühne und Werkstätten, in denen sie für einen Beruf ausgebildet werden konnten. 1938 war es für junge Juden sonst kaum noch möglich, einen Ausbildungsplatz zu finden.

"Unsere jüdische Kulturarbeit wurde von der Gestapo überwacht. Ich musste ihr unsere Unterrichts- und Tätigkeitspläne im voraus vorlegen. Wir durften viele Dinge überhaupt nicht unterrichten. Für Geographie war nur Palästinakunde erlaubt, denn wir sollten ja auswandern. Neuere Geschichte durfte nicht erwähnt werden, auch nicht die Entwicklung der Arbeiterbewegung. Gestapo-Leute kamen überraschend ins Haus, um zu kontrollieren, ob wir auch nur das machten, was wir angegeben hatten. Unter ihnen gab es einen jungen Mann, der perfekt Hebräisch konnte. Er stammte aus Sarona[7] bei Jaffa, einer Ansiedlung von Nachkommen einer deutschen Kreuzritterkolonie, die inmitten einer vorwiegend jüdischen Umgebung die deutsche Staatsangehörigkeit behalten hatte. Hitler hatte sie als Auslandsdeutsche (*teilweise*) 'heim ins Reich' geholt. In der Gestapo war dieser Mann Experte für 'jüdische Umtriebe'. Ihm konnten wir nichts vormachen. Er sagte uns jeden verschleierten Lehrstoff auf den Kopf zu, denn er wusste mehr davon als unsere Schüler."

Eines Morgens wurde Gert von der jüdischen Versammlung in Essen gerufen: "SS-Truppen waren dabei, Juden festzunehmen und zusammenzutreiben, junge

[7] Deutsche Templer-Kolonie nordöstlich von Tel Aviv Jaffo; 1871 von protestantischen Württembergern als eine der frühesten modernen Siedlungen in Palästina gegründet; dazu in: Erhard Roy Wiehn (Hg.) Jüdische Rückblicke – Ge-spräche in Israel, Konstanz und Kreuzlingen. Konstanz 2012, S. 59 f.; vgl.http://en.wikipe-dia.org/wiki/ Sarona_(colony)

und alte, Männer, Frauen und Kinder, Deutsche, Staatenlose, polnische Staatsangehörige und naturalisierte frühere Polen, die schon vor dem Ersten Weltkrieg in Deutschland heimisch geworden waren.[8] Sie sollten fortgebracht werden. Meine Kollegen und ich versuchten verzweifelt, bei den Behörden zu intervenieren. Als nichts fruchtete, versuchten wir Decken, Essen und warme Getränke auf den Schulhof zu bringen, wo die Festgenommen ein-geschlossen waren. Wie sie gingen und standen, waren sie ohne Vorwarnung abgeführt worden. Wir durften kein Wort mit ihnen sprechen."

Am Abend wurden die Unglücklichen in Viehwaggons gepfercht und zur polnischen Grenze gebracht, wo polnisches Militär sie zurücktrieb. Im Niemandsland wurden sie abgesetzt. 12.000 bis 15.000 Menschen sassen bei klirrender Kälte kaum bekleidet ohne Nahrung auf dem Boden. Erst nach mehreren Tagen konnte das Rote Kreuz erste Hilfe bringen. Nach Wochen gelang es der jüdischen Schattenregierung in Palästina, die Jüngsten und schliesslich auch Erwachsene nach Palästina einwandern zu lassen, und langsam wurde noch eine sehr begrenzte Zahl in einigen anderen Ländern aufgenommen. Dies war der Beginn der Massenverhaftung von Juden, die dann am 9. November mit dem Mord des deutschen Diplomaten (*Ernst vom Rath*) in Paris durch den verzweifelten Sohn polnischer Eltern "begründet" wurde.[9]

"Am 7. November (*1938*) wurde ich wieder zur jüdischen Versammlung gerufen. Dort hatte man eine Information von einem gewaltigen Pogrom, das am 9. November inszeniert werden sollte." Schon lange war es am nationalsozialistischen "Heldengedenktag" für Juden gefährlich, sich öffentlich zu zeigen. Jetzt wurde der Tag an allen Orten und für jeden Juden lebensgefährlich. Das schöne Jugendheim stand in Flammen. Polizei und Feuerwehr standen untätig daneben und dachten offensichtlich nur an die Nachbarhäuser. Gert kam gerade noch rechtzeitig, um dem Verwalter des Jugendheims mit seiner Familie über eine hohe Mauer zu helfen, sodass sie sich vor der Verhaftung retten konnten. "Kannst Du meinen Eltern sagen, dass wir entkommen sind?", rief er ihm noch zu, bevor auch Gert sich in Sicherheit brachte.

Die Eltern des Heimleiters wohnten nicht weit von dem Haus, in dem Gert ein Zimmer gemietet hatte. In der Nacht vom 9. zum 10. November wagte er es, zwischen 4 und 5 Uhr zu ihnen zu schleichen. Es waren alte Menschen, die über die Nachricht glücklich waren. Sie baten Gert, noch ein paar Wertsachen

[8] Sog. "Polenaktion" am 28./29. Oktober 1938, wovon ca. 17.000 Menschen betroffen waren, darunter auch Herschel Grynszpans Eltern; http://de.wikipedia.org/wiki/Deportation_von_Juden_aus_Deutschland

[9] Erhard Roy Wiehn, Zum Reichpogrom 1938 – Die Ereignisse in Konstanz 70 Jahre danach zum Gedenken. Konstanz 2008.

für sie in den Keller zu tragen. "Ich lief ein paar Mal mit den Paketen nach unten. Als ich zum dritten Mal heraufkam und durch die Wohnungstür ging, wurde ich von hinten gepackt. SS-Leute waren eingedrungen, um nach dem Sohn zu suchen. Als sie mich statt seiner fanden, nahmen sie mich mit."

Jüdische Männer wurden überall aufgegriffen und in einer Ausstellungshalle zusammengetrieben. "Bei meiner Ankunft waren bereits Hunderte dort. Sie wurden registriert und dann ins Essens Zuchthaus, den Hausmannshof, abtransportiert. Die ersten drei Tage bis zur Untersuchung verbrachte ich stehend mit zwei anderen in einer Einmannzelle. Dann wurden wir in einen Untersuchungsraum geführt, wo ein paar Leute in weissen Kitteln standen, die ihnen ein ärztliches Aussehen gaben. Als mein Name aufgerufen wurde, drehte einer von ihnen sich um und sprach mich an: 'Bist Du das, der so krank ist?' Wie durch eine Eingebung antwortete ich: 'Ja.' Ich blieb im Hausmannshof, alle anderen Juden kamen ins Konzentrationslager. Die einzige Erklärung, die ich dafür habe, ist die, dass der Gestapomann aus meinem Heimatort stammte und sich bei meinem Namen an meinen Vater erinnerte. Er wollte mir jedenfalls spontan helfen, soweit das überhaupt möglich war."

Die nächsten Wochen verbrachte Gert allein in einer Einzelzelle, in der es immerhin ein Klappbett, einen Tisch mit Hocker und einen Kübel wie für jeden Zuchthausgefangenen gab. Als er zum Essenholen kommandiert wurde, sah er, dass es auf seinem Flur keine jüdischen Mitgefangenen mehr gab. In der Nacht aber wurde er in einen kleinen Innenhof gebracht, in dem jüdische Männer sich drängten. Starke Scheinwerfer beleuchteten ihre Aufstellung in langen Reihen. In jeder Ecke des Hofes sah man bewaffnete SS-Soldaten. "Stundenlang standen wir da und froren in der leichten Kleidung, in der wir festgenommen worden waren. Dann marschierte eine Reihe SS-Männer mit Schusswaffen auf und richtete sie auf uns. Ein Offizier kommandierte: Feu...! und während alle den Schuss erwarteten, erschien eine Ordonnanz und erklärte laut, dass die Exekution aufgeschoben würde. Nach längeren Pausen wiederholte sich die gleiche Prozedur. Beim letzten Mal dauerte die Spannung besonders lange, dann befahl ein Offizier den Rückmarsch in die Zellen." Nicht alle, die auf dem Hof gekommen waren, konnten ihn wieder verlassen. Einige blieben ohnmächtig oder vom Herzschlag getroffen auf dem Boden liegen.

Als Gert wieder einmal mit Essenskannen aus der Küche im Keller durch die Gänge gejagt wurde, sah er einen Häftling auf Knien den Korridor bohnern. "Ich dachte, das ist auch eine Möglichkeit, ausserhalb der Zelle zu sein, und meldete mich zum Bohnern. Um möglichst lange in dem hohen Korridor zu sein, kam ich darauf, Muster zu bohnern. Sie gefielen dem Wärter so, dass er mir jeden Tag mehr Zeit gab." So bohnerte Gert einmal bis zum Abend und rutschte dabei auf Knien bis zum Geländer vor, über das man einen Blick in den Lichthof des Gefängnisses werfen konnte. "Dort unten sah ich den Rabbiner, der offenbar gekommen war, um jemand anderen herauszuholen, denn dass ich hier war, konnte er nicht vermuten. Alle, die in unserem Bezirk am 9. November verhaftet wurden, kamen ja ins KZ. Durch Räuspern und Husten machte ich mich ihm vorsichtig bemerkbar, bis er wirklich nach oben sah. Einige Tage später war ich frei." Der Rabbiner hatte die wenigen Mitglieder der Reichsleitung, die nach der "Kristallnacht" noch in Berlin waren, auf Löllbach aufmerksam gemacht. Sie fanden noch Wege, sich für ihn einzusetzen.

"An einem der Weihnachtstage ging ich in meinem inzwischen dreckstarrenden leichten Sommeranzug frierend den langen Weg zu meiner Wohnung. Mein Geld, das ich für die Strassenbahn gebraucht hätte, war mir im Gefängnis nicht zurückgegeben worden. Als ich die Wohnungstür öffnete, sah ich auf leere Wände. Mein Zimmer war ausgeräumt, die Wohnungsinhaber hatten sich offenbar mit ihren kleinen Kindern auf die plötzliche Flucht ins Ungewisse begeben." Gert machte sich auf den Weg zum ausgebrannten jüdischen Gemeindehaus. Er wusste nicht, wohin er sonst noch gehen sollte. In der Ruine gab es kein Leben mehr. Da hörte er eine freundliche Frauenstimme sagen: "Vielleicht dürfen wir Sie zu einem Teller Suppe einladen, dann können wir besser sprechen als hier." Er erkannte eine Nonne, die ihm schon ein Stück gefolgt war, doch er hatte nicht gewagt, sich umzusehen. "Sie führte mich zu einem Stadtkloster. Ich bekam zu essen, konnte ein Bad nehmen und warme Kleidung anziehen. Am nächsten Morgen ging eine der Nonnen zum Bahnhof und kaufte mir ein Billett erster Klasse nach Berlin. Sie wusste, dass man als Jude in der ersten Klasse sicherer war als in der zweiten oder dritten. Unbehelligt gelangte ich zu unserem Verbandsvorsitzenden. Niemals werde ich meine rettenden Engel vergessen. Ihre Barmherzigkeit half mir auch aus der demütigenden Erniedrigung."

In Berlin wurde Gert sogleich gebeten, Listen von allen Kameraden aufzustellen, die in Essen ins KZ gekommen sein könnten. Die Berliner Pionierorganisation Hechaluz ("der Pionier") wollte versuchen, sie herauszuholen. Dafür brauchte man vor allem Geld. Gert fuhr zu seinem früheren Lehrherren. Er stand kurz vor der Auswanderung und lieh ihm alles, was ihm nach den Vorbereitungen noch geblieben war, für diese Rettungsaktion. "Wenn es gelungen war, einen Freund freizukaufen, so brauchte man zunächst eine Ausreisegenehmigung. Nachdem alles jüdische Eigentum beschlagnahmt war, ging jetzt die offizielle Politik der Nazis dahin, so schnell wie möglich noch viele Juden loszuwerden. Das grosse Problem für uns waren die Einreisedokumente. Es ist eines der traurigsten Kapitel unseres Kampfes, dass es damals eigentlich kein Land in Europa und in Nord- und Südamerika gab, das in merkbarem Ausmass bereit gewesen wäre, zu helfen. Für teures Geld bekamen wir noch Einreisevisen von Gesandtschaften wie Costa Rica oder der Dominikanischen Republik,[10] wenn wir garantierten, dass sie nicht wahrgenommen würden. Sie dienten nur als Nachweis eines Endzieles, um ein Durchreisevisum für Belgien, Holland oder Frankreich zu erhalten. Diese Visen brauchten wir, wenn wir Einwanderer illegal nach Palästina schickten. Die Gestapo wusste das und machte das Spiel auch eine Weile mit."

Schon länger hatten die zionistischen Organisationen sich darauf vorbereitet, die aus dem KZ entlassenen Juden in kleinen Gruppen nach Palästina zu bringen. Sie charterten möglichst kleine aber seetüchtige Schiffe, die zu bestimmten Zeiten, wenn Ebbe und Flut, Mondlicht und Wetter günstig waren, in die Nähe der Küste Palästinas geleitet wurden. Dort liess man sie stranden. Kibbuzniks brachten die Insassen an Land und versteckten sie vor der nächsten Razzia der Engländer. Gert Löllbach hatte sich auf diesen Ablauf schon als Gruppenleiter vorbereitet.

In den Wochen nach seiner Entlassung brachte er fast 800 Juden aus Konzentrationslagern heraus. Da kam eines Tages der Gestapomann aus Haifa auf ihn zu und sagte: "Jetzt aber genug! In 24 Stunden musst du Deutschland verlassen haben." Gert fuhr sofort nach Berlin, von wo er am selben Abend noch mit einer illegalen Gruppe nach Palästina abreisen sollte. "Als ich meinen Pass erhielt, entdeckte ich statt der mir bekannten Hilfszertifikate ein schwedisches Visum. Es sollte für ein halbes Jahr und nur für ein landwirtschaftliches Praktikum gelten. Die Freunde trösteten mich und erklärten, dass ich sicher von Schweden aus eine Gruppe nach Israel bringen könnte und dass die Jugendlichen, die allein dort hingekommen waren, einen Jugendleiter unseres Verbandes dringend brauchten. So fuhr ich am Abend noch nach Sassnitz." (*Insel Rügen*)

SS und Grenzpolizei durchsuchten Gert bis aufs Hemd und schlitzten auch die Sohlen der neuen Gummistiefel auf, die dem schwedischen Winter trotzen sollten. Sie fanden nur 3 Reichsmark mehr als die erlaubten 10 und beschlagnahmten sie gegen eine korrekte Quittung. Die erforderlichen Papiere umfassten die Bescheinigung des Essener HJ-Standortführers, dass Löllbach nicht der Hitlerjugend angehörte und einen "Ausschliessungsschein" der Wehrmacht. Als Gert auch noch Ausfuhrabgaben für alle durchsuchten Gegenstände

[10] Dazu: Ingrid Decker, Jüdisches Exil in Mexiko und der Dominikanischen Republik 1923–2010. Konstanz 2011.

seines persönlichen Eigentums zahlte, war das Schiff schon im Ablegen begriffen. Die schwedische Besatzung hatte aber seine Notlage bemerkt, in letzter Sekunde half sie ihm an Bord. Die Fähre *Gustaf V* verliess mit ihm das Land seiner Väter, das ihn keinen Tag länger geduldet hätte.

In Südschweden waren viele Mitglieder der "Hechaluz" schon auf verschiedenen Bauernhöfen Schonens verteilt. Sie sollten in Gruppen gesammelt und durch Unterricht in Hebräisch und Palästinakunde auf die baldige Ausreise vorbereitet werden. "Angesichts der schwedischen Arbeitslosigkeit und einer verbreiteten Ausländerskepsis sollten jedoch Gruppierungen nicht ins Auge fallen und das individuelle Dasein als Knechte und Mägde gewahrt bleiben." Gert wurde auch als Knecht zu einer Bauernfamilie eingewiesen. Stallputzen, 15 Kühe melken, das hatte er in Deutschland schon gelernt. Nur das Holzhacken mit steifen Fingern in der eisigen Januarkälte war ein Problem. Als seine Axt in dem vereisten Klotz stecken blieb, kam der junge Bauer, spaltete das Holz mit lauten Schimpfworten, und ehe Gert wusste, was geschah, flog die Axt knapp an seinem Kopf vorbei. "Ohne nachzudenken warf ich meine Axt zurück, sie sauste an seinem Arm vorbei und streifte seine Lederjacke. Dann erstarrte ich vor Entsetzen über meine Reaktion, auch wenn sie Verteidigung war." Gert lief zum Nachbarhof zu einem Kameraden und radelte mit ihm zum Ortspolizisten. Der verstand Englisch und entschied, Gert solle seine Sachen holen und zu dem Kameraden ziehen. Der einzige Schlafplatz, den es auf dem anderen Hof noch gab, war die Rübenkammer. Wenn im Herbst Kartoffeln und Rüben geerntet würden, sollte Gert sich eine andere Stelle suchen.

Die schwere Arbeit beanspruchte alle Kräfte der jungen Landwirtschaftsschüler, die in ihrer Ausbildung mit mehr theoretischem Unterricht nie so hart gearbeitet hatten. Viele erlitten nachhaltige körperliche Schädigungen. Mühsam mussten sie auch den Argwohn der Bauern gegen die jungen Intellektuellen überwinden. Gert hörte einmal zwei Bauern über sie reden: "Mein Jude ist ein guter Jude", sagte der eine, "er ist ein grosser starker Kerl." Der andere meinte: "Mein Jude ist ein Trottel." Ein Freund erhielt von einem Grossgrundbesitzer das Zeugnis: "Obwohl er ein Jude ist, hat er gute Arbeit geleistet, was um der Wahrheit willen hiermit bestätigt werden muss. Es gibt auch keinen Anlass, ihn für irgend etwas zu verdächtigen."

Knechte in Schonen: Gert Löllbach (links) und Freund (*alle Fotos Sammlung Dr. J. Lepsius*)

Wenn die jungen Landarbeiter frei hatten, gingen sie in das nächste Dorf. Dort fielen sie schon durch ihre Erscheinung aus dem Rahmen, denn sie hatten nur die deutsche Kleidung, die sie vor der Abreise zufällig getragen hatten. Gerts Freund trug dazu die goldene Uhrkette seines Vaters als letzte Erinnerung an ihn. Sie grüssten alle Polizisten, und diese grüssten sie zurück! "Das konnten wir nicht genug probieren, denn Polizei kannten wir nur als furchterregende Macht. Wir waren auch stolz auf unseren Retter und Wohltäter, den schwedischen Regimentsveterinär Emil Glück. Einen jüdischen Offizier gab es in Deutschland schon lange nicht mehr!"

Der Schwede hatte eine Berliner Jüdin zur Frau, deren Bruder in Dänemark schon vor 1933 jungen Zionisten eine Ausbildung in Landwirtschaft und Fischerei ermöglichte, die sie in Palästina brauchen würden. Nach der Machtübernahme organisierte Glück in Zusammenarbeit mit dem Berliner Landesverband von Hechaluz so etwas auch in Schweden. Mit Hilfe von Freunden und Bekannten gelang es ihm, immer neue Ausbildungsplätze zu schaffen. Nach der Pogromnacht 1938 hatten sie die Einreisequote auf 300 erhöhen können, mit dem Krieg aber erlosch jede Möglichkeit, Jugendliche ins Land zu holen. Die Einreise nach Palästina verhinderten nun die Engländer.[11]

In Schonen wuchs 1940 die Angst vor einer Invasion der Deutschen, deren militärische Stärke man hoch einschätzte und lange sogar bewundert hatte. Die Bauern wurden zum Militär eingezogen, und Emil Glück ermahnte seine jungen Schützlinge, ihre landwirtschaftlichen Pflichten ganz zu übernehmen. Männer jeden Alters aus allen Teilen Schwedens sah man im gefährdeten Süden mit dem Dreispitz aus der Zeit Karls XII. als oft einzigem Uniformstück herumlaufen. Seit Jahrzehnten hatte Schweden kaum noch Waffen produziert. Eines Tages erschienen Soldaten im Ort und befahlen den Bauern und Knechten, ihre Landwirtschaftsmaschinen auf allen freien Flächen zusammenzufahren, auf denen man Fallschirmabsprünge erwarten könnte. Die Jungen fällten dann in den Wäldern Baumstämme und bauten daraus Holzattrappen, die für die Flieger Geschütze vortäuschen sollten. Als Gert gerade eine Holzkanone aufgestellt hatte, kam ein deutscher Flieger bis auf 30 Meter herunter, öffnete seine Luke und lachte den Jungen breit an. Eine Landung wäre für die Luftwaffe kein Problem gewesen.

Gert fühlte sich danach mit seiner Gruppe junger Juden in Südschweden nicht mehr sicher und bat Emil Glück, sie so weit wie möglich nach Norden zu schicken. An der norwegischen Grenze würden sie dann Schützengräben bauen oder Pionierdienste leisten. Aber in Schonen war ihr Einsatz auf den Bauernhöfen unverzichtbar. Gert organisierte in der Gruppe wenigstens eine Telefonkette für den Fall einer deutschen Landung. Von seinem Wochenverdienst, von dem er nie mehr als 5 Kronen für sich behielt, kaufte er eiserne Rationen für die Flucht vor einer drohenden deutschen Besetzung.

---

[11] Im Auftrag des Völkerbundes übte Großbritannien das Mandat über Palästina aus, und zwar von Sommer 1922 bis Mai 1948; http://de.wikipedia.org/wiki/Völkerbunds-mandat_für_Palästina

Als er dann in die schwedische Zentrale seiner Organisation gewählt wurde, suchte er Verbindung zu den Kameraden im besetzten Dänemark und zum dänischen Untergrund. Sie fanden Kontakt mit jüdischen Jugendlichen, die unter den Nazis in Deutschland zurückgeblieben waren und konnten auch eine Gruppe von sehr jungen Hechaluz-Mitgliedern noch aus Österreich herausbringen. Die Neuankömmlinge hatten es besonders schwer, mit der Trennung von den Eltern und den rauen Verhältnissen fertig zu werden. Gert betreute sie besonders und konnte doch nicht verhindern, dass einer von ihnen sich das Leben nahm.

"Ich hatte auch die Aufgabe, Verbindungen mit unseren Institutionen im Ausland wahrzunehmen. Die 1929 gegründete jüdische Schattenregierung Jewish Agency[12] in Palästina hatte Büros in Istanbul, Genf und London eingerichtet, mit denen ich korrespondierte. Ich gab Lageberichte über unsere Gruppe und erhielt wichtige Informationen vom Schicksal der Juden in ganz Europa. Wir wussten nun, dass unsere Eltern, Verwandten, Freunde und Kameraden, die nicht mehr aus Deutschland herauskommen konnten, wahrscheinlich in Konzentrationslagern waren."

Auch in deutschen Kriegsgefangenenlagern gab es jetzt jüdische Gefangene. Sie hatten als Freiwillige der Jüdischen Brigade[13] innerhalb der britischen 8. Armee gekämpft. Gert Löllbach erhielt einige der Namen. Er schrieb Briefe an sie ins Lager und unterzeichnete mit den nachprüfbaren Namen seiner Mitarbeiter: "Lieber Cousin, ich habe gerade gehört, dass Du dort bist, wie geht es Dir und was kann ich für Dich tun? Wir haben uns ja seit unserer Kindheit nicht gesehen, und ich würde mich über ein Bild von Dir aus neuester Zeit freuen." Es kamen wirklich Antworten. Die Mitteilung, dass man im Lager übergenug zu essen hätte, war für die Empfänger ein deutlicher Hinweis auf die Hungerlage. Auch ein Gruppenbild mit einem Fussball kam aus einem Lager. Darauf war etwas eingezeichnet, was auf den Ort schliessen liess. Der britische Militärattaché konnte es entschlüsseln, und die Informationen führten zu einer Paketaktion des Roten Kreuzes für diese Kriegsgefangenen.

Auf ähnliche Weise versuchten die Hechaluz-Pioniere mit Konzentrationslagern in Kontakt zu kommen. Sie schrieben Briefe mit Empfangsbescheinigung an Namen, die sie wussten oder vermuten konnten. Wenn ein solcher Emp-

---

[12] http://de.wikipedia.org/wiki/Jewish_Agency_for_Israel

[13] Am 6. August 1942 wurden 3 jüdische Bataillone und am 3. Juli 1944 die Jüdische Brigade in der britischen Armee gebildet, die mehr als 5.000 Soldaten aus Palästina umfaßte; insgesamt haben während des Zweiten Weltkriegs ca. 30.000 jüdische Freiwillige in der britischen Armee gedient; http://de.wikipedia.org/wiki/Jüdische_Brigade

fangsbeweis kam, wurde er an die Hilfsorganisationen weitergegeben. Wenn er dann einmal ausblieb, war es ein Alarmsignal. Die Jungen opferten alles, um selber Pakete zu schicken, obwohl sie nie sicher sein konnten, ob die Eingangsbestätigung nicht von der Wachmannschaft ausgefüllt war. Das hat sich später leider oft bestätigt. Aber ein gewisser Schutz konnte der Kontakt mit Schweden für die Adressaten sein, wie dänische KZ-Insassen später berichtet haben. Gert korrespondierte auch mit den Widerstandskämpfern des Warschauer Ghettos.[14] Die Verbindung mit dem Leiter und der Leiterin des Aufstandes bestand bis zum schrecklichen Ende. Beide entkamen noch durch die Kanalisationsrohre haben später in Israel geheiratet.

Im Januar 1943 wurde Löllbach mehrmals von der Polizei nach Helsingborg und Malmö gerufen. Junge Deutsche hatten sich auf abenteuerliche Weise in Schweden eingefunden. Ein Junge war aus dem plombierten Postsack gekrochen, als der Gepäckwagen aus Dänemark in Helsingborg entladen wurde. Ein anderer war unter der Abdeckung eines Flak-Geschützes verborgen mit einem deutschen Militärzug nach Norwegen über den Sund gekommen und beim Rangieren in Helsingborg abgesprungen. Gert konnte im Bewachungslager der Ausländerkommission bestätigen, dass beide zur Hechaluz-Organisation in Dänemark gehörten.

Es war jetzt in Schweden schon bekannt, dass die in Deutschland zurückgebliebenen Juden systematisch gesammelt und deportiert wurden, und dass es kein Entrinnen mehr gab. Doch nach Neujahr meldete die Polizei wiederum, dass in Trelleborg zwei junge deutsche Männer und eine Frau unbemerkt an Land gekommen wären. Sie waren einem Güterzug mit Sperrholz entstiegen, der in Berlin beladen worden war. War es denkbar, der Reichshauptstadt der Nationalsozialisten so einfach zu entkommen? In Schweden herrschte Angst vor der Fünften Kolonne, seitdem im April 1940 ein einziges deutsches Torpedoboot die Besetzung Dänemarks bewerkstelligt hatte. Ungehindert war es bis in den Hafen von Kopenhagen vorgedrungen, wo die Besatzung in der Morgendämmerung die Wachmannschaft übermannte und die im Schlafe liegende Hauptstadt besetzte, bis die Flieger Verstärkung brachten.

Gert eilte in das "Bewachungslager" im Schloss Nolhaga, wo auch norwegische Flüchtlinge festgehalten wurden, deren Herkunft nicht einwandfrei zu ergründen war. Die drei Berliner waren schon vom schwedischen Auswärtigen Amt von Heer, Marine und Luftwaffe vernommen worden. Von Trup-

[14] Dazu: Erhard Roy Wiehn, Kaddisch – Totengebet in Polen. Reisegespräche und Zeitzeugnisse gegen Vergessen in Deutschland. Darmstadt 1984 u. 1987; ders. Ghetto Warschau – Aufstand und Vernichtung 1942 fünfzig Jahre danach zum Gedenken. Konstanz 1993; http://de.wikipedia.org/wiki/Warschauer_Ghetto

penbewegungen während ihrer Reise hatten sie nichts berichten können, denn sie waren in plombierten Güterwagen in einem kleinen Verschlag hinter den Sperrholzbrettern doppelt eingeschlossen gewesen. Durch eine kleine Luke hatten sie wahrgenommen, dass sie nach drei Tagen und einer letzten lebensgefährlichen Kontrolle auf die schwedische Fähre rangiert wurden. Sie wussten nicht, dass es der letzte Transport aus Deutschland war, der noch über die Ostsee und nicht durch das besetzte Dänemark geleitet wurde.

Im Trelleborger Güterhafen vermutete niemand im Morgengrauen drei verängstigte jüdische Zwangsarbeiter, die es gelernt hatten, sich unauffällig zu bewegen. Der älteste der drei, Joachim Marcuse, war 25 Jahre alt und brachte seine 19-jährige Frau Gerda mit und seinen Jugendfreund Kurt, einen hochbegabten Violinisten. Joachim war schon vor 1933 in der Berliner Schule verwarnt worden, weil er als Sohn eines jüdischen Frontkämpfers Pazifist war. Im Herbst 1933 musste er die Schule wirklich verlassen. Der politisch bewussten Familie war es klar, dass sie auswandern müssten, aber sie hatten keine Verbindung zum Ausland. Die Mutter war nicht jüdisch, aber sie hielt die Drohung gegen ihre Familie nicht aus. In einer Verzweiflungssekunde warf sie sich 1937 vor die fahrende S-Bahn.

Joachim galt nach den Nürnberger Rassengesetzen als "Mischling ersten Grades" und musste den Judenstern tragen. Als er Gerda, "das schönste Mädchen auf dem Kurfürstendamm", kennenlernte, besuchte sie noch die Theodor-Herzl-Schule. 1939 wurden die drei jungen Leute zur Zwangsarbeit verpflichtet. Der passionierte Geiger musste im Hafen Kohlen schleppen, Gerda arbeitete in einem Rüstungsbetrieb, und Joachim konnte durch seine Ausbildung in einer jüdischen Holzfirma Vorarbeiter werden. Da reifte sein Plan, zu dem ein deutsch-dänischer Holzimporteur, den er in der jüdischen Firma kennen gelernt hatte, Hilfe leistete. Er kaufte von Joachims Zwangsarbeitgeber Sperrholz und liess es in einen Eisenbahnwaggon verladen. Darin richtete Joachim einen Geheimverschlag für die Flüchtlinge ein. Am Heiligen Abend 1943 liessen die Drei sich auf dem Güterbahnhof Treptow durch den dänischen Helfer, der selber Kopf und Kragen riskierte, verbarrikadieren und einplombieren. Schmale Kost für drei Tage hatten sie im Versteck verstaut, sie musste ihnen für sieben Tage genügen. Eine Kontrolle in Sassnitz überstanden sie liegend aneinandergepresst mit angehaltenem Atem.

Kurts und Gerdas Eltern waren vor ihrer Abreise deportiert worden. Joachims kranker Vater wagte die Flucht nicht mehr. Er erhielt noch die verklausulierte Nachricht aus Schweden, dass sein Sohn in Sicherheit war. Am 28.

Februar 1944 wurde er mit dem letzten Transport zur "endgültigen Säuberung Berlins" nach Auschwitz verschleppt.

Im April 1944 erhielt Gert Löllbach einen Anruf aus Simrishamn, die Polizei habe einige Leute verhaftet, die behaupteten, zu seiner Organisation zu gehören. Gert fuhr hin, um sie zu identifizieren. Er fand einen alten Bekannten, dessen Eltern er in Essen hatte überreden müssen, ihren Jungen zur Fischerausbildung nach Bornholm wegzuschicken. Er war ein hervorragender Seemann geworden und hatte mit zwei mutigen Freunden sechs andere junge Leute in einer stürmischen Nacht mit über die Ostsee gebracht. Lange hatte das deutsche Militär die jungen Fischer in Bornholm unbehelligt gelassen, aber Ende 1942 erfuhr die Gestapo irgendwie von ihrer Existenz. Ein dänischer Widerstandskämpfer warnte sie und half ihnen zur Flucht. An einem Tag mit denkbar schlechtem Wetter stellten die Dänen ein Boot bereit, das die Jungen entwenden sollten, damit es offiziell als gestohlen gemeldet werden konnte. Die Helfer hatten auch dafür gesorgt, dass Telefon und Scheinwerfer an diesem Abend ohne Strom waren. In der stürmischen Nacht aber war es ein fast unmögliches Unterfangen, aus dem kleinen Fischereihafen herauszukommen. Sie durften nur ein Segel setzen, bis sie weit genug entfernt waren, um den Motor anzulassen und den Kampf mit der hohen See aufzunehmen.

Gert konnte glücklich sein über ihre Ausbildung in seiner Organisation. "Die Neun hatten sich bei Windstärke 11 die ganze Nacht durchgeschlagen, bis sie am nächsten Morgen wirklich den schwedischen Hafen Simrishamn erblickten. Dort standen die Fischer am Strand, weil sie wegen des Sturmes nicht auszulaufen wagten. Als sie plötzlich ein Schiff am Horizont sahen, riefen sie die Rettungsmannschaft: es konnte jeden Augenblick zerschellen! Aber das Fischerboot kam elegant in den Hafen, und heraus stiegen drei jüdische Fischer und sechs weitere Flüchtlinge, denen es nicht gerade gut ging nach dieser Überfahrt." Die Polizei musste sie festnehmen, beschloss aber, mit dem schwedischen Vertreter der jüdischen Jugend über das Weitere zu verhandeln. Nach dem Gespräch nahm der Landespolizeichef ein Quittungsformular und schrieb darauf: "Neun jüdische Flüchtlinge aus Bornholm in Empfang genommen – unterschrieben Löllbach".

Die Hechaluz-Leitung musste nun Mittel und Wege finden, auch anderen bedrohten Kameraden aus Dänemark herauszuhelfen. Sie beschlossen, ein eigenes Boot für die Organisation zu erwerben. Dazu brauchte man einen Spender. Gert wollte diesmal nicht den schwedischen Offizier Emil Glück in eine Aktion hineinziehen, die sich am Rande der Legalität abspielen musste. In aller Vorsicht unterbreitete er dem nicht-jüdischen Kaufmann Lagercrantz sein Anliegen. Der fragte nur: "Geht es um die Rettung von Juden? Dann sagt, wie viel ihr braucht!" Junge Juden konnten nicht als Käufer auftreten, aber ein schwedischer Geschäftsmann gab seine Unterschrift zum Kauf des Bootes "Julius". Es war ein Fischerboot mit Motor und Netzen. Offiziell und für Herrn Glück sollte es den neun dänischen Ankömmlingen zum Fischen dienen. Sie brachten auch regelmässig Fische nach Simrishamn auf den Markt. "Inoffiziell aber haben alle Kontakt aufgenommen mit unseren Kollegen in Kopenhagen und mit der dänischen Widerstandsbewegung. Ich war für diese Aktion verantwortlich und fuhr mehrmals mit, um zu wissen, wie weit die Jungen sich dabei in Gefahr brachten." Es war der Anfang einer grossen Rettungskampagne, in der bald jeder sein Leben riskierte.

Nachdem die Nationalsozialisten im Oktober 1943 durch Bekanntmachung alle dänischen Juden vom öffentlichen Leben ausgeschlossen und Massnahmen gegen sie angekündigt hatten, gab es nur noch einen Weg zur Rettung: über den Öresund nach Schweden. Die Dänen verstanden es und halfen den jüdischen Mitbürgern und Emigranten. Die Fischer stellten ihre Boote gegen Bezahlung zum Transport zur Verfügung, wer kein Geld hatte, blieb aber nicht zurück. Nacht für Nacht stahlen sich überladene Fischerboote hinaus und suchten in den Herbststürmen auf hoher See der deutschen Verfolgung zu entgehen. Säuglinge wurden betäubt, damit sie nicht schrieen, ihre Mütter mußten sie von Mund zu Mund beatmen. Schwedische Boote konnten erst in schwedischem Fahrwasser zu Hilfe kommen. Sie brachten die Erschöpften und halb Erfrorenen in ein vorbereitetes Lager bei Helsingborg. 7.000 Juden entkamen den Razzien, durch die noch im Oktober mehrere hundert aus Dänemark nach Theresienstadt deportiert wurden. Das Boot "Julius" allein hatte 400 gerettet.

Der Öresund wurde nun immer schärfer von deutschen Bewachungsschiffen kontrolliert. Umso wichtiger war der Kontakt mit dem Widerstand. "So hat unser Schiff illegal Agenten der Widerstandsbewegung nach Schweden geholt und schwedische Kundschafter nach Dänemark gebracht. Wir haben Kisten transportiert, deren Inhalt wir nur vermuteten. Wie gemunkelt wurde, gingen Waffen nach Dänemark, und ein Teil der dänischen Goldreserve ist mit uns nach Schweden gekommen." Auf der schwedischen Seite ahnte man, um was es ging, aber im Hafen von Helsingborg hat jeder weggeschaut, der Vormann der Fischer, der Hafenmeister, die Polizei, die wie der Zoll nach Möglichkeit gar nicht am Platze war. "Das hat immer funktioniert, und es ist nichts passiert. Das Schiff hat immer noch viele dänische Flüchtlinge gerettet – bis es in einer Nacht in eine Falle ging."

Jüdische Flüchtlinge gelangen auf Fischerbooten von Dänemark nach Schweden 1943

Ein bewaffnetes deutsches Patrouillenboot hatte die fraglichen Fischer vor der dänischen Küste entdeckt. Als sie zu fliehen versuchten, wurde das Feuer eröffnet. "Einer von unseren Jungen trug den Davidstern als Schmuck um den Hals", berichtete Löllbach, "ein anderer hatte die blauweisse zionistische Fahne in der Kajüte befestigt. Ich hatte ihnen das verboten, aber sie hatten gesagt, es ist unser Talisman, ohne dies Zeichen fahren wir nicht. Als sie sahen, dass sie in der Patsche sassen, hat der eine seinen Schmuck noch wegwerfen können, der andere musste die Fahne herunterschlucken."

Als die Häscher an Bord kamen, fanden sie einen Postsack und eine Handgranate, die nicht mehr hatten versenkt werden können. Sie befahlen dem Boot, ihnen zu folgen. Die Jungen konnten sich noch absprechen, wie sie sich im Verhör verhalten sollten. Einer von ihnen hatte in Deutschland schon 12 Monate im Konzentrationslager gesessen und besass Erfahrung mit der SS. Ihn machten sie zum Kapitän und Sprecher. Er allein sollte Deutsch verstehen. Der zweite verhielt sich stumm, der dritte taub. Auch der Redeführer wandte sich in der Vernehmung an den Dolmetscher, um während seiner Übersetzung Zeit zum Überlegen zu gewinnen.

Die Verhöre fanden im Hauptquartier der Gestapo im Shell-Gebäude in Kopenhagen statt. Von dort erhielt Löllbach ständig Nachricht durch einen Widerstandskämpfer der eingeschleust worden war, um Informationen herauszubringen. So erfuhr er bald, dass die drei Wagehälse mit dem Schiff nach Schweden zurückkämen. "Da haben sie uns gestanden, dass sie einen Vertrag mit der Gestapo unterschrieben hätten, sie wären bereit, in Schweden zu spionieren. Wir gingen sofort zur schwedischen Geheimpolizei, die beschloss, den Angeworbenen gezielte Nachrichten zur Beförderung mitzugeben."

Das ging einige Monate, bis die dänischen Widerstandskämpfer warnten, die Gestapo habe die Desinformation erkannt und eine Patrouille nach Schweden geschickt, um die falschen Agenten einzufangen oder zu erledigen. Sie wurden von den Freunden versteckt, bis sie eines Tages erklärten, sie würden sich in den nördlichsten Wäldern Arbeit suchen. Nach ein paar Wochen erhielt Löllbach eine Anfrage der britischen Botschaft, ob ihm drei bestimmte Namen etwas sagten. In einem schottischen Hafen seien einige Fischer angekommen, die behaupteten, jüdische Jungen seiner Gruppe zu sein, die sich am Kampf gegen Hitler beteiligen wollten. Die Engländer waren misstrauisch, denn 1944 war der Skagerrak voller deutscher, schwedischer und britischer Minen. Aber Löllbach konnte versichern: Es gab keine tüchtigeren Seeleute, diese waren durchgekommen! Sie wurden in die Jüdische Brigade aufgenommen und nahmen teil an der Befreiung Dänemarks. Später hat König Christian sie als Widerstandshelden ausgezeichnet. "Wenigstens diese wahre Geschichte zeigt: Es gab jüdischen Widerstand!"

Gert Löllbach hatte die jungen dänischen Flüchtlinge, die zu seiner Organisation gehörten, in einem Sammellager in der Nähe seiner Zentrale unterbringen können. Es gelang ihm auch, für alle 400 Menschen, die mit dem Boot Julius gerettet wurden, dort Aufnahme zu finden. Doch es war nicht leicht, für junge Staatenlose Arbeit zu beschaffen. Die grösste Chance hatten diejenigen, die in Deutschland noch als Handwerker ausgebildet worden waren, obwohl sie dort nicht arbeiten durften. Für andere gab es nur die einsame Arbeit am Kohlenmeiler im kältesten Teil des Winters, die Gert selber hart erfahren hatte. Er setzte sich für alle ein, die das nicht leisten konnten. Familien mit kleinen Kindern liess er nicht auseinander reissen. Die jungen Landarbeiter in

Skåne verteilte er wieder in Gruppen auf nahegelegenen Höfen, so dass sie betreut und weitergebildet werden konnten. Die Anzahl der Schützlinge hatte sich auf 900 verdoppelt, aber "ehe die schärfste Kälte ausbrach, waren alle Neuankömmlinge untergebracht, Ledige, Verheiratete, Familien und ihre Kinder."

Dänische Jugendleiter übernahmen die weitere Verantwortung, und Löllbach bekam eine andere Funktion. "Ich sollte nach Stockholm ziehen, um Verhandlungen mit Behörden und Hilfsorganisationen zu führen und schliesslich, wenn der Krieg zu Ende ginge, ein Palästinabüro zu eröffnen. Dies war die Bezeichnung der Jewish Agency für ihre Auslandsvertretungen." Für einen "Schattenbotschafter" der "Schattenregierung" gab es in Stockholm weder Anerkennung noch irgendeinen Arbeitsplatz. Von einem deutschen politischen Emigranten lernte Gert ein Handwerk, das trotz der herrschenden Arbeitslosigkeit noch gefragt war, das Metallschleifen. Seinen ersten Arbeitsplatz verdankte er dem Erfolg bei der "sanften" Öffnung des Schlosses eines Panzerschrankes. So bekam er als erstes Mitglied von Hechaluz eine Aufenthalts- und Arbeitserlaubnis in Stockholm.

Dort war es höchste Zeit, ein Hilfskomitee zu gründen. Denn jetzt kamen Flüchtlinge aus dem Norden. Norwegische Polizisten, die nicht bereit waren, mit der Besatzung zu arbeiten, waren schon in deutsche Konzentrationslager deportiert worden. Widerstandskämpfern und vielen Studenten blieb nur noch die Flucht nach Schweden. Sie war nicht einfacher als die aus Dänemark, die hohen Berge waren bewacht wie der Öresund. Die Schweden waren den Menschen, denen sie Asyl gewährt hatten, bisher mit wenig Verständnis begegnet. Die deutsche Verwandtschaft des Königshauses und die kulturellen und wirtschaftlichen Bindungen zu Deutschland hinderten die Erkenntnis der Verbrechen des neuen Regimes. Viele Schweden waren geblendet von Hitlers Erfolgen, und die "Deutsche Gesellschaft" in Stockholm liess sich weitgehend auf den Nationalsozialismus ein. Wenn man von den Emigranten Kenntnis nahm, so wusste man doch nichts von ihrer schweren Sorge um die zurückgebliebenen Verwandten und Freunde. Das änderte sich mit der Besetzung Dänemarks und Norwegens. Nachrichten über die Vernichtung kamen nun auch in schwedische Zeitungen. Die Flüchtlinge waren für die Schweden die skandinavischen Brüder. Sie wurden aber auch von deutschen Emigranten warm empfangen und betreut. Deutsche Flüchtlinge gelangten jetzt kaum noch ins Land.

Am Ende des Jahres 1944 erreichte eine schreckliche Nachricht die jüdischen Organisationen in Schweden: Heinrich Himmler und sein Stab hatten die Hoffnung auf einen Sieg offenbar aufgegeben. Die SS war entschlossen, Konzentrationslager zu sprengen, um zu vernichten, was die Sieger als Zeugnisse ihrer Verbrechen finden könnten. Das bedeutete den Tod für die meisten der jetzt noch lebenden KZ-Insassen. Auf einem historischen Treffen, bei dem Gert Löllbach die zionistische Jugend vertrat, wurde ein verzweifelter Rettungsplan gefasst: Durch den Draht zu Himmler, aus dem die Information stammte, wollte man versuchen, ihm Menschenleben abzukaufen, auch wenn man dabei riskierte, den Deutschen noch Mittel für Kriegszwecke zu liefern. Doch wer würde eine solche Verhandlung auf sich nehmen? Gert Löllbach vergass nie, wie sein späterer schwedischer Arbeitgeber Norbert Masur[15] sich ohne Zögern bereit erklärte, nach Deutschland zu fliegen und Himmler persönlich aufzusuchen.

Norbert Masur riskierte sein Leben mehr als jeder andere, denn er war deutschgebürtiger schwedischer Jude. Gerade darum war er auch imstande, fliessend deutsch mit Himmler zu verhandeln. Die Schweden konnten ihm dabei keinen Schutz gewähren. Berlin stand unter ständigen alliierten Bombenangriffen, und Himmler hatte seit dem 20. Juli 1944 weitestgehende Vollmachten. Kontaktmann für Masur war Himmlers Masseur und Heilpraktiker Felix Kersten.[16] Der Baltendeutsche hatte seinen Patienten nach und nach für den Gedanken bearbeitet, einen Stockholmer Abgesandten zu empfangen. Masur wurde von Himmler und seinem engsten Mitarbeiter, dem SS-General Schellenberg[17] empfangen. Beide hatten über den Leiter des Schwedischen Roten Kreuzes, Graf Folke Bernadotte,[18] schon Kontakte zu den Westmächten geknüpft.

Das Resultat der denkwürdigen Unterredung war die bekannte Bernadotte-Aktion, durch die 36 weisse Busse im Auftrag des Schwedischen Roten Kreuzes mitten im Krieg mehrmals quer durch Deutschland fuhren, um Gefangene aus Konzentrations- und Vernichtungslagern zu befreien. Vorgesehen waren zunächst die dänischen und norwegischen KZ-Insassen. Über sie hatten ihre Regierungen bereits Nachforschungen angestellt, so dass sie in den Lagern nicht anonym verschwinden konnten. Nach der ausgehandelten Aktion wurden

---

[15] Norbert Masur (1901–1971) verhandelte als Unterhändler des Jüdischen Weltkongresses (WJC) am 20. April 1945 mit Heinrich Himmler, woraufhin ca. 7.000 Frauen aus dem KZ Ravensbrück gerettet werden konnten; http://de.wikipedia.org/wiki/Norbert_Masur

[16] Felix Kersten (1898–1960), Leibarzt Heinrich Himmlers; http://de.wikipedia.org/wiki/Felix_Kersten

[17] Walter Friedrich Schellenberg (1910–1952), SS-General; http://de.wikipedia.org/wiki/Walter_Schellenberg

[18] Folke Bernadotte (1895–1948), 1943–1948 Vizepräsident und Präsident des Schwedischen Roten Kreuzes; 1948 in Palästina erschossen; http://de.wikipedia.org/wiki/Folke_Bernadotte

noch Frauen vor allem aus Ravensbrück[19] abgeholt, in Neuengamme gesammelt und von dort nach Schweden gebracht. Inzwischen war der Zusammenbruch näher gerückt, und Bernadotte konnte schliesslich jüdische Gefangene aller Nationalitäten retten.

28.000 Häftlinge aus 27. Nationen, unter ihnen zehntausend jüdische, erreichten die Freiheit. In Helsingborg war ein Empfangslager eingerichtet, wo sich unzählige Schweden als freiwillige Helfer einfanden. Gert Löllbach stand mit seiner späteren Frau Marianne und vielen jungen Stockholmern und Immigranten wieder am Ufer des Öresund, um die Geretteten zu empfangen. Entsetzen überfiel die Helfer, als die ausgemergelten Schatten menschlicher Gestalten, die nicht auf den eigenen Beinen stehen konnten, an Land getragen wurden.

Die Bedürftigsten waren vielleicht die Kinder, denen man im Lager schon den Stern in den Arm tätowiert hatte, um ihnen alles zu nehmen, was Menschsein ausmacht. Einfachste Grundbegriffe des Daseins lernten sie erst von ihren schwedischen Betreuern. Viele überlebten nicht lange, und Gert und seine Freunde konnten nur noch die kleinen Gräber auf dem Stockholmer Friedhof pflegen, auf dem August Strindberg (1849–1912) ruht. Die Überlebenden waren krank und einsam, sie wussten von keinem lebenden Verwandten. Für die Waisen sah Gert nur eine Heimstatt: Israel.

Am 13. Mai 1945 fuhren 50 Kinder und Jugendliche mit ihren 10 Helfern von Helsingborg nach Calais auf die Reise in das neue Vaterland. Sie waren die einzigen, die die Engländer nach Palästina einreisen liessen. Für 6.000 registrierte Anwärter erteilten sie keine Erlaubnis und taten es auch nach dem Kriegsende nicht. Es gab keine andere Möglichkeit als ihnen zur illegalen Einwanderung zu verhelfen. "Wir wussten, dass schwedische Schiffe mit schwedischen Exportwaren die Mittelmeerhäfen anliefen und mit Südfrüchten zurückkamen. Schon im Kriege hatten wir versucht, auf den Geleitschiffen Emigranten nach Palästina zu schmuggeln. Nach dem Krieg konnten wir mehrere unterbringen, aber die Engländer hatten Befehl, die Einreise von Juden zu verhindern." Es war kaum möglich, Menschen auf dem Wasserweg zu schikken, denn der britische Intelligence Service erfuhr, wenn ein Schiff gechartert wurde, und hielt es auf, wenn es ausgelaufen war. So kam Gert auf die Idee, seine Schützlinge auszufliegen.

---

[19] 1938/39–1945 Konzentrationslager ca. 100 km nordöstlich von Berlin; dazu: Therese Müller, Als junge ungarische Jüdin im Holocaust. Konstanz 2014, S. 121 ff.; http://de.wikipedia.org/wiki/KZ_Ravensbrück

"Ich hatte schon Beziehungen zu Schiffsreedereien, mit denen es in dringenden Fällen gelungen war, Menschen herauszuschmuggeln. Ein Reeder hatte gerade eine Chartergesellschaft mit DC-3-Flugzeugen gegründet. Ihm konnte ich ziemlich offen sagen, dass wir gegen den britischen Willen Überlebende zu Sammelplätzen in Belgien, Holland, Frankreich oder Griechenland fliegen wollten. Geld beschaffte ich in Schweden und Amerika, und der Reeder verhandelte mit Wohlwollen." Schwedische Piloten waren bereit, sich angeblich eine Woche in den mediterranen Hafenstädten aufzuhalten, während sie Emigranten und, als der Krieg mit den Arabern nahte, auch Verbandmaterial, lebenswichtige Güter und sogar Waffen nach Palästina flogen. Einige der Piloten waren für die Sache der Israelis so engagiert, dass sie im Lande blieben, um die israelische Luftwaffe aufzubauen und die Fluggesellschaft El Al zu gründen. Ihr Einsatzleiter Gert Löllbach wurde 1948 vom neugegründeten Staat Israel ausgezeichnet.

Der Widerstandskampf war beendet, und Gert Löllbach heiratete Marianne in Schweden. Neben der Dankbarkeit gegenüber dem Land, das sie in grösster Bedrängnis aufgenommen hat, blieb den Freunden die stete Einsatzbereitschaft für Notleidende in den Aufnahmeländern. Schon lange wird sie von vielen Mitbürgern Schwedens geteilt, denen bewussr ist, daß viele Einwohner ihres Landes einen schweren Weg gekommen sind.

2. Auseinandersetzung mit dem Totalitarismus:

Charlotte, Johanna und Ruth Herz sowie Richard (Rix) Löwenthal

"Ein Kind der Auseinandersetzung mit dem Totalitarismus in seinen verschiedenen Formen", nannte sich einmal der politische Denker, Berater und Visionär Richard Löwenthal. Verfolgung durch die Diktatur und gleichzeitig die Auseinandersetzung mit autoritärer Versuchung charakterisieren auch das Leben seiner Frau Charlotte.

Das Haus, in dem die drei Schwestern Herz, Charlotte, Johanna und Ruth in Ludwigshafen aufwuchsen, bildete eine Gemeinschaft von emanzipierten Frauen. Nach der Einberufung des Vaters mit der Mobilmachung 1914 war die Mutter dorthin in die Nähe ihres Bruders gezogen, um sich allein mit den kleinen Mädchen durchzuschlagen. Diese lernten ihren Vater erst kennen, als er 1919 von der Krim zurückkam, wo die Armee des Generalfeldmarschalls von Mackensen durch den russischen Bürgerkrieg abgeschnitten worden war.

Als der Heimkehrer die kleine Ruth vor dem Hause spielen sah, wollte er sie in die Arme nehmen. "Ich bin doch Dein Vater", sagte er zu dem erschreckten Kind, aber sie antwortete: "Du bist kein Vater, Du bist ein Soldatenonkel!"

Inzwischen war die Republik gegründet. "Unser Vater war immer Sozialdemokrat gewesen, der Umgang mit den Eltern war dadurch geprägt und sehr frei", berichtete Charlotte Löwenthal. Der Neubeginn war schwer, und der Vater tauchte nur selten aus der Werkstatt für sanitäre Einrichtungen auf, die er mit einigen Gesellen betrieb. "Nachdem er in der Inflation noch das letzte Geld verloren hatte, waren wir wirklich arm dran." Die Mutter hatte wohlhabende Verwandte, Kaufleute im Zentrum der Stadt, aber die Herzfrauen wollten keine Almosen. Sie halfen sich durch Arbeit, und sie zählten sich bewusst nicht zur jüdischen Gesellschaft.

Charlottes Mutter war auf dem Lande noch im jüdischen Glauben aufgewachsen, aber sie hatte schon in jungen Jahren als rebellisch und emanzipiert gegolten. Sie war eine der ersten Frauen, die sich das Haar abschneiden liessen und Reformkleider ohne Schnürleib trugen, was selbst in Frankfurt, wo sie die Schule abschloss, noch als anstössig galt. Die Grosseltern führten in dem als einstige Kaiserpfalz traditionsreichen aber kleinen Ort Trebur noch ein jüdisches, wenn auch nicht orthodoxes Leben. Am Freitagabend nahm der Grossvater seinen Stock mit dem silbernen Knauf und ging zum Gottesdienst in Synagoge. Wenn er zurückkam, hatte die Grossmutter den Tisch feierlich gedeckt. Vor dem Festmahl bedeckte sie ihr Haupt und sprach ein Dankgebet[20] für alles, was der Familie in dieser Woche beschieden war. Am Samstagabend wurde "die Braut Sabbat" mit zarten Düften aus einer Silberkugel[21] feierlich wieder verabschiedet.

In Ludwigshafen waren die Kinder zur Hälfte katholisch und zur Hälfte evangelisch, und Charlotte blieb lange die einzige Jüdin in ihrer Klasse. Wenn der Dekan katholischen Religionsunterricht gab, verliessen die evangelischen Kinder den Raum, aber Charlotte blieb. "Ich interessierte mich sehr für die Religion, wenn auch weniger für die Versuche unseres Lehrers, mich zu bekehren." Aber später, als sie auf der Flucht in Frankreich allein auf sich gestellt war, half ihr die Vertrautheit mit der katholischen Religion. Sie fühlte sich den Franzosen verbunden, die im Verborgenen für den Frieden beteten.

Charlottes jüngere Schwester Johanna blieb beim evangelischen Religionsunterricht in der Klasse, denn sie mochte den unterrichtenden Klassenlehrer gern. Einen Konflikt gab es einmal mit ihm, nicht weil sie Jüdin war, sondern weil

---

[20] Traditionell spricht die Frau des Hauses den Segenspruch über die beiden Schabbatkerzen.

[21] Besamím-Büchse mit verschiedenen Gewürzen wie z.B. Nelken.

sie an der Beerdigung eines katholischen Lehrers teilgenommen hatte, von der sie der Klasse tief beeindruckt erzählte. Das trug ihr zwei Stunden Arrest ein, weil sie beim Erzählen gelacht hätte, was sie sich überhaupt nicht vorstellen konnte. So kannte sie "den Protestantismus in voller Strenge", den sie in der Emigration in Schweden in dem sektenreichen Småland wieder erlebte, wo sie die Menschen auch zu verstehen vermochte.

Eine Zeitlang waren die Schwestern privat in der jüdischen Religion unterwiesen worden. Da gab es die Pflicht, in die Synagoge zu gehen, wofür sie samstags schulfrei bekamen. Von der Freiheit machten sie gern Gebrauch, aber in der Synagoge erschienen sie selten. Einmal kamen Johanna und Ruth erst am Ende des Gottesdienstes in den Kirchenraum, als er schon verdunkelt war und weder Männer auf den Bänken noch Frauen und Kinder auf der Galerie zu sehen waren. Zehn Männer, deren es dazu bedarf,[22] stimmten in diesem Augenblick das Totengebet an. Aus der Gruppe löste sich ihr Lehrer und begleitete die Kinder hinaus. Für Ruth behielt dieser Eindruck bis ins Alter tiefe Bedeutung. Der im 80. Lebensjahr Verstorbenen liess ihre Familie in Paris das jüdische Totengebet sprechen.

Die heranwachsenden Schwestern neigten dem kommunistischen Denken zu, das für sie auch das urchristliche hätte sein können. Aber sie zählten sich zu den Freidenkern, die nach den Bestimmungen der Weimarer Republik an keinerlei Religionsunterricht teilzunehmen brauchten. "Damals waren Sozialdemokraten und Kommunisten atheistisch und betrachteten Religion als Opium für das Volk", erklärte Charlotte. Die Töchter bekehrten sogar ihre Mutter zum Kommunismus, obwohl ihnen das "homerische Auseinandersetzungen" mit dem Vater einbrachte. "Ihr werdet noch erleben, wohin das führt", warnte er sie.

Antisemitische Erfahrungen wurden den drei Schwestern erst bei späterem Nachdenken bewusst. Ihre Pflegeschwester Edith Susmanowitz, die Charlottes einzige jüdische Schulkameradin wurde, hatte das anders erlebt. Sie kam aus Speyer, wo Mädchen noch kein Abitur machen konnten. Dort hatten Nachbarskinder ihr und ihrem Bruder schon im Vorschulalter nachgerufen: "Jud, Jud, scheiss in die Tutt!" Charlotte fasste das aber nicht anders auf als die Erfahrung, die sie und ihre Schwestern hatten, wenn sie den Schulweg heimlich durch die als verrucht geltende Bleichstrasse genommen hatten. "Fick, fick!", hatten die Jungen ihnen da nachgerufen.

---

[22] Zehn – hebräisch *Minjan* – Männer, die für die Durchführung bestimmter religiöser Handlungen anwesend sein müssen; im liberalen Judentum auch Frauen.

Charlotte erinnerte sich dann aber doch schmerzlich daran, wie sie den Kindergarten verlassen musste, der 1914 für die Kinder der in den Krieg einberufenen Väter geschaffen worden war, um ihre Mütter zu entlasten. "Wir waren da mit Papierhelmen und mit Stöcken über der Schulter im Kreise herummarschiert und hatten gesungen: 'Wer will unter die Soldaten, der muss haben ein Gewehr!' Das fand ich herrlich." Aber eines Tages hatte die Leiterin der Mutter eröffnet, ein Kind aus vermögendem Hause könne keinen Platz bei ihnen beanspruchen, und Charlotte hörte noch ihre Mutter sagen: "Die wissen doch genau, dass wir keine vermögenden Leute sind, aber dass wir Juden sind, wissen sie, und das ist der Grund!" Das übliche Klischee hiess in der Pfalz:[23] "Die Judde habe Geld!", aber offen ausgesprochen hat es damals noch niemand.

Offener als den wachsenden Antisemitismus trug man nach dem Krieg zunächst Franzosenfeindschaft zur Schau. Die Herz-Kinder, so deutsch sie auch fühlten, empfanden sie nicht. Als die geschlagenen deutschen Truppen im November 1918 auf dem Rückzug aus Frankreich durch die Stadt zogen, lief Charlotte voller Mitleid und in Hoffnung auf die Rückkehr ihres Vaters neben ihnen her, kletterte zu einem Soldaten aufs Pferd und zog mit bis über die Rheinbrücke, von wo sie fast nicht mehr heim fand.

Als drei Tage später die französischen Besatzungstruppen einmarschierten, bedauerte sie die müde und abgerissen daherkommenden jungen Soldaten ebenso, aber sie durfte sie nur durch die geschlossenen Jalousien betrachten. Sie sollten von der deutschen Bevölkerung betont ignoriert werden. Danach waren die arabischen Spahis in ihrer orientalischen Pracht mit den hohen roten Fezen, krummen Säbeln und wehenden weissen Mänteln vorübergetrabt, und die Mädchen hatten den prächtigen Aufzug bewundert, aber die Marokkaner mit den dunklen Gesichtern machten ihnen auch Angst. Dann gab es einen schwarzen Offizier, der mit seiner weissen Frau ein Baby im Park spazieren fuhr. Die Kinder, die mit ihren Freunden auf einer Bank sassen, rätselten, welche Farbe das Kind hätte. Einige tippten auf "gestreift". Johanna warnte sie: "Da kommt doch schon der Schwarze!" Er trat auf sie zu und sagte auf deutsch: "Ich bin ein Schwarzer, du bist eine Weisse, und du bist eine dumme Gans!" Das war ihr eine Lehre fürs Leben.

Zu Hause kam ein Offizier als Einquartierung, und die Kinder, deren Vater noch in Russland war, schlossen gerne mit ihm Freundschaft. Johanna erteilte

---

[23] Dazu: Wilhelm Heinrich Riehl, Die Pfälzer – Ein rheinisches Volksbild. (1857) Neustadt/Weinstraße 1973, S. 281 ff; Erhard Roy Wiehn, Kaiserslautern – Leben in einer pfälzischen Stadt. Neustadt/Weinstraße 1982.

ihm Deutschunterricht mit ihrem Poesiealbum, in das er sich mit der von ihr erlernten Frakturschrift wie gestochen einschrieb. Die Liebe zur französischen Sprache ist ihr dann geblieben. Für die Familien von Besatzungsoffizieren wurden auf der gegenüberliegenden Seite der Wittelsbacher Allee Häuser gebaut und dann eine französische Schule. "Wir spannten ein Netz über die Allee und warfen den französischen Kindern auf der anderen Seite den Ball zu. Eines Tages sah uns ein französischer Junge lange zu. Er war im Haus gegenüber eingezogen und hiess René le Chevalier. Sein Vater war Stabsarzt und trug ein rotes Samtband um die Mütze, Johanna schwärmte ihn und seine bildschöne Frau an. Der 11-jährige René aber war ihre erste grosse Liebe.

Madame le Chevalier lud die Herz-Schwestern ein und bewirtete sie mit Banyouls, dem leichten Südwein, der Charlotte unvergesslich blieb. Das Entsetzen ihrer Mutter war gross. "Sie war in der Antialkoholbewegung engagiert und hatte noch nie einen Tropfen Wein getrunken." Die französischen Kinder bekamen bei ihrem Gegenbesuch heisse Schokolade und Kuchen, doch Charlotte war besorgt, ob das ein vergleichbarer Eindruck wäre.

Als die Franzosen die deutschen Eisenbahnen übernommen hatten, wurde das Verhältnis von Deutschen und Okkupanten sehr gespannt. "Plötzlich waren sie wieder die Feinde; wenn sie durch die Strassen paradierten, wurden wieder die Rollläden heruntergelassen, und man durfte nicht mit ihnen verkehren. Dem allgemeinen Druck in Schule und Elternhaus unterlagen schliesslich auch die Kinder. Im Zimmer unter dem Dach wohnte noch ein junger Mann, der für sie gern französische Mahlzeiten bereitete, die besonders Charlottes Herz für Frankreich schlagen liessen.

Am schmerzlichsten erlebte Johanna den Druck der allgemeinen Meinung, dem sie "mit dem Verstand nachgab, doch mit dem Herzen nie." Von einem Tag zum anderen traute sie sich nicht mehr, ihren Freund René zu grüssen. "Wenn ich ihn traf, sah ich zur Seite, und das tat er dann auch. Ich spürte, dass es Feigheit war, und habe es mir nie verziehen. Später sah ich René noch in der Strassenbahn in Mainz, wo er aufs Gymnasium ging. Da taten wir beide so, als ob wir uns nicht kennten. So war das Ende meiner ersten Liebe."

Bald musste Johanna selbst die Erfahrung einer Ausgrenzung machen, die sie noch nicht bewusst erlebt hatte. Während der Inflation und der Besatzung wurden die Schulkinder aus der Pfalz in ein Ferienlager am Starnberger See geschickt. Eines Tages erklärte die Vorsteherin, ein von den Franzosen ausgewiesener Pfälzer Eisenbahner habe sie gebeten, sein Kind aufzunehmen. Sie müsse dafür ein anderes nach Hause schicken und könne das wohl am ehesten Hanna zumuten. Johanna dachte an die teure Heimreise für den aus dem Krieg gerade erst heimgekehrten Vater. Glaubten sie, er wäre reich? Und schlagartig kam es aus ihr heraus: "Wieso gerade ich, etwa weil ich Jüdin bin?" Hanna überlegte oft, wie wohl 10 Jahre später die Antwort der Vorsteherin gelautet hätte. Im Jahre 1924 schwieg sie und liess ein 13. Bett für das Eisenbahnerkind in den überfüllten Schlafsaal stellen. Hanna hat mit ihren Freundinnen "aus Scham über die Schande" nie darüber gesprochen.

Die jüngste Schwester Ruth erfuhr den stetig wachsenden Antisemitismus erst kurz vor der Machtübernahme. Im Schwimmbad rief ihr ein Junge, den sie heimlich mochte, laut nach: "Es stinkt nach Öl!" Das konnte sie nur als Anspielung auf den Namen *Herz* verstehen, den auch der Inhaber der Ludwigshafener Firma "Alfred Herz, Öle und Fette" trug, den man den "Öl-Herz" nannte. "Er war gar nicht mit uns verwandt, und es hat auch niemals gestunken, wenn wir auf unserem Schulweg oft an diesem Eckhaus Halt machten, weil ich dort Johannas Schulranzen übernahm", erklärte Charlotte die Bestürzung der Schwester.

Ihren reichen jüdischen Verwandten gegenüber hatten die progressiven, marxistischen Frauen der Familie Herz eher einen Vorbehalt gehabt. Als Tante Lina einmal erklärt hatte, "Geld ist Macht" hatte die Mutter dagegen gesagt: "Wissen ist Macht." Johanna vermutete, dass Onkel Moritz der Nazipartei sogar Geld gegeben hätte, wenn ihr Antisemitismus nicht gewesen wäre. Die Verwandten glaubten aber lange, Hitlers Hetzreden gelten nur den Ostjuden, und sie seien besonders auf die kommunistischen Aktivitäten zurückzuführen, mit denen viele sympathisierten. Die drei sahen schon manches voraus, aber auch sie konnten nicht ahnen, dass Onkel und Tante eines Tages von den Nationalsozialisten deportiert und nie zurückkommen würden.

Für die politisch und sozial engagierten Mädchen war es selbstverständlich, sich einer Jugendgruppe anzuschliessen, und Charlotte zog im Rheinischen Wandervogel singend mit in die Natur. Vor ihrem Abitur lernte sie beim Treffen der Jugendbewegung auf der Coburg 1927 den 31-jährigen Mitbegründer der "Revolutionären Pazifisten" und bekannten Publizisten Max Barth[24] kennen, der als Redner geladen war. "Ich war 17 Jahre jung, sah auf damalige Weise mit kurzen Hosen aus wie ein Bub und diskutierte frech und gottlos drauf los. Ich holte die Mädchen aus dem Haus und aus der Küche in die Diskussion, von der sie gemeint hatten, sie beträfe sie nicht, und hielt dann auch selbst eine Rede." Max Barth fand das so hinreissend, dass er Lotte sofort heiraten wollte.

---

[24] Max Barth (1896–1970); http://de.wikipedia.org/wiki/Max_Barth

Die kleinen Schwestern und die Freundin Edith waren tief beeindruckt, als sie nun täglich Post von einem der Gründer der Jugendbewegung auf dem Hohen Meissner bekam.[25] "Morgens, wenn ich in die Schule ging, war schon der erste Brief da, und wenn ich nach Hause kam, der zweite", erzählte Charlotte, "schreiben konnte er!" Aber er war auch schon "so alt", dass sie eigentlich nur einen geistigen Förderer in ihm suchte. "Max Barth war ein Mann des linken Flügels, der von Anfang an klare Vorstellungen hatte, was er nicht wollte. Er schrieb ein Buch gegen ungesühnte Fememorde nationalistischer Verbände und Artikel gegen das Heraufziehen des Nationalsozialismus. In seiner Zeitschrift "Die Richtung" erhielt Charlotte eine eigene Spalte für die progressiven Artikel, die auch sie nun schrieb. Sie stellte darin überkommene Institutionen wie auch die "Heilige Einehe" in Frage. Aber selbst ging sie doch mit Max Barth die frühe Ehe ein, die sie später für den grössten Irrtum ihres Lebens hielt. Auch er hatte sich eigentlich in den frechen "Jungen" verliebt, den er durch die Heirat festhalten wollte. "So konnte ich doch nicht bleiben, der Prozess der Reifung hatte ja gerade erst begonnen."

Charlotte Herz studierte Jura und die Freundin Edith Susmannowitz Medizin in Heidelberg, wo auch Johanna dann neben einer Sozialausbildung Vorlesungen besuchte. "In einer Zeit der Armut, Arbeitslosigkeit und der Tippelbrüderexistenzen unter Künstlern und Intellektuellen" suchten sie alle eine Möglichkeit, etwas zu tun, und fanden sie in der "Roten Studentengruppe". Max Barth hatte ihnen erzählt, dass in Argentinien der Überschuss an Kaffee ins Meer geworfen würde, während in Russland ein Fünfjahresplan begonnen hätte, durch den künftig alle Güter gleichmässig verteilt werden sollten. "Dass diese Hoffnung aus Russland kam, liess die jungen Menschen, die nach Gerechtigkeit auf Erden suchten, glauben, im Osten sei die Erfüllung der messianischen Sehnsucht nähergerückt", meinte Charlotte. "Dass der Machtmissbrauch schon im Leninismus angelegt war, erkannten wir nicht. Die Gräuel, die im Bürgerkrieg noch auf beiden Seiten geschehen waren, hielten wir für eine Übergangserscheinung. Was dann im Stalinismus geschah, hatte mit dem, was wir unter Kommunismus verstanden, überhaupt nichts zu tun."

Charlotte kamen die ersten Bedenken, als sie erkannte, mit welchen Methoden die 1922 gegründete kommunistischen Studentenorganisation "Kostufra" ihre Beschlüsse in der Roten Studentengruppe durchzusetzen wusste. Sie hatte gerade die Freiheit erlangt, eine eigene Meinung zu vertreten, aber das war in der kommunistischen Partei durchaus nicht erwünscht, und sie wurde "wegen

[25] http://www.zeit.de/2013/36/jugendtreffen-hoher-meissner-1913

Opportunismus" gemassregelt. "1933 war ich schon lange keine Kommunistin mehr, wohl aber noch Marxistin. Die Wegentwicklung von der Theorie dauerte noch einige Jahre. Bei aller Enttäuschung hofften wir immer noch, in der russischen wie der deutschen kommunistischen Partei könne sich etwas entwickeln, das unseren Idealen entsprach." Aus der Praxis des Kommunismus hatte sie in ihrem Berliner Semester 1928/29 schon ein abschreckendes Beispiel erhalten. Sie war mit einem russischern Funktionär, der ihrer kleinen Gruppe zur Kontrolle zugeteilt war, in der Bahnunterführung Friedrichstrasse einem der zahlreichen Arbeitslosen in ausgefranzter Kleidung begegnet. Als er seine Hand aufhielt, zog sie ihr Portemonnaie. Da schlug der Russe ihr die Hand zurück: "Wir geben keine Almosen, die sollen Revolution machen!" Damit waren ihre Vorstellungen von Menschlichkeit und Brüderlichkeit nicht vereinbar.

Zur gleichen Zeit hatte sich ein politisch aktiver Berliner Student 1929 "aus der KPD herausschmeissen" lassen, weil er sich weigerte, die Sozialdemokraten als "Sozialfaschisten" und Hauptfeind zu betrachten. An einem geselligen Abend traf er die junge Lotte, die mit Max Barth zusammen war. Sie fesselte sofort seine Blicke, und im nächsten Semester fand er sie in Heidelberg wieder. Der Student der Nationalökonomie und Soziologie Richard Löwenthal[26] leitete die Heidelberger Studentenfraktion der "Kommunistischen Parteiopposition", und stand der späteren Widerstandsgruppe "Neu Beginnen" nahe. Sein Freund in beiden Vereinigungen, Gerhard Bry,[27] schrieb später über ihn in Amerika: "Rix war eine der intellektuell begabtesten Persönlichkeiten, denen ich je begegnet bin. Er war ein kritischer Marxist, ein politischer Aktivist und ein Mensch."

Sehr schnell wurde der brillante junge Politiker und Journalist zum Mittelpunkt der kleinen linksintellektuellen Studentengruppe. Wenn ein Vortrag Löwenthals am schwarzen Brett der Heidelberger Universität angeschlagen war, kamen Gäste aus allen politischen Lagern. Er sprach über Theorie des Sozialismus und entwickelte die Gedanken, die ihn zur Ablehnung von jeder Form des Totalitarismus führten. Das besondere Fluidum seiner denkerischen Persönlichkeit zog die Hörer in seinen Bann. "Er hatte das Charisma des begabten Politikers", meinte der Psychoanalytiker und Freund Lajos Székely,[28] "dabei liebte er auch das politische Spiel, in das er eingriff. Er hatte die Spürnase des

[26] Richard Löwenthal (1908–1974), Politikwissenschaftler, 1961–1974 Professor an der freien Universität Berlin; http://de.wikipedia.org/wiki/Richard_Löwenthal

[27] http://www.amazon.de/Gerhard-Bry/e/B001KIMKTU

[28] http://www.amazon.com/Lajos-Székely/e/B001K70LQ0

fähigen Journalisten und wusste immer Bescheid. Sofort erfasste er, was gesagt werden musste."

Löwenthals Vortrag war völlig frei. Johanna Herz erinnerte sich später als Studienrätin noch bewundernd: "Selbst für zweistündige Reden hatte er nur einige Worte aufgeschrieben, aus denen er alles entwickelte. Auch das kleinste Detail hatte er im Kopf. Die langen Sätze, die er mit Vorliebe formulierte, waren immer korrekt, nie wurde ein Verb vergessen, das später hätte nachhinken müssen. Man blieb fest in seinem Bann." Sie beschrieb den ersten Eindruck "seiner kleinen Gestalt mit den grossen hervorstehenden Augen", mit denen er, auch wenn er im Café philosophierte, in Kürze einen Kreis von Zuhörern um sich sammelte. "Auf sein Äusseres hielt er nicht viel, aber das hat meine Schwester Charlotte bald geändert. Sie war bereits in ihn verliebt." Freundin Edith erklärt: "So wie wir damals gerne durchscheinen liessen, dass wir linker eingestellt wären, als es eigentlich der Fall war, so haben Männer auch vorgegeben, dass sie ärmer wären, als es von Hause aus zutraf. Rix, dessen Vater Ernst ein Berliner Handelsvertreter war, liess sich im Café gern seine Rechnung bezahlen und kokettierte damit, dass er kein Geld in den Taschen seiner bescheidenen Jacke hatte." Zum Geburtstag schenkten Lotte und Edith ihm ein Buch mit dem Titel: "Juden ohne Geld". Das alles war auch eine Reaktion auf die gängige Vorstellung, dass Juden Geld haben müssten.

Wenn Richard Löwenthal deshalb sein Elternhaus oft ärmer und einfacher dargestellt hat, als es war, eines bezeichnete er stets als wesentlich: "Ich habe sehr viel Liebe bekommen!" Menschenliebe bestimmte auch die Wirkung, die Löwenthal selbst auf alle, die ihm begegneten, ausübte. Seine persönliche Liebe aber galt immer Charlotte Herz. "Als wir uns in Heidelberg kennenlernten, bewegten uns beide die gleichen grossen Themen: Marxismus und Psychoanalyse. "Während ich ihn auf dem Neckar herumruderte, hielt er mir darüber druckreife Vorträge. Das war seine Art der Werbung, und ich merkte bald, dass ich ihn nicht wie alle anderen Freunde nur bewunderte."

Rix half Charlotte im Kirchenrechtsseminar mit seinen überragenden Lateinkenntnissen bei der Durchsicht der Pandekten des römischen Rechtes. "Durch das Fenster sah man den Glockenturm der Herz-Jesu-Kirche, und die Sonne strömte herein, während Rix über dem Tisch lag und übersetzte. In seinem blonden Haar mit dem rötlichen Schimmer sprühten kleine Funken, und ich hatte eine furchtbare Lust, ihm darüber zu streichen. Eine Weile habe ich mich zurückgehalten, dann habe ich es getan. Rix wurde knallrot, seine Stimme fing an zu zittern, aber er übersetzte weiter. Das war der Moment, in dem ich mich in Rix Löwenthal verliebt habe, richtig verliebt. Und das hat dann ein Leben lang gehalten, mit allen Umwegen, die wir gebraucht haben, bis wir uns schliesslich endgültig zusammenfanden."

Lottes schwesterliche Freundin Edith und ihr Mann Lajos Székely fanden sich um die gleiche Zeit bei einer Ruderfahrt auf dem Neckar. Der junge Assistenzarzt an der psychiatrischen Klinik war aus Ungarn vor der antisemitischen und antiintellektuellen Repression des Horty-Regimes geflüchtet.[29] Er hatte schon in Budapest sein Herz für die Psychoanalyse entdeckt, mit Ferenczy Kontakt aufgenommen und bei dessen Schülerin Wilma Kovacz eine Ausbildung begonnen. In Frankfurt hatte er sein biologisches und psychologisches Studium beendet.

Johanna lernte auch ihren späteren Mann Günther Dallmann im Kreis der roten Studentengruppe kennen. Der waschechte Berliner und Journalist hatte schon als Neunjähriger in seinem Wohnbezirk Friedenau Flugblätter für die 1917 gegründete USPD, die "Unabhängige Sozialdemokratische Partei Deutschlands" verteilt. 1926 beschrieb er mit 15 Jahren in seinem ersten satirischen Gedicht, "der Geist von Friedenau" seinen Wohnbezirk in Vorausschau des Kommenden:

Wo man Juden hasst, Proleten verachtet,
wo im Kriechertum der Geist umnachtet,
dort ist der völkische Drahtverhau – von Friedenau.

Dallmann war in der Gruppe als witziger und scharfsinniger Kabarettist beliebt, der ihnen die wachsende kritische Situation der Zeit eindringlich vor Augen hielt.

Die politisch vorgebildeten und engagierten Heidelberger Freunde waren im Widerstand geübt und auf die Verfolgung vorbereitet, die auf sie alle mit der Machtübernahme der Nationalsozialisten zukam, die den Antisemitismus als Parteiprogramm verkündeten. An Mut fehlte es keinem von ihnen. Rix Löwenhal liess sich lange nicht von seinen politischen Reden abhalten. Kurz vor Hitlers Machtergreifung, als SA-Truppen nach den Veranstaltungen ihren politichen Gegnern schon in dunklen Ecken auflauerten, um sie mundtot zu machen, ging er als "jüdischer Redner" in eine nationalsozialistische Studentenversammlung in die Stadthalle. Der Rektor der Universität hatte diese Veranstaltung mit der Bedingung genehmigt, dass auch Juden reden dürften.

Rix meldete sich zu Wort, und der Versammlungsleiter führte ihn mit der Bemerkung ein, dass man ja gezwungen sei, auch Juden reden zu lassen. Dem-

[29] Dazu: Erhard Roy Wiehn in: Therese Müller, Als junge ungarische Jüdin im Holocaust. Konstanz 2014, S. 16 ff.

nach habe das Wort der Herr Löwenthal. "Da ging der Herr, so eingeführt, auf das Podium und fing an zu reden, und es war absolute Stille im Saal", erzählte Charlotte. "Als er an einer Stelle vom jüdischen Proletariat in Osteuropa sprach, brach aber plötzlich dröhnendes Gelächter und Gejohle los. Offenbar war den Versammelten gar nicht bekannt, dass es so etwas gab. Da ist der kleine und zarte Rix, dessen Gestalt vor allem aus einer überhohen Stirn und grossen Augen bestand, plötzlich mindestens einen Kopf grösser geworden, ist hoch hinaufgewachsen und hat mit der für ihn charakteristischen Handbewegung laut gebrüllt: Geben Sie doch Ihre Ignoranz nicht als Überlegenheit aus! Für eine Minute herrschte darauf Totenstille im Saal. Länger konnten die nicht das Maul halten, aber sie hätten ihn ja auch vom Podium herunterzerren und verprügeln können."

Das wäre für Charlotte keine Überraschung gewesen, denn sie war selber zweimal beim Verteilen von kommunistischen Flugblättern von Nazis verprügelt worden. Das hatte sie zu Anfang als Mutprobe hingenommen. Aber nach der Machtergreifung arbeiteten SA und SS mit der Polizei zusammen, die angewiesen wurde, in der Bekämpfung der Linken auch ihre Waffen zu gebrauchen. Der Strassenterror der Nazis wurde legalisiert. Wer ins Gefängnis eingliefert wurde, war rechtlos. Deshalb sah Rix in solchen Aktionen keinen Sinn mehr. Die 1929 entstandene Widerstandsgruppe, deren offizielles Mitglied er jetzt war, hatte, wie er es ausdrückte, "eine realistische Vorstellung davon, was deutscher Faschismus sein würde: eine totalitäre Parteidiktatur mit ganz besonderen Mitteln der totalen Unterdrückung." Die Gruppe, die sich dann "Neu Beginnen"[30] nannte, war auch gewohnt, konspirativ zu arbeiten. In dieser Weise hatte sie schon in der Krise der Weimarer Republik in der KPD Menschen davon zu überzeugen gesucht, dass sie nicht gegen die SPD sondern mit ihr gegen die Nazis kämpfen sollten. Die sozialdemokratische Überzeugungsarbeit setzten sie auch in der Illegalität in Berlin noch zwei Jahre lang unentdeckt fort.

Lajos Székely musste im April 1933 wegen seiner jüdischen Herkunft seine Stellung in der psychiatrischen Klinik in Heidelberg aufgeben. Er erhielt in Amsterdam einen unbezahlten Forschungsauftrag, der jedoch für seine spätere Arbeit wichtig wurde. Edith durfte als Jüdin in Heidelberg nicht mehr das medizinische Staatsexamen machen. Sie hoffte auf einen Platz in Basel, aber schon den Gang zur Behörde für die Ausreiseerlaubnis erlebte sie als Gefahr: "Stand man schon auf einer Liste als Kommunist oder Jude? Kam man hier

[30] http://de.wikipedia.org/wiki/Neu_Beginnen

überhaupt noch wieder raus?" Sie sah dort auch noch einen Kollegen aus der Kostufra, sollte sie ihn grüssen oder warteten die Beamten nur darauf, dass sie sich verriet? Es ging noch gut, und sie konnte ihr Diplom in Basel machen und Lajos von dort nach Amsterdam folgen.

Johanna Herz erkannte die Gefahr, in der sie alle sich befanden, als auf dem Sozialamt in Heidelberg, wo sie als Praktikantin arbeitete, eine Hausdurchsuchung stattfand. Zum Glück war sie gerade zu Besuch bei einem kranken Freund. Am nächsten Tag empfing ein Beamter, ein ausgedienter Unteroffizier, die junge Jüdin mit den Worten: "Wäre Sie da gewese, hätte mer Sie in den Neckar schmeisse lasse!" Schlagartig sah sie, "was für eine schreckliche Gesellschaft es war, die jetzt die Macht hatte." Doch sie erinnerte sich auch dankbar daran, wie der damalige Chef ihrer Behörde, ein Zentrumsmann, ihr noch einmal half. Als sie schon in Frankreich war, liess er ihr eine Unbedenklichkeitsbescheinigung "zur Rückreise ins Reich" nachschicken. Damit konnte sie Günther Dallmann auf dem Weg über Deutschland nach Stockholm folgen. Nach den prägenden Eindrücken ihrer Jugend musste Frankreich die erste Zuflucht für sie sein.

Charlotte erfuhr die Verfolgung unmittelbar und lebensbedrohend durch ihren Mann Max Barth. Er hatte in seiner Zeitschrift "Die Richtung", die sie beide in Stuttgart herausgaben, im Augenblick von Hitlers Machtergreifung zum Generalstreik und anschliessender politischer Aktion aufgerufen. Das Blatt wurde beschlagnahmt und der Autor wegen "literarischen Hochverrats" angeklagt. Vor der schon verfügten Verhaftung blieb ihm nur die Flucht. Anfang März 1933 brachte Charlotte ihn mit einem gemeinsamen Freund nach Lörrach, von wo er versuchen musste, über die Schweizer Grenze zu kommen. Um sicher zu sein, dass ihm das Wagnis gelungen war, fuhren die beiden Fluchthelfer noch mit der Strassenbahn nach Basel, wo sie Abschied nahmen. Nach drei Monaten musste der unwillkommene Flüchtling die Schweiz wieder verlassen, und für Max Barth begann das unstete Wanderleben durch Europa im Exil, über Spanien, Norwegen und Schweden 1941 in die USA.

Der helfende Freund wurde bei seiner Rückkehr aus Basel nach Deutschland verhaftet und in das Konzentrationslager auf dem Heuberg deportiert. Charlotte erfuhr davon erst viel später. Sie besass selbst noch den Mut, nach Stuttgart zurückzukehren und in ihrer alten Wohnung mit einem Kameraden eine illegale Zeitschrift herauszugeben. "Es war eigentlich heller Wahnsinn und konnte auch nur wenig wirksam sein. Wir mussten alles selber lithographieren und auch die Verteilung selbst übernehmen. An Konzentrationslager haben wir dabei noch nicht gedacht, wohl aber an Gefängnis. Doch so wie wir haben sich im Beginn der Hitlerzeit noch viele Menschen bemüht, etwas zu unternehmen!" Nach dem Reichstagsbrand am 27. Februar 1933,[31] den Hitler der Kommunistischen Partei in die Schuhe schob, wurden Tausende kommunistischer Funktionäre und Parteimitglieder verhaftet und mit ihnen viele Intellektuelle und Akademiker, die sich den Nazis entgegengestellt hatten. Kurz darauf stand mit dem "Ermächtigungsgesetz" vom 23. März (*1933*) Gefängnis oder Tod auf "Verrat" und "Anstiftung zum Widerstand". Gegen dieses Gesetz stimmten nur die anwesenden Abgeordneten der SPD und der KPD – viele Abgeordnete dieser Parteien waren bereits verhaftet.

Bald begannen Hausdurchsuchungen auch in der Wohnung von Max Barth. Charlottes Mutter gelang es dort nur in letzter Sekunde, sein kommunistisches Parteiabzeichen von der Wand zu reissen und es hinter dem Rücken zu halten, während sie rückwärts gehend die Gestapoleute durch die Zimmer führte. Da ihr Mann als "Hochverräter" gesucht wurde, musste Charlotte sich nun zweimal wöchentlich bei der Polizei melden. Die Ämter waren bereits von Hilfspolizisten der SA durchsetzt, nicht anpassungsbereite Beamte waren entlassen worden. Aber Charlotte traf noch auf einen alten Beamten, der eines Tages zu ihr sagte: "Ihnen würde eine Luftveränderung auch gut tun!" Sie erfasste den Wink und rief von der nächsten Telefonzelle ihre Mutter an. Da hörte sie, dass die SA bereits ihren Keller nach Büchern durchsuchte. "An Rückkehr war nicht mehr zu denken. Ohne Geld, ohne Papiere machte ich mich auf den Weg nach Luxemburg." Dort halfen ihr Leser der "Richtung" zu Fuss über die Grenze nach Belgien. Durch den rückwärtigen Ausgang der Wallfahrtskirche Notre Dame du Bon Secours gelangte sie von belgischem auf französischen Boden.

In Paris wurde Charlotte von ihrem Mann Max Barth erwartet, der durch die schweizerische "Rote Hilfe" dorthin gekommen war. Die Ehe mit ihm hatte aber schon länger nicht mehr bestanden. "Ich hatte in ihm nur kurz einen Vater gesehen, der mir den Weg in die geistige Welt eröffnen könnte." Jetzt war die junge Frau in einer fremden Welt auf sich allein gestellt. Ihr Jurastudium in Heidelberg hatte sie noch mit dem Referendar abgeschlossen. Aber in Frankreich half ihr dies Examen nicht. Die Aufenthaltserlaubnis galt nur für zwei Jahre, eine Arbeitserlaubnis war nicht damit verbunden. "Der Machtantritt der Nazis belebte auch in Frankreich die extrem nationalistischen Bewegungen", schrieb Max Barth in seinen Erinnerungen, "mir schien, dass die Xenophobie, die Fremdenfeindlichkeit, der Fremdenhass in Frankreich die einzige erfolgreiche Parole würde abgeben können." Den deutschen Flücht-

[31] http://de.wikipedia.org/wiki/Reichstagsbrand

lingen gegenüber verhielt man sich besonders ablehnend. Die Regierung wollte gute Beziehungen auch mit dem nationalsozialistischen Deutschland unterhalten, und die Bevölkerung hatte die Verluste des Ersten Weltkrieges noch nicht verwunden. Während man in linken Kreisen die Emigranten als die "Boches" sah, die ihnen Arbeitsplätze wegnahmen, schürte die rechte radikale Presse wieder den Antisemitismus der Dreyfus-Affäre,[32] die die französische Gesellschaft und die Republik jahrelang polarisiert hatte.

Charlotte verdiente sich das Leben durch Geschirrspülen in einer Familienpension. "Ich teilte die Arbeit mit einem Medizinstudenten, der noch nie einen Teller abgetrocknet hatte, denn das taten Jungen damals nicht. Nie wieder habe so viel gelacht wie mit dem jungen Hans, von dem ich später nicht mehr erfahren konnte, ob er überlebt hat. Lachen war Überlebenshilfe. Das sehe ich heute noch oft bei Überlebenden, die sich untereinander an die komischen Seiten der entsetzlichsten Lagersituationen erinnern."

Ihr akzentfreies Französisch lernte Charlotte auf einem Schloss bei Toulouse als Gouvernante von drei Kindern einer gebildeten französischen Familie. Als sie später Französin wurde konnte sie auch wissenschaftlich arbeiten und bekam schliesslich eine Stellung beim Institut Français. Dort schickte man sie für ein Jahr nach Prag.

Die Tschechoslowakei war die nächstgelegene Zuflucht für Flüchtlinge und Emigranten aus dem Osten Deutschlands. Nach Prag flohen auch die Vorstände der Sozialdemokratischen Partei und der ihr nahestehenden Gruppe "Neu Beginnen" mit ihrem politischen Kopf Richard Löwenthal. Als Rix hörte, dass Charlotte in Prag war, kam er sofort aus England zurück, wo er für seine Freunde schon eine neue Bleibe suchte. Zur gleichen Zeit war es auch Max Barth, von dem Charlotte formell immer noch nicht geschieden war, gelungen, illegal nach Prag zu gelangen. In seinen Erinnerungen "Flucht in die Welt"[33] beschreibt Barth den traurig abenteuerlichen Weg bis zu dieser Etappe, in der die getrennten Lebensbahnen sich endgültig scheiden sollten. In Paris hatte für ihn das eigentliche Exil begonnen, "das was im frühen Deutsch das Elend hiess". Im Gegensatz zu Charlotte fühlte er sich dort gar nicht wohl, "der Machtantritt der Nazis belebte auch in Frankreich die extrem nationalistischen Bewegungen, Fremdenfeindlichkeit und Fremdenhass". Die Kommunistische Partei hatte auch ihn "wegen unkommunistischer Auffassungen" ausgestossen und drohte nun mit Denunziation bei der französischen Polizei. Er

[32] Alfred Dreyfus (1859–1935), französischer Offizier; http://de.wikipedia.org/wiki/Alfred_Dreyfus

[33] Max Barth, Flucht in die Welt – Exilerinnerungen 1933–1950. Waldkirch 1986.

konnte nur nach Spanien entkommen. In Barcelona aber lag schon ein Suchbefehl gegen den "Hochverräter Barth" vor. Er sollte gleich nach Deutschland abgeschoben werden, aber dann landete er als "Antifaschist" in einem spanischen Gefängnis. Er musste froh sein, von dort wieder nach Frankreich ausgewiesen zu werden. Hier half ihm Charlotte noch einmal weiter, ehe sie nach Prag ging. Er schwor ihr: "dort wirst du mich wiedersehen."

In Prag kam es aber auch formell zur Scheidung dieser Ehe. Das Verfahren konnte in Stuttgart durchgeführt werden, weil zwischen der Tschechoslowakei und Deutschland noch ein gültiger Rechtshilfevertrag bestand. Aus Stuttgart erhielt Barth eine für Charlotte überaus wichtige Nachricht: "Ein Stubenkamerad, Mitglied der Sozialistischen Arbeiterpartei, berichtete über seine Reise nach Deutschland, dass er in Cannstatt übernachtet hatte. In welcher Strasse? In der Ruhrstrasse. Wie heissen die Leute? Es war eine allein lebende Frau, eine Frau Herz!"

Charlottes Mutter war in der von den polizeilich Gesuchten verlassenen Wohnung 1933 allein zurückgeblieben. "Der Hauswirt wusste, dass sie Jüdin war und wollte sie schützen. Er beschaffte ihr eine kleinere Wohnung und half ihr beim Umzug. In ihrer Nachbarschaft waren die Menschen nett und verkehrten freundschaftlich mit ihr. Auch das gab es in Deutschland!" darauf legte Charlotte immer Wert. Sie liess ihre Mutter zu sich kommen, obwohl ihre Anstellung in Prag bald ablief.

Max Barth zog, getrieben von der inneren Ruhelosigkeit, in der er ein "Kind des Gefühls, heimatlos zu sein", sah, im August 1938 in den Norden weiter. In Stockholm traf er Günther Dallmann und Johanna Herz, die dort ihren Beruf als Lehrerin im französischen Gymnasium gefunden hatte. Charlotte konnte ihre Mutter noch zu Johanna nach Schweden weiterschicken, ehe Hitlers Truppen im März 1939 Prag erreichten. "Sie kamen über die Karlsbrücke, die Revolucni entlang, wo man sich abends zu treffen pflegte. Die Tschechen, die auf ihrer geliebten Strasse flanierten, fielen sich in die Arme und weinten.[34] Kaum 50 Meter entfernt standen die deutschen Anhänger von Konrad Henlein[35] – dem Vorsitzendem der Sudetendeutschen Partei, die den Anschluss der Sudetengebiete an Hitler-Deutschland propagierte – mit ihren weissen Wickelstrümpfen. Während die Tschechen ihre Nationalhymne sangen, schrieen die Deutschen ununterbrochen laut 'Heil Hitler!'" Adolf Hitler hatte nach dem

[34] Dazu: Jan Wiener, Immer gegen den Strom – Ein jüdisches Überlebensschicksal aus Prag 1939–1950. Konstanz 1992; Petr Hlaváček u. Dušan Radovanović, Verdrängte Elite – Aus dem Gedächtnis verbannte Gelehrte der Deutschen Universität in Prag. Konstanz 2013.

[35] Konrad Henlein (1898–1945); http://www.dhm.de/lemo/html/biografien/HenleinKonrad/

"Anschluss" des Sudentenlandes im Oktober 1938 nun im März 1939 auch die "Rest-Tschechei" besetzt und zum deutschen "Protektorat" erklärt.

Charlotte kannte Unzählige, die jetzt ihre Hilfe brauchten: tschechische und deutsche Sozialdemokraten, politische und jüdische Emigranten und tschechische Juden, die mit ihnen in der Falle der deutschen Besatzer sassen. "Ich hatte einen französischen Pass und konnte sofort ausreisen. In einem zusammengeklappten Regenschirm trug ich Wertsachen meiner Freunde und mit ihrem Schmuck war ich behängt wie ein Goldesel. In die Kleidersäume hatte ich Brillanten und Geld eingenäht. So sollte die Reise durch Deutschland gehen! Aber wenn man jung ist, glaubt man, es könne einem nichts passieren."

Alle Züge endeten an der tschechischen Grenze, wo die Schmugglerin eine Nacht in einem kleinen Hotel verbringen musste. Als sie sich am Morgen erkundigte, wie man weiter nach Frankreich käme, wurde sie an einen Herrn verwiesen, der gerade mit dem Auto in die Richtung wolle. Er erklärte sich bereit, die junge Frau mitzunehmen, und stellte sich ihr im Wagen vor als Beamter der Gestapo. "Da sass ich mit all meinen Schätzen im Auto eines Gestapomannes, der mir stundenlang von seiner Familie erzählte. Er zeigte mir die Bilder seiner vier Kinder, die in die Welt zu setzen ihm zur Pflicht gemacht worden sei. Als wir an die erste deutsche Station gelangt waren, von der aus wieder Züge verkehrten, setzte er mich freundlich ab!"

Die Fahrt quer durch Deutschland führte Charlotte über Mannheim, wo sie ihren von der Mutter inzwischen geschiedenen Vater wiedersah. Als sie erfuhr, dass der Zug dort länger halten würde, um zu rangieren, hatte sie ihn benachrichtigen können. Mit seiner zweiten Frau Berta stand er auf dem Bahnsteig. "Gehen wir in die Bahnhofswirtschaft", schlug Charlotte vor. Aber der Vater und seine Frau sahen sich nur hilflos an, und dann erklärte er: "Das dürfen wir nicht!" Charlotte hatte sich im Ausland nicht vorstellen können, dass Juden in Deutschland so rechtlos waren. "Was musste mein Vater inzwischen durchgemacht haben! In den Briefen, die er mir geschrieben hatte, war davon nichts erwähnt."

Jetzt erst erfuhr sie von der "Kristallnacht" im November 1938, in der ihr Vater gerade bei Berta in Stuttgart gewesen war. Bei seiner Rückkehr fand er seine Wohnung und die Klempnerwerkstatt total demoliert. Der Meisterbrief, der sein Stolz war, lag am Boden, das Glas war zertreten worden. Er musste sich ein "Arbeitsbuch" holen, das nur für Arbeiten bei Juden galt, und die gab es kaum noch. "Was ist das für ein Leben", rief Charlotte, "willst du nicht hier heraus?" Aber der Vater hing an seinem deutschen Vaterland, für das er durch Krieg und Gefangenschaft gegangen war. "Mein Kind", sagte er, "einen alten Baum verpflanzt man nicht." Als er dann einsah, dass er gehen musste, war es schon zu spät, gewaltsam wurde er aus dem Heimatboden gerissen.

Als Charlottes Zug an die französische Grenze kam, betrat ein deutscher Kontrolleur das Abteil. "Heidler" sagte er sehr förmlich, und Charlotte glaubte, er stelle sich mit diesem Namen vor. Sie erwiderte ebenso höflich, dass sie nichts zu verzollen hätte. Erst hinter der Grenze wurde ihr klar, dass er "Heil Hitler" gesagt haben musste. Die Wertsachen waren in Sicherheit und erreichten ihre Adressaten in Frankreich.

In Paris sah Charlotte ihre Schwester Ruth wieder. Sie war in der Zwischenzeit aus Berlin gekommen, wo sie es noch sehr schwer gehabt hatte, denn ihr Problem war nicht nur, dass sie Jüdin war, sondern auch länger als Charlotte noch überzeugte Kommunistin. Ihr Name war der Polizei bekannt, und sie musste wegen der Meldepflicht alle sechs Wochen ihre Wohnung wechseln. Mit ihrem Diplom als Tanz- und Gymnastiklehrerin der bekannten Berliner Palucca-Schule konnte sie nur noch jüdische Patienten an den verschiedensten Enden der Stadt betreuen, die nun einer nach dem anderen emigrierten. Ein Versuch, in Schweden eine Anstellung zu finden, schlug fehl, und auch in England bot sich keine Möglichkeit. Da nahm sich eine französische Studentin ihrer an und stellte sie auf dem französischen Konsulat als Austauschstudentin vor, die von ihrer Familie nach Paris eingeladen worden sei. Da Ruth die Schule ohne Abitur beendet hatte, war es nicht leicht, einen Studienplatz in Frankreich nachzuweisen, aber auch das gelang, und Geld für die Reise hatte sie gespart.

Auch Ruth musste froh sein, als Kindermädchen in einer Familie unterzukommen. Durch besondere Empfehlung einer Berliner Psychoanalytikerin konnte sie das verhaltensgestörte Kind des surrealistischen Schriftstellers Raymond Queneau betreuen. "Der Kleine, der Tag und Nacht nicht von meiner Seite weichen durfte, brachte mir ein ziemlich komisches Kindersprachen-Französisch bei. Meine Pariser Freundin fürchtete allmählich für mein Bildungsniveau und suchte etwas anderes."

Diese Freundin war die Tochter eines bekannten jüdischen Arztes in Berlin. Als Ruth sie dort kennenlernte, hatte er als Witwer gerade eine zweite Frau geheiratet. Nach ihrem Einzug hatte sich das Haus mit SA- und SS-Leuten bevölkert. Sie trieben den jüdischen Arzt in den Tod und zwangen seine Tochter in die Flucht. Sie war nun schon so lange in Paris, dass sie Ruth Gymnastikstunden vermitteln konnte. " Ich kam da in eine Clique von bekannten Musikern und Künstlern, die mich untereinander herumgaben und bei denen ich auch richtig Französisch lernte." Eine Wohnung in Paris war kaum zu finden. Da traf Ruth eines Tages einen deutschen Studienfreund aus Heidelberg wieder, der an der Sorbonne studierte und auch eine Wohnung hatte. Er bot ihr an, zu ihm zu ziehen. "Es war so tröstlich, dass ich jemanden von früher kannte, und als man zusammengezogen war, ergab es sich dann auch, dass man heiratete. Unsere Freunde waren Studenten, wir waren jung und nahmen alle das Leben leicht."

Gerade zu diesem Zeitpunkt kam Charlotte von einer zweiten Reise nach Prag zurück, wo sie den kleinen Sohn eines tschechischen Freundes vor dem jüdischen Schicksal gerettet hatte. Seine Mutter hatte sich mit ihrem zweiten Mann schon das Leben genommen. Charlotte gab das Kind als ihr eigenes aus und brachte es zu Ruth und ihrem Mann. Sie selbst holte noch den Vater des Jungen nach. Seine Einreise gelang mit Hilfe des unerschrocken liebenden Franzosen, der jetzt in das Leben der Schwestern Herz trat. "Der Pass, mit dem ich den tschechischen Freund an der belgischen Grenze erwartete, war der ausgewaschene und gefälschte Pass meines späteren Schwagers Michel", erzählte Charlotte und staunte selbst noch über den Mut, mit dem sie den pausbäckigen, korpulenten Rechtsanwalt an die Stelle des mageren, jungen französischen Studenten gesetzt und durchgeschmuggelt hatte. Vater und Sohn wurden von den Freunden noch auf ein für Tschechen bereitgestelltes Auswandererschiff nach Amerika gebracht, auf dem sie selber keine Aufnahme fanden.

Der ehemalige Jurastudent und spätere Bankdirektor Michel Malachowski erzählte gern, wie ihn das Schicksal mit seiner Frau Ruth und ihren Schwestern zusammenführte. "Eines Sonntagabends ging ich mit zwei polnischen Freunden in ein kleines Studentenlokal im Quartier Latin, wo man ass und tanzte. Schlag 11 Uhr ging plötzlich das Licht aus, und es gab nur einige Kerzen auf den Tischen. Da öffnete sich die Tür, und drei junge Damen schauten herein, die nur von einem Herrn begleitet wurden. Ich dachte gleich, le bon Dieu est généreux, drei so hübsche Mädchen schickt er mir auf einmal, und sprang auf, um sie hereinzukomplimentieren." Es war Charlotte mit Hanna und Ruth sowie einem Freund, den sie aus Frankreich herausschleusen wollte. Michel zog Ruth sofort in den Trubel, zum Tanz, und sie erinnerte sich, dass auch sie ihn gleich erwählt hatte.

Michel war Franzose und hatte einen polnischen Freundeskreis. Sein Vater war als polnischer Patriot 1905 von den Russen nach Sibirien deportiert worden und hatte über China nach Frankreich flüchten können. Die Mutter hatte ihn als Journalistin in China kennengelernt und geheiratet. Die Familie setzte sich engagiert für politische Flüchtlinge ein. Der junge Mieczyslaw, der sich

Michel nannte, engagierte sich zunächst in einer anarchistischen Gruppe für die Freiheitskämpfer in Spanien. Der spätere Freimaurer in hohem Grad fühlte sich zu menschlichem Einsatz verpflichtet. Kampf gegen den Faschismus und Einsatz für die Opfer war ihm selbstverständlich. Auf den Ausbruch des Krieges aber war man in Frankreich nicht vorbereitet. Charlotte erinnerte sich: "Die Franzosen waren nach dem Ersten Weltkrieg zu Pazifisten erzogen worden. Sie hatten in den 1930er Jahren ihre Maginot-Linie gebaut, die die französische Grenze gegen eine deutsche Invasion sichern sollte. Aber sie hatten keine Panzer, keine Waffen und nicht einmal Uniformen." Michel meldete sich zur Luftwaffenausbildung. Als er sie 1940 nach neun Monaten mit dem Examen als Bordkommandant abschloss, war der Krieg mit Deutschland schon beendet. Nach der Niederlage gegen die deutschen Truppen bildete Marschall Philippe Pétain[36] im nicht von Deutschland besetzen Südfrankreich eine eigene Regierung. Michel glaubte stets, dass das französische Volk weiter Widerstand geleistet hätte.

Ruth war kurz vor Kriegsbeginn von einer ihrer prominenten Gymnastikschülerinnen an Marlene Dietrich[37] empfohlen worden, die sie für ihre Tochter Maria Riva engagierte und in das exklusive Cap d'Antibes zwischen Cannes und Nizza mitnahm. Dort verbrachte sie den Sommer mit Erich Maria Remarque.[38] Der Schriftsteller des Kriegshorrors musste das Herannahen eines zweiten Weltkrieges spüren. Noch bevor er ausbrach, reiste Marlene mit ihm, ihrer Tochter Maria und deren Vater in die USA. Sie wollten Ruth mitnehmen, aber ihr jüdischer Mann schien Marlene für die Gruppe doch zu viel. "Da habe ich gesagt, dann bleibe ich auch hier! Ich war jedoch schon sicher, dass ich so schnell wie möglich die Scheidung einreichen würde." Michel hatte sich bereits nahe am Filmschloss in der Jugendherberge von Antibes einquartiert.

Bei Ausbruch des Krieges meldete Ruths Mann sich freiwillig zur französischen Fremdarbeiterkompanie. Kurz darauf wurden alle deutschen Emigranten als "feindliche Ausländer" in Lager abtransportiert. Als die deutsche Armee im Mai 1940 in Belgien einfiel, wurden auch die deutschen Frauen in Frankreich interniert. Charlotte war durch ihre Heirat Französin geworden. Ruth aber musste sich im Vélodrome d'Hiver in Paris melden. In dieser früheren Radrennbahnhalle wurden alle staatenlosen und ausländischen Juden

---

[36] Philippe Pétain (1856–1951); dazu: Margot u. Hannelore Wicki-Schwarzschild, Als Kinder Auschwitz entkommen – Unsere Deportation von Kaiserslautern in die französischen Internierungslager Gurs und Rivesaltes 1940/42 und das Leben danach in Deutschland und der Schweiz. Konstanz 2011, S. 11 ff.; http://de.wikipedia.org/wiki/Philippe_Pétain

[37] Marlene Dietrich (1901–1992); http://de.wikipedia.org/wiki/Marlene_Dietrich

[38] Erich Maria Remarque (1898–1970); http://de.wikipedia.org/wiki/Erich_Maria_Remarque

erfasst. In Güterzügen wurden die Immigrantinnen von dort nach Südfrankreich abtransportiert. Im Lager Gurs[39] am Fuss der Pyrenäen nicht weit von der spanischen Grenze, das nach Francos Sieg für die aus Spanien flüchtenden Republikaner geschaffen worden war, wurden am 23. Mai (*1940*) 2.364 Frauen aus Paris und Umgebung eingeliefert. Die meisten waren gerade erst aus Deutschland entkommen.

"Wir wurden nicht anders behandelt und verpflegt als die Spanier", erklärte Ruth. "Es gab Stockfisch und gelbe Erbsen aus dem Blechnapf wie beim Militär. Noch herrschte kein absoluter Hunger", meinte sie, denn sie dachte an das nicht mehr zu beschreibende Grauen in diesem Lager, in das bald darauf die deutschen Juden aus (*Baden und*) der (*Saar-)*Pfalz deportiert wurden, deren Endziel Auschwitz war. Zu ihnen sollten ihr Vater und seine zweite Frau gehören. Die entsetzlichen hygienischen Zustände und die vielen Sterbenden, von denen auch Ruths Mitinsassinnen später berichteten, traten danach für sie in den Hintergrund. Schon während die Deutschen unaufhaltbar nach Paris vorstiessen und Marschall Pétain den Waffenstillstand vorbereitete, war Unsicherheit in den Internierungslagern entstanden, und viele nutzten die Gelegenheit zu entkommen. "Nur die wirklichen Nazis unter den internierten Deutschen blieben, um sich ostentativ befreien zu lassen." Ruth entkam dem Stacheldraht, aber ihre Freiheit war nun ständig bedroht.

Sie wäre gerne nach England geflüchtet und machte sich auf den Weg nach Westen. Unterwegs traf sie eine Freundin, die ihr erzählen konnte, dass Charlotte schon vor dem grossen Exodus der Gefährdeten aus Paris an die Küste geflüchtet war. Als Französin hatte sie bei Bézier am Mittelmeer ein kleines Strandhaus mieten können. Dort trafen sich alle wieder: die Schwestern Herz, Ruths Mann und vor allem Michel, der vom Tage ihrer Verhaftung an unermüdlich nach Ruth gesucht hatte. Sie hatte ihm in Toulouse, wo seine Luftwaffeneinheit lag, als ihr Zug dort hielt, eine Botschaft zukommen lassen. "Ausser mir vor Freude brach ich sofort mit einer gefälschten Reiseerlaubnis auf, um Ruth wiederzufinden", erzählte Michel später seiner Enkelin Sara als eines der Wunder, durch die Ruth am Leben blieb und die Liebenden immer wieder zusammenfanden. Ruths Scheidung lief seit langem, und sie und Michel beschlossen, von nun an zusammenzugehören, "komme was wolle".

Michels Einheit wurde im noch unbesetzten Frankreich demobilisiert, aber seine Eltern und seine Schwester waren in deutsch-besetzten Paris zurückgeblieben, und Ruth und Charlotte beschlossen, ihm zunächst wieder dahin zu

[39] Dazu: Erhard Roy Wiehn (Hg.), Camp de Gurs – Zur Deportation der Juden aus Südwestdeutschland 1940. Konstanz 2010; http://de.wikipedia.org/wiki/Camp_de_Gurs

folgen. Als Einwohner von Paris konnten sie sich über die deutsch-französische Demarkationslinie "repatriieren" lassen. Aber die deutsche Besatzung, die jetzt in Paris regierte, erliess bereits Gesetze, die Juden vom Handel ausschlossen und die es erlaubten, ihre Geschäfte zu beschlagnahmen. "Dann ergingen Aufrufe, dass alle Juden sich melden sollten", erzählte Charlotte, aber sie meinte: "Mir wäre nie die Idee gekommen, so etwas zu tun, das habe ich schon in Deutschland nicht gemacht. In Frankreich war es sehr viel schwerer, festzustellen, wer der Religion nach jüdisch war, was dann so oft der Anfang des Endes war. Und doch haben sich auch da die meisten gemeldet, einfach weil sie dachten, es ist Gesetz. Daraufhin wurden sie abgeholt und in die Lager im Osten transportiert. Ihre Nachbarn nahmen es meist so gleichgültig hin wie die Mitbewohner in Deutschland auch. Sie erklärten später, die leeren Wohnungen in gutem Glauben selbst bezogen zu haben. Insgesamt haben die Franzosen jedoch wenig dafür getan, dass herausgefunden wurde, wer Jude war." Aber die jüdischen Emigranten waren bald nicht nur der deutschen Regierung, sondern auch der antisemitischen Politik des Pétain-Regimes ausgeliefert.[40]

Michel erkannte schnell, dass die Vichy-Regierung sich nicht weigern würde, die von den Nationalsozialisten geforderten Massnahmen zur Diskriminierung der Juden durchzuführen. Es erschien dringend, Ruth nach England in Sicherheit zu bringen. Dafür musste man zunächst von Paris in die von den Deutschen noch nicht besetzte Zone zurückgelangen, was bereits nicht mehr erlaubt war. Diesmal konnte Ruth mit ihrem deutschen Pass einen Passierschein beantragen, während Michel und Charlotte als Franzosen nur der Weg über die grüne Grenze blieb. Als Ruth jedoch die deutsche Behörde mit dem ersehnten Ausreiseausweis verliess, war darauf vermerkt, dass sie aus dem deutschen Verwaltungsgebiet ausgewiesen wäre. Ihren Pass hatten die Beamten auf jeder Seite ungültig gestempelt. Sie war keine Deutsche mehr, sie war auch keine Französin, sie war eine abgeschobene Unperson.

In Marseille trafen sich die drei Flüchtlinge am Ende ihrer verschiedenen abenteuerlichen Wege wieder. "Am 31. Januar 1941 um 11 Uhr morgens hatte ich am alten Hafen im Café le Cintra ein Rendezvous mit Ruth, das wir nicht verpassten. Welch ein Glück, welche Rettung!" konnte Michel später seiner Enkelin erzählen. Nach England kam jedoch keiner der Drei. Die beiden Frauen fanden keine Aufnahme auf einem illegalen Schiff. Dem Franzosen Michel, der sagte, dass er zur Exilregierung de Gaulles wollte, erklärte ein Offi-

---

[40] Wolfgang Seibel, Macht und Moral. Die "Endlösung der Judenfrage" in Frankreich 1940–1944. Konstanz 2010.

zier Pétains, er solle gefälligst "in Frankreich bleiben und Kinder machen", das Vaterland brauche sie. "So blieben wir in Marseille, in einer Stadt, die voll war bis ins letzte Loch, und wo die Polizei Ruth schon peinlich verhörte und für ihre Kartei fotografierte. Ich suchte Arbeit und fand sie schliesslich bei einer Bank, die sich über die Bestimmungen der Vichy-Regierung hinwegsetzte, dass Bankangestellte mindestens seit zwei Generationen Franzosen zu sein hätten. So weit war jetzt alles ruhig", stellte Michel fest.

Seine Erleichterung galt aber nur Ruth und Charlotte, die in Marseille in der gleichen Strasse untergekommen waren. Aus Paris hatten sie schon eine schreckliche Nachricht mit in den Süden gebracht: Vater Herz hatte ihnen geschrieben, dass er mit seiner zweiten Frau nach Gurs deportiert werden sollte. Er hatte bereits ein Affidavit für die Vereinigten Staaten erlangt, doch die forderten kurz vor ihrem Kriegseintritt plötzlich noch eine dritte Bürgschaft für jeden Flüchtling. Das hoffte er noch in Frankreich regeln zu können und erreichte zunächst, dass sie nicht in das Hungerlager Gurs sondern in ein Transitlager in der Nähe von Marseille transportiert wurden. Während Charlottes Vater sich in dem Lager "Les Milles"[41] – wo auch Golo Mann,[42] Max Ernst[43] und Walter Hasenclever[44] interniert waren – um ein drittes Affidavit bemühte, wurde seine Frau mit Tuberkulose in das Marseiller Krankenhaus eingeliefert. Dort lag sie elend und ohne ein Wort Französisch zu können in einer Abteilung für Kriminelle. Kurz darauf drang aus Les Milles eine neue Alarmnachricht zu Michel.

Seit dem Sommer 1942 forderte die deutsche Besatzungsmacht von den Behörden der Vichy-Regierung die "Freimachung" der unbesetzten Zone von ausländischen und französischen Juden. Französische Polizei und Miliz wurden damit beauftragt. Eines Tages sagte der Gendarm, in dessen Haus Michel wohnte, leise: "Die Leute sollen jetzt weggeschickt werden!" Michel war sich nicht sicher, ob der Gendarm sich klar machte, was das zu bedeuten hatte. "Ich selbst wusste schon lange, was das Ende der Verschickung sein würde. Ich musste erkunden, was ich dagegen tun könnte. Ich eilte zu der jüdischen Kinderhilfsorganisation, mit der wir in Verbindung waren, und dort bekam man heraus, dass Ruths Vater auf der Transportliste in das berüchtigte Lager

[41] Bei Aix-en-Provence; http://de.wikipedia.org/wiki/Les_Milles

[42] Golo Mann (1909–1994); http://de.wikipedia.org/wiki/Golo_Mann

[43] Max Ernst (1891–1976), Maler, Graphiker, Bildhauer; http://de.wikipedia.org/wiki/Max_Ernst

[44] Walter Hasenclever (1890–1940); http://de.wikipedia.org/wiki/Walter_Hasenclever

Drancy bei Paris[45] stünde, das, wie wir erfuhren, ein Sammellager für Auschwitz war. Auf meine verzweifelte Frage, wie ich ihm helfen könnte, hiess es, dass eine geringe Hoffnung bestünde, wenn ich Gustav Herz' Schwiegersohn sei, sodass dieser eine ,verwandtschaftliche Beziehung zu einem Franzosen' nachweisen könnte."

"Ruth und ich waren nicht verheiratet, aber Charlotte hatte einen französischen Mann der nicht im Lande war, und ein Familienstammbuch, das sie bei der Eheschliessung bekommen hatte. In grösster Eile wuschen wir seinen Namen aus und setzten meinen an die Stelle. Wir durften keine Minute verlieren, die Transportzüge waren bereits zusammengestellt, und der erste sollte am 11. August 1942 abfahren. Ich stürzte mit dem schlecht gefälschten und noch feuchten Papier in eine Taxe, mit der ich mitten in der Nacht die 40 km nach Les Milles raste. Als ich ankam, waren die Häftlinge bereits in Viehwaggons verladen. Frauen mit schwarzen Umhängen standen an der Rampe. Sie waren Krankenschwestern des Roten Kreuzes, aber als ich nach dem Vater suchte, verspotteten sie mich nur wegen des Namens Herz. So war das Klima, in dem die Deportationen stattfanden, von deren Ziel niemand etwas gewusst haben will."

Michel verlangte, als französischer Offizier mit dem Lagerkommandanten zu sprechen. Er legte ihm das noch halbfeuchte Familienstammbuch vor, seine französischen Papiere schnell darüber und erklärte, dass er Fliegeroffizier sei und seinen Schwiegervater suche, der keinesfalls deportiert werden dürfe. Der Kommandant schien das zu akzeptieren. "Das Familienstammbuch wurde uns nach einer Weile zurückgeschickt. Danach erst erfuhren wir, dass der Vater nicht nach Drancy sondern in das französische Lager Masseube am Fusse der Pyrenäen gebracht worden war. Als wir dort beantragten, dass er wegen der französischen Verwandtschaft freikäme, haben sie uns dann mitgeteilt, da Vater nicht in Frankreich gelebt habe sondern von Deutschen hergebracht worden sei, unterstünde er auch nicht der französischen Verwaltung sondern nach wie vor der deutschen. Masseube sei jedoch ein Lager für Alte und Kranke, wo er nichts zu befürchten habe."

Am 23. April 1943 sollte der Vater 65 Jahre alt werden. Charlotte hatte alles vorbereitet, um ihn an diesem Tage zu besuchen. Es bedurfte schon einer Reihe von Bescheinigungen, um überhaupt an einen anderen Ort in Frankreich zu gelangen – und dann an einen solchen! "Ruth und ich hatten ein Lebensmittel-

[45] Durchgangs-Sammellager; dazu: Hans-Hermann Seiffert, Johanna Hammel – Der Weg einer Jüdin aus Konstanz durch Gurs nach Auschwitz-Birkenau 1898-1942. Konstanz 2010, S. 60; http://de.wikipedia.org/wiki/Sammellager_Drancy

paket gepackt, und meine Hauswirtin hatte aus allen Zutaten, die wir besassen, einen Kuchen gebacken. Da bekam ich am Morgen ein Telegramm von einem Herrn Schmelzer, der Vater sei in der Nacht gestorben." In einem Paket kamen noch seine wenigen Sachen zurück. Charlotte war wie von Sinnen. vor Schmerz und ohnmächtiger Wut, dass sie dagegen nichts hatten tun können, "während wir doch alle schon auf den Tag X warteten, an dem die Alliierten in Frankreich landen würden." Doch vorher wurden auch die französischen und die durch Franzosen geschützten Juden in den Tod geschickt.

Vom Juli dieses Jahres an musste sich Ruth als Deutsche regelmässig bei der Polizei in Marseille melden. Ihr Mann Walter, dessen Scheidung immer noch nicht ausgesprochen war, erfuhr in seiner Fremdarbeiterkompanie vom Beschluss der Vichy-Regierung im August 1942, alle ausländischen Juden zu verhaften und zu internieren. Er sah noch einen Weg, mit falschen Papieren in die Schweiz zu kommen, wohin er Ruth gern mitgenommen hätte. Zum zweiten Mal aber beschlossen Ruth und Michel, was immer käme, zusammenzubleiben. Michel beschaffte ein Ausweisformular, das man selber auszufüllen pflegte, und imitierte darauf einen Stempel der Polizei. So bekam Ruth zu dem falschen Familienstammbuch, das ich schon für uns beide eingerichtet hatte, auch eine falsche Identitätskarte auf den Namen Ruth Malachowski geb. Gervais."

Eines Tages gab die Frau des Gendarmen auch Ruth einen kleinen Hinweis. "Warum reisen Sie nicht mal in die Ferien?", fragte sie und empfahl ihr, mit ihrem Mann, dem Gendarmen, zu seiner Mutter zu fahren. Sie könne vielleicht Hilfe auf ihrem Bauernhof gebrauchen. Der Wink war deutlich und das Angebot sehr menschlich. Michel nahm sofort Urlaub, und am nächsten Tag reisten beide mit dem Gendarmen nach Norden. In der Eisenbahn kontrollierte die Polizei die Papiere. "Mein französischer Pass, an den ich den Personalausweis angeheftet hatte, den ich für Ruth fabriziert hatte, schien dem Kontrolleur zu genügen. Er gab ihn ohne Kommentar zurück. Aber die Angst schnürte uns noch die Kehlen zu, als er das Abteil verlassen hatte."

Die erste Station lag in der Ardèche, wo Charlotte seit Kurzem in einem Landschulheim für evakuierte Marseiller Kinder tätig war. Der Direktor arbeitete im aktiven Widerstand und hatte zwischen den aufs Land Verschickten auch jüdische Kinder versteckt, die man aus Lagern gerettet hatte. Auf dem Rückweg vom Bauernhof brachte Michel Ruth bei Charlotte unter, wo die verstörten jüdischen Kinder Tag und Nacht Hilfe brauchten. Michel erfuhr bei seiner Rückkehr nach Marseille, dass wirklich wenige Stunden nach ihrer Abreise die Polizei ins Haus gekommen war und nach Ruth und ihren Papieren gefragt hatte. Sie sei mit ihrem Mann in die Ferien gefahren, hatte die Frau des Gendarmen wahrheitsgemäss erklärt. Für Michel war deutlich, dass seine bisherigen Versuche, Ruth zu schützen, nicht ausreichten. Sie musste Französin werden. Sie brauchte richtige Papiere, die nicht als gefälscht erkannt werden konnten, sie musste ihn wirklich heiraten!

Nachdem im November 1942 ganz Frankreich von den Deutschen besetzt worden war, fand im Frühjahr 1943 in St. Péray bei Valence die Trauung von Ruth und Michel auf dem Standesamt und in der Kirche statt. Sie wurde im katholischen Glauben von Michels polnischer Familie und nach allen geltenden Regeln des Rechts vollzogen. Niemand konnte die beiden mehr trennen, es sei denn sie selbst erwirkten eine gerichtliche Scheidung. Ruth aber hatte noch nicht einmal eine behördliche Scheidung von ihrem ersten Mann erhalten, und es war jetzt auch nicht ratsam, sich beim Gericht in Nîmes nach dem Stand der Dinge zu erkundigen.

Die Frau, die mit Michel die Ehe schloss, war Französin und hatte einen französischen Ausweis, den ein ehemaliger russischer Anarchist in Marseille perfekt gefälscht hatte. Alle drei Zeugen, die für sie aussagten, hatten gefälschte Papiere, und ihre Angaben waren falsch. Es waren Ruths Schwester Charlotte, ein Franzose aus dem Widerstand und eine Bäuerin, die erklärte, dass sie die Braut schon in ihrer Jugend in Les Chesnes gekannt habe, wo sie am 20. November 1912 geboren wäre – Ruths wahrem Geburtsdatum, denn sie sollte nicht Gefahr laufen, sich zu versprechen! Der angebliche Geburtsort lag in den Ardennen im Besatzungsgebiet, mit dem die Deutschen nicht einmal Schriftverkehr gestatteten, sodass auch keine Papiere angefordert werden konnten. Auf die mündlichen Versicherungen hin bekam Ruth auf dem Polizeikommissariat die Heiratsurkunde und eine echte Identitätskarte auf den Namen Marie Ruth Gervais.

Diese Marie war es, die Michel nun geheiratet hatte. Seine jüdische Frau durfte nicht existieren. "Nach dem Krieg brauchten wir viele Jahre, um das wieder in Ordnung zu bringen. Vieles konnte 1945 schnell rückgängig gemacht werden", erzählte Ruth, "aber wir hatten es schwer, weil Michel rechtlich einwandfrei verheiratet war, ich dagegen gar nicht existierte. Marie Gervais konnte sich nicht einmal scheiden lassen. Die Ehe mit ihr musste annulliert werden. Als das endlich geschah, war unsere Tochter Sylvie, die Enkelin meines Vaters Herz, den sie nie gesehen hat, schon 15 Jahre alt." Michel hat die wunderbare Geschichte von ihm und Ruth für seine Enkelin Sara aufgeschrieben: "Am 10. Juli 1945 ist Sylvia in Paris als Tochter von Marie Ruth Gervais und Mieczyslaw Tadeus Malachowski zur Welt gekommen. Am 26. April 1960 wurde durch Urteil des Zivilgerichtshofes die Ehe annulliert. Am 2. August 1961 haben Ruth und ich uns in Anwesenheit von Sylvia erneut verheiratet."

Die Scheidung von ihrem ersten Mann, die gleich nach ihrer Heirat mit Michel in St. Péray ausgesprochen wurde, erhielt Ruth kurz vor Kriegsende unter ihrem Geburtsnamen, als die Namen Rosengarten und Herz noch gefahrvoll aufhorchen liessen. Sie hätte ihr eigentlich nicht einmal zugestellt werden dürfen. Denn Ruth hatte alle Papiere, die sie noch als Deutsche auswiesen, aus Angst vor Entdeckung vernichtet. Doch der Pariser Gerichtsbeamte war auch einer jener Menschen, auf die Charlotte und Ruth in Frankreich bauen konnten. "Nehmen Sie die Urkunde und unterschreiben Sie mit dem Namen, der hier steht, etwas anderes ist nicht gefragt!", befahl er Ruth barsch, und die Gefahr der Entdeckung war gebannt.

1943 war Michel von seiner Bank nach Paris versetzt worden, wo er durch seine Kontakte mit dem Widerstand vielen Menschen helfen konnte. Aber in Marseille war es schon für jede Hilfe zu spät. Ein Tuberkulosekranker, der Berta Herz, des Vaters zweiter Frau, im Krankenhaus grosse Freundschaft bewiesen hatte, berichtete, dass sie als Sterbende im Juli 1944 noch auf den Transport nach Drancy gebracht worden sei. Dort fand Charlotte später ihren Namen auf einer Liste. In Auschwitz ist sie offenbar nicht mehr angekommen.

Charlotte und Ruth hatten die Unglückliche von Péray aus noch einige Male besuchen können. Sie waren ganz in Anspruch genommen von der Not der jüdischen Kinder, die ihre Eltern im Laer verlassen hatten und nicht wussten, was mit ihnen geschah. "Nachts wachten sie schreiend auf, einige waren vor Angst wieder zu Bettnässern geworden", erzählte Ruth, die sie im alten Schloss betreute, während Charlotte ihnen in dem tiefer am Hang gelegenen Schulgebäude Unterricht gab und auch wohnte. "Auch die Marseiller Kinder kamen aus sogenannten unglücklichen Familien", berichtete sie. "Die Väter waren meist in Kriegsgefangenschaft, die Mütter schlugen sich irgendwie durch, und die Kinder waren schwer erziehbar. Selbst die 14-jährigen hatten noch keine Ahnung von Rechtschreibung, und ich musste mir laut vorlesen, was sie so herunterschrieben, wie sie sprachen. Allerdings hatten die Kinder von Fischern und Händlern an der Küste ein Naturtalent zum Rechnen." Das schönste für alle waren die Pausen in der idyllischen Landschaft um das Haus, das 'die Tannen' hiess."

Das romantisch gelegene Heim aber war eine Zelle des Widerstands im besetzten Südfrankreich. Der Leiter Max Schächterle stand in Verbindung mit der bewaffneten Résistance. Auch Charlotte war in Marseille von ihrem früheren Pariser Nachbarn Hubert von Ranke zu einer Widerstandsgruppe angeworben worden. Der ehemalige Lufthansa-Manager hatte als Spanienkämpfer seine deutsche Frau Josephine kennengelernt, während auch sie für die Republikaner gegen Franco kämpfte. Beide waren dann in Frankreich geblieben, doch Kommunisten waren sie nicht mehr. Hubert litt noch nach dem Krieg unter Schlaflosigkeit, weil ihn die Bilder der Verbrechen im spanischen Bürgerkrieg hinter der Front nicht losliessen. "Da waren richtige Mörder am Werk, sie brachten Menschen um, die ihnen nicht passten. Ihre Mittel waren nicht besser als die der Nazis", hatte er Charlotte berichtet, und sie erinnerte sich: "Einer von ihnen hiess Karl Mewes und wurde einer der Verantwortlichen für die Politik der späteren DDR".

Charlottes beste Freundin war die ehemalige junge französische Sozialistin Anita Favre, die dem Leiter der Widerstandsgruppe in Marseille als Sekretärin zur Seite stand. Als die Deutschen in Südfrankreich einrückten, übernahm sie eine der schwersten Aufgaben, die es dort gab. Sie sammelte die Gefährdeten und versuchte sie mit einer kleinen Gruppe von Eingeweihten, die sich in den Bergen auskannten, noch aus dem Lande zu schleusen. Anfangs gingen die Klettertouren, die sie selber anführte, in die Schweiz. Aber bald trieben Schweizer Grenzbeamte die Elenden ohne Erbarmen zurück in die Arme der Vichy-Polizei, die zugriff wie die Gestapo.[46]

Zweimal wöchentlich machte Anita sich mit ihren Schützlingen und Helfern auf den noch unwirtlicheren Weg über die Pyrenäen nach Spanien,[47] von wo einige nach England gelangten, andere wenigstens nach Nordafrika, wohin aber der faschistische Arm auch schon reichte. "Meine Freundin machte das so lange, dass wir es als grosses Glück sehen müssen, dass sie nicht gefasst wurde", erzählte Charlotte, aber Anita sagte schlicht: "Es gab in allen Ländern auch bei der Polizei noch Menschen. Als ich einmal mit einer falschen Identitätskarte kontrolliert wurde, verglich der Polizist lange das Bild mit meinem Gesicht. Dann gab er mir den Ausweis zurück und sagte: ‚Für eine Fälschung ein sehr gutes Papier!'"

Auch Charlotte war zu bescheiden, ihre eigene Rolle in der französischen Résistance als Zeugnis des Widerstandes zu sehen, den auch junge jüdische Frauen geleistet haben. Ihre Funktion in der Ardèche war die eines Officier de

[46] Die Schweiz und die Flüchtlinge 1933–1945, Zeitschrift des Schweizerischen Bundesarchivs / Studien und Quellen 22, Bern 1996; Bergier-Kommission: Unabhängige Expertenkommission zur Untersuchung der Rolle der Schweiz im 2. Weltkrieg. Zitate nach dem Schlussbericht (Der Schlussbericht ist in Buchform erschienen im Pendo-Verlag, Zürich 2002; vgl. dazu: August Bohny, Unvergessene Geschichten – Zivildienst, Schweizer Kinderhilfe und das Rote Kreuz in Südfrankreich 1941–1945. Konstanz 2011; dazu: http://www.geschichte-schweiz.ch/zweiterweltkrieg-1939–1945.html

[47] Dazu: Chanan Hans Flörsheim, Über die Pyrenäen in die Freiheit. Konstanz 2007; Jack Heinz Meyerstein, Gehetzt, gejagt und entkommen. Konstanz 2008.

Liaison innerhalb des Netzes der Beschaffung und Weitergabe lebenswichtiger Informationen. Ihre Abteilung wurde von Anitas späterem Mann, Jean, geleitet, den Charlotte damals aber ebenso wenig wie die Freundin persönlich kennen durfte. "Mehr als drei bis vier Leute hat man nicht gekannt in der ganzen Organisation." Die Gefahr wäre zu gross gewesen, jemand unter Druck zu verraten. Jean hatte den Decknamen Henriot, Charlotte hiess Caroline, hatte aber zeitweilig fünf verschiedene Identitäten neben- oder nacheinander und fünf verschiedene Pässe.

In einem Koffer mit doppeltem Boden beförderte sie Nachrichten zur nächsten geheimen Adresse, die dann von Hand zu Hand bis nach England weitergegeben wurden, wo die Exilregierung sie auswerten konnte. "Wir alle haben mitgezittert, als es der Massilia gelang, von Marseille abzulegen und Pierre Mendès-France[48] mit einer Reihe von anderen Politikern, Gaullisten und Nicht-Gaullisten aus dem Lande bringen, die in England um General Charles de Gaulle[49] die Gruppe "France Libre" gründeten." Um von dort aus die Lage in Frankreich zu beurteilen, war für diese alles wichtig, was im Umkreis der mutigen Berichterstatter geschah. Anordnungen der Besatzung, Verhaftungen, Einquartierungen von Offizieren und Soldaten, Truppenbewegungen nach Süden und dann wieder nordwärts analysierte Charlotte in ihren geheimen Berichten.

Mit Hubert von Ranke brachte sie auch eine Zeitung für die deutsche Wehrmacht heraus, die sie mit der Schreibmaschine des Kinderheims schrieben und vervielfältigten. Die deutschen Soldaten, die angeblich noch von Sieg zu Sieg eilten, sollten darin über die tatsächliche Frontsituation unterrichtet werden. Vor allem aber versuchten sie, ihnen das wahre Gesicht des Nationalsozialismus zu zeigen und seine Verbrechen aufzudecken. "Über die Konzentrationslager wussten wir ja seit langem Bescheid, aber die ersten Informationen über Vernichtungslager konnte ich selbst nicht glauben, meine Reaktion war noch jetzt: das konnten Deutsche nicht tun!"

Der Transport der Nachrichten und Dokumente sollte immer nur über kurze Strecken erfolgen, die Charlotte meist mit dem Bus fahren konnte. Aber vor der Gestapo gab es nirgends Sicherheit. Als ihr Schwager Michel sie einmal nach Evreux begleitet hatte, liefen beide bis zum Abgang ihres Busses noch durch die Strassen. Alle Cafés und Restaurants, in die sie sich zurückziehen

---

[48] Pierre Mèndes-France (1907–1982), 1954/55 französischer Ministerpräsident; http://de.wikipedia.org/wiki/Pierre_Mendes_France

[49] Charles de Gaulle (1890–1970), franz. General und Staatsmann, 1959–1969 Staatspräsident; http://de.wikipedia.org/wiki/Charles_de_Gaulle

wollten, waren an diesem Tage geschlossen. "Wir wussten nicht, dass die Deutschen gerade eine Ausgangssperre verhängt hatten, weil eine andere Widerstandsgruppe auf dem Flugplatz die Kabel durchschnitten hatte, um den Luftverkehr zu behindern. Die Täter wurden von den 'Kettenhunden' gesucht. Als wir die erblickten, war es schon zu spät, und sie ergriffen uns beide."

Drei Stunden lang wurde Charlotte verhört. Ein Wort mit deutschem Akzent hätte gereicht, sie zu erschiessen. Aber ihr Französisch war bereits perfekt, und ihre Aussagen vorher durchdacht. "Die Geschichte, die Michel und ich unabhängig von einander erzählten, hatten wir uns vorher gemeinsam eingeprägt." Sie wirkte auf den deutschen Gestapobeamten offenbar überzeugend. Er sah Charlotte tief in die Augen, ehe er sie entliess, und sagte: "Ich wusste ja, dass Sie die Wahrheit sprechen, sie haben so treue blaue Augen, die können nicht lügen!" Charlotte lief was sie konnte und dachte: "Offenbar sieht er in mir eine französische Arierin, französische Jüdinnen müssen für ihn ja dunkle Augen haben." Dann stand Michel vor ihr, beide sprangen auf den gerade anfahrenden Bus, wo sie ihm fast ohnmächtig in die Arme sank. Sie war dem Tod entkommen. Eine blonde Jüdin entsprach nicht dem Klischee des "Stürmer" und der antijüdischen Hetzschriften von Jahrzehnten in Deutschland. Ein blondes Mädel war das Ideal der nationalsozialistischen Zeit, eine Schönheit "nordischer Rasse", die allen überlegen war. Dieser Rassenwahn rettete ihr das Leben, das sie weiter für die Geschundenen einsetzte.

Eines Tages kam ein Mitarbeiter der Schule den Abkürzungsweg aus dem Dorf heraufgelaufen und rief ausser Atem: "Deutsche Polizei!" Der Direktor war darauf vorbereitet und verschwand gleich in ein Versteck, das er in einer Höhle in den Bergen vorbereitet hatte. Von dort gelangte er dann in ein Maquis der Partisanen der Résistance. Charlotte ergriff die Schreibmaschine und alle Papiere und rannte in den Garten, wo gerade eine Grube für das Wintergemüse ausgehoben worden war. Sie liess alles hineinfallen, schaufelte Erde darauf, warf ein paar Latten darüber, und der Pedell schmiss noch Kohlköpfe nach. Dann schlich sie über einen verborgenen Ziegenpfad abwärts, ohne bemerkt zu werden, um Hubert von Ranke zu benachrichtigen.

Die Kinderkolonie wurde von den Deutschen sofort geschlossen. Charlotte setzte aber in ihrer Wohnung ihre illegale Arbeit unerschrocken fort. In einem Seitengebäude logierten nun zwei deutsche Zöllner, die mit ihren Hunden die Rhônebrücke kontrollierten. Dann aber kamen Soldaten der 19. Armee, die zur Abwehr der alliierten Invasion an die Atlantikküste verlegt werden sollten. "Im Garten schlugen sie ihre Zelte auf, und am Abend sassen sie zusammen und sangen ihre deutschen Lieder. Ich hörte es und wusste, was der nächste Morgen für sie bringen musste. An der Rhônebiegung, wo das Gebirge ganz nahe an das Ufer tritt und wo es kein Ausweichen geben würde, sollte die alliierte Luftwaffe sie angreifen. So ging es schon seit ein paar Tagen, und ich konnte es den Offizieren nicht einmal sagen. Es hätte auch nichts genutzt, sie hatten ihre Marschbefehle, und einen anderen Weg gab es nicht." Dass Charlottes eigenes Leben dabei auf dem Spiel stand, erwähnte sie nicht, und es vermochte ihr auch nicht die Trauer der Erinnerung zu nehmen. "Meine französischen Freunde sahen nur die Kriegsgegner, aber ich hatte für diese jungen Menschen ganz andere Gefühle. Es waren meine Landsleute, die da um ihre Lagerfeuer sassen und lachten und sangen, wie wir es einst getan hatten. Wie viele von ihnen würden den nächsten Tag nicht überleben? Doch auch meine Angehörigen waren in den Tod getrieben worden. Ich identifizierte mich mit den Opfern, mit der Gemeinschaft der Verfolgten, aber ich fühlte mit den Deutschen."

Nur bis zum Ende des Krieges vermochte Charlotte dem inneren Konflikt standzuhalten. Als dann die Widerstandsorganisation sich in einen "Freundschaftsverein" umwandelte, zählte für sie nur noch die Freundschaft mit den bisher anonymen engen Kameraden, mit denen sie zusammen gewirkt hatte. Im grossen Kreis fühlte sie sich bald nicht mehr wohl. "Ich merkte nun, dass meine Beweggründe für den Widerstand andere gewesen waren als die der Franzosen. Sie demonstrierten jetzt lautstark Deutschenfeindschaft und neu erwachten Nationalismus. Mein Motiv war keineswegs Feindschaft gegen die Deutschen gewesen sondern einzig und allein der Kampf gegen den Nationalsozialismus. Nachdem er besiegt war, ging mich das, was in Deutschland geschah, wieder positiv an."

Bei einer Einladung in die luxuriöse Wohnung eines bekannten Schriftstellers wurden "die Deutschen" ohne Ausnahme für Hitler verantwortlich gemacht. Charlotte versuchte verständlich zu machen, unter welchen Umständen "ein Psychopath, der gar kein Deutscher war", das Volk hatte verhexen können. Nach dem verlorenen Ersten Weltkrieg hatten die Menschen sich beschuldigt und gedemütigt gefühlt, da mussten sie aufhorchen, wenn sie plötzlich für etwas ganz Besonderes erklärt wurden. Verarmte und Verelendete konnte Hitler mit Kleidung und Schuhen und mit Brot gewinnen ..." Mehr hörte sich der Schriftsteller nicht an. Er stand auf, warf Charlotte aus dem Haus und schmiss ihr den Mantel nach.

Nach ihren eigenen Aussagen waren jetzt fast alle Franzosen in der Résistance gewesen. "Nur eine hauchdünne Schicht hatte wirklich Widerstand geleistet. Aber es waren auch nicht alle Kollaborateure gewesen, die jetzt plötzlich den Kopf hinhalten sollten. Man liess die kleinen Leute büssen, die nichts wirklich verbrochen hatten. Für mich war es schrecklich, ansehen zu müssen, wie Mädchen mit geschorenem Kopf und vorgehängten Schildern durch die Strassen geführt wurden, nicht anders, als die Nazis es mit den Juden gemacht hatten. Manche hatten vielleicht einen deutschen Freund wirklich geliebt. In den Prozessen, an denen ich als Berichterstatterin teilnahm, wurden Dinge breitgetreten, die einfach nicht dahingehörten."

Natürlich beeinflussten auch die Massaker deutscher Truppen in Oradour[50] und Vercors[51] im Sommer 1944, die jetzt erst bekannt wurden, die Einstellung der französischen Bevölkerung gegen die Deutschen. Der Name des Maquis Vercors wurde auch das Pseudonym des Schriftstellers Jean Marcel Bruller[52] aus dem Widerstand, der in seinem Roman "Das Schweigen des Meeres" die wortlose Liebe einer Französin zu einem deutschen Besatzungsoffizier schildert. Das Buch wurde schon bei seinem Erscheinen 1945 zum Erfolg. Es hatte auch diese gebildeten Deutschen gegeben, die Frankreich im Krieg geachtet und verstanden haben. Französische Kriegsgefangene brachten aus Deutschland auch menschliche Erfahrungen mit. Um so schwerer musste man empfinden, was auch auf französischem Boden den Juden angetan worden war. All das trug nach Charlottes Erfahrung schon bald zu einer Wendung der Einstellung bei.

Charlotte verfolgte das Geschehen bereits mit dem Blick nach Deutschland. Das französische Informationsministerium hatte ihr die Redaktion einer politisch-literarischen Zeitschrift für die französisch besetzte Zone, "Die Umschau", anvertraut. Herausgeber war der österreichisch-französische Philosoph und Sozialpsychologe Manès Sperber,[53] der sich im französischen Exil erst vom Kommunismus losgesagt hatte, aber 1937 schon in der "Analyse der Tyrannis" Ansätze zur Befreiung aus totalitärer Herrschaft aufgezeigt hatte. Er schrieb noch unter dem Namen Adam Haller, und Charlotte nannte sich als Publizistin und Übersetzerin Charlotte Roland. Nach dem Zusammenbruch gab es in Deutschland noch nichts zu lesen, und die Menschen suchten Kontakte über die Grenzen. So fielen ihre Gedanken zum Neubeginn auf fruchtbaren Boden.

---

[50] 200 km nordöstlich von Bordeaux wurden am 10. Juni 1944 von der Waffen-SS 642 Männer, Frauen und Kinder ermordet; http://de.wikipedia.org/wiki/Massaker_von_Oradour

[51] http://en.wikipedia.org/wiki/Maquis_du_Vercors

[52] (1902–1991); http://en.wikipedia.org/wiki/Jean_Bruller; http://de.wikipedia.org/wiki/Das_Schweigen_des_Meeres

[53] Manès Sperber (1905–1984); Manès Sperber, Churban oder Die unfaßbare Gewißheit. Europa Verlag 1979; http://de.wikipedia.org/wiki/Manès_Sperber

"Die Zeitschrift wurde überall in Deutschland angefordert, und obwohl auch wir grosse Schwierigkeiten mit der Papierzuteilung hatten, brachten wir eine Auflage von 72.000 zustande." In Mainz nahm Charlotte einmal monatlich den Umbruch vor. "Da habe ich zum ersten Mal wieder mit den Menschen in Deutschland gesprochen und gemerkt: Manche haben gewusst, doch die meisten haben geahnt, aber nicht gewusst, was den Juden wirklich geschah. Das lag natürlich zum Teil daran, dass sie es nicht wissen wollten, weil sie Angst hatten oder es nicht glauben konnten. Schliesslich habe ich selber, als ich in Frankreich erstmals von Vernichtungslagern hörte, gesagt, das können Deutsche nicht tun. Viele, die das gewusst und gewollt haben, gab es nicht, davon bin ich noch heute überzeugt."

Charlotte holte ihren zweiten Studienabschluss in Frankreich nach und nahm einen Lehrauftrag für Sozialanthropologie wahr. 1959 führte eine wissenschaftliche Forschungsarbeit sie nach Stockholm, wo sie über die Zusammensetzung der jüdischen Gemeinde nach dem Krieg und den Einfluss der jüdischen Flüchtlinge auf das schwedische Geistesleben schrieb. Ihr Schwager Günther Dallmann hatte nach dem Krieg in der Gewerkschaftszeitung "Arbetaren" – einem der wichtigsten schwedischen Presseorgane, die gegen den Nationalsozialismus angeschrieben hatten – eine berufliche Heimat gefunden. Während er in der schwedischen Sprache ein ihm gemässes Instrument fand, war Hanna ganz in das Französische hineingewachsen. Als ihr die Aufenthaltsgenehmigung für Frankreich entzogen wurde, war sie nach Stockholm gekommen, wo sie 1935 Günther Dallmann heiratete. Nach einer weiteren ungesicherten Zeit als Kindermädchen fand sie die Stellung ihres Lebens als Deutschlehrerin am traditionsreichen Stockholmer Französischen Gymnasium. Ihre Liebe und der Kontakt zu Frankreich und zu ihren Schwestern blieb ihr so erhalten, aber sie lernte auch Schweden zu lieben und empfand den schwedischen Hintergrund stärker als Charlotte den französischen.

Charlottes Leben führte sie zurück in den Kreis derer, die ihre Lebenserfahrung von der frühen Verführung durch den Marxismus über den Wider stand gegen den Totalitarismus durch Leid und Verfolgung nach Deutschland heimbrachten. In Stockholm erreichte sie ein Brief von Richard Löwenthal, der in Harvard einen Lehrauftrag für osteuropäische Geschichte hatte. Seit 1947 waren die beiden Liebenden wieder in ständiger Verbindung. Auf seinen regelmässigen Reisen von London nach Westdeutschland war Rix in jedem Monat einmal in Paris gewesen. Charlotte war seine erste grosse Liebe, aber sie war schon verheiratet, als er sie kennenlernte. Als sie ihn dann mit seiner sozialdemokratischen Gruppe allein von Prag nach England hatte ziehen lassen, weil sie in Frankreich heimisch geworden war, kam es noch einmal umgekehrt. In der Royal Society in London lernte Richard Löwenthal eine andere Lotte kennen und lieben und heiratete sie.

"Als ich meine erste Frau wiedergefunden hatte, mit der ich zuerst ein entscheidendes Erlebnis gehabt habe, auch ohne juristische Form, ergab sich eine schwierige Situation", erzählte er. In Harvard wurde ihm durch die Entfernung endgültig klar, dass Charlotte und er seit jeher und für immer zusammengehörten. Richard Löwenthal behielt eine gute Beziehung zu seiner geschiedenen Frau, Charlotte und er aber begannen nun ihr gemeinsames Leben auf für sie neuem Boden in Berlin. Sie gab diesmal ihre Karriere in Frankreich auf. Er aber kehrte zurück in seine Heimatstadt. "Ich bin ein Sohn dieser Stadt, und das will ich auch bleiben", hatte er schon früh zu Charlotte gesagt. Das Heimatgefühl war ihm in den Jahren der Vertreibung geblieben. "Rix hat auch in der Emigration immer mit dem Gesicht nach Deutschland gelebt", wusste Charlotte, die in Frankreich eine neue Heimat gesucht hatte. "Ihn hat vor allem interessiert, was in Deutschland geschah, was daraus werden konnte und was dann zu tun sein würde."

Richard Löwenthal hatte am 15. April 1908 in der Kurfürstenstrasse 17 im Berliner Westen das Licht der Welt erblickt, beide Eltern waren Berliner. Die Liebe, Wärme und Fürsorge, von der er immer sprach, war nicht das einzige, was sie ihm mitgaben. Im Hause wurde viel musiziert und gelesen, sie besuchten Theateraufführungen, denn Richards Mutter, Anna Gottheil, war Schauspielerin gewesen. Ihr Künstlername am Mannheimer Nationaltheater war Anna Heil, und ihre Verehrer nannten sich "die Heilsarmee". Der Name, den sie für ihren Sohn nach den Familiennamen August und Oskar wählte, entstammte ihrer Wagnerverehrung. Richard war ihr ähnlich und hatte von ihr das Talent, auf dem Rednerpult wie auf der Bühne zu stehen und das Publikum mitzureissen, das dann von seiner tiefen Bildung und subtilen, eigenständigen Gedankenführung ergriffen wurde.

Das Mommsen-Gymnasium am Wittenbergplatz, in das er kam, hatte, wie er erklärte, "für seinen guten Ruf nur einen Fehler, es waren ein bisschen zu viele Juden da". Aber dass sie nennenswerte Probleme gehabt hätten, erinnerte er nicht. "Die persönliche Erfahrung war relativ friedlich." Antisemitismus war nie seine Hauptsorge, meinte er noch im Alter, aber er erwog, ob er das wohl auch ein wenig beiseite geschoben hätte. "Wo ich herkam, habe ich aber niemals verleugnet. Ich wusste, dass das ein ganz wichtiger Bestandteil der Bedingungen meines Lebens war. Ich hatte viele Freunde, die sich dann als Juden herausstellten, und das war sicher kein Zufall."

Die jüdische Religion betrachtete er schon als Junge vorwiegend in ihrer historischen Bedeutung. "Ich denke nicht in religiösen Termen", meinte er. Den Bestimmungsgrund für moralisches Handeln sah er nicht in der Religion. Als der Vierzehnjährige seinen Vater auf einem Spaziergang mit den metaphysischen Problemen löcherte, die ihn gerade beschäftigten, erklärte der typische Berliner Kaufmann, über solche Sachen habe er sich noch nie den Kopf zerbrochen. "Hast du denn einen so felsenfesten Glauben?", fragte ihn der Junge. "Einen so felsenfesten Unglauben, mein Sohn", hatte der alte Löwenthal geantwortet. "Damit war die Sache eigentlich auch für Rix erledigt", meinte Charlotte. "Während ich mich mit Religionssoziologie beschäftigte, hat ihn das alles nicht so sehr interessiert."

Womit Richard sich in den letzten Schuljahren und an der Universität auseinandersetzte, waren "die reaktionären Aufrufe", die für ihn deutlicher waren als die antisemitischen. Der spätere Historiker und Jugendfreund Franz Carsten schilderte das Mommsen-Gymnasium als ausgesprochen preussische Schule. "Die Lehrer klagten so viel über den Vertrag von Versailles, dass es zum Widerspruch reizen musste. Rix Löwenthal wurde dabei schon als der führende Kommunist angesehen, was natürlich auf die Jüngeren Eindruck machte." Carsten erinnerte sich an Studentenkundgebungen auf dem Berliner Opernplatz, in denen Rix mit den älteren Freunden, dem Geschichtsphilosophen, Kulturhistoriker und Soziologen Franz Borkenau[54] und dem Naturwissenschaftler und Philosophen Georg Eliasberg[55] für die Reichsleitung der kommunistischen Studenten Reden hielt, mit denen er den sozialen Missständen und reaktionären Tendenzen der späten Weimarer Republik entgegentreten wollte. 1929 wurden sie alle aber wegen "Rechtsopposition" aus der Kommunistischen Partei ausgestossen. Sie opponierten jetzt scharf gegen Stalins Parallelsetzung von Nazis und Sozialdemokraten als "Sozialfaschisten". Sie fanden sich mit gleichgesinnten kritischen Marxisten zu einer sozialistischen Oppositionsgruppe, die es sich zur Aufgabe machte, die Spaltung der Arbeiterbewegung zu überwinden und sie zu reformieren.

Die damals von den Eingeweihten nur "Org" genannte avantgardistisch-elitäre Organisation, die später "Neu Beginnen" hiess, warb ihre Mitglieder nach streng konspirativen Regeln. So hätte Franz Carsten nicht wissen dürfen, dass es Löwenthal war, der ihm Eliasberg zur Aufnahme vorschlug, noch ehe er selber 1933 als offizielles Mitglied angenommen war. Charlotte, die der

---

[54] Franz Borkenau (1900–1957), auch Geschichtsphilosoph, Kunsthistoriker, Soziologe; http://de.wikipedia.org/wiki/Franz_Borkenau

[55] Georg Eliasberg (1906–1972), Journhttp://de.wikipedia.org/wiki/George_Eliasbergalist;

Organisation nie nahe stand hatte, erinnerte sich: "Rix wollten sie eigentlich gar nicht haben, ihn konnten sie mit ihren Kursen und Seminaren nicht indoktrinieren, er hat dort stets seine eigenen Ansichten vertreten."

Richard Löwenthal war es auch, durch dessen Anleitung die Gruppe sich sofort "eine realistische Vorstellung davon machte, was deutscher Faschismus sein würde". Er schrieb, "wir waren wenig optimistisch und hatten die noch ganz ungewöhnliche Vorstellung, damit rechnen zu müssen, dass dieses Regime 10 Jahre dauern würde. Dass wir seine Position für stark hielten, beruhte darauf, dass einige von uns die Geschichte des italienischen Faschismus studiert hatten, der sich schon lange hielt, und dass wir den Nationalsozialismus als einen neuen, besonders gefährlichen Typus sahen." Charlotte stellte den Freunden in ihrer Sorge aber schon vor Augen, dass es fast unmöglich sein würde, in einem mit deutscher Gründlichkeit von Beginn an perfekt durchorganisierten totalitären System auf Dauer Widerstand zu leisten.

Sie trafen sich nach der Machtergreifung in kleinen Arbeitsgruppen zu dritt oder viert unauffällig weiter. Löwenthal erzählte: "Die erste Frage, die wir besprachen, war: Was tun wir hier, woher kennen wir einander, was sagen wir, wenn die Polizei kommt?" Diese Frage war für ihn in einer Gruppe junger Arbeiter "als nicht mehr ganz so junger Intellektueller ohne Beruf, der nicht einmal den Druck seiner Doktorarbeit bezahlen konnte", nicht einfach. Dass ein so auffallendes Mitglied der Gruppe auch jüdisch war, schien sie alle noch zunehmend zu gefährden. So gab es mehrere Gründe für die Org, ihren Vordenker Löwenthal 1935 zur Leitung des Auslandsamtes nach Prag zu schicken.

"In dieser ganzen Zeit bin ich in Berlin nur einmal von der Polizei vorgeladen worden, doch da ist nichts Ernstes passiert. Die Krawalle gegen Juden habe ich gesehen, aber ich bin nicht gerade hineingegangen. So etwas hatte es ja schon im Zweiten Reich gegeben, habe ich noch gedacht. Die Bevölkerung war keineswegs allgemein verhetzt. Als ich zum Beispiel eine Wohnung brauchte, weil ich nicht bei meinen Eltern sein durfte, machte ich die Vermieterin darauf aufmerksam, dass ich Jude sei. Ich bekam zur Antwort: Das ist mir sehr angenehm! Auch das gab es in Berlin", erzählte Richard Löwenthal mit nie erloschener Liebe zu dieser Stadt.

Damals entstand auch die lebenslange Freundschaft mit Sozialdemokraten, die in der Berliner Nachkriegsgeschichte eine grosse Rolle spielen sollten. Es gelang den Freunden, führende Angehörige der Berliner Sozialistischen Arbeiterjugend mit ihrem Vorsitzenden Erich Schmidt und mit Fritz Erler[56] davon

[56] Fritz Erler (1913–1967), SPD-Politiker; http://de.wikipedia.org/wiki/Fritz_Erler

abzuhalten, sich in der SAP von der SPD abzuspalten, deren Parteivorstand illegalen Widerstand noch ablehnte, und sie stattdessen für die Org zu gewinnen. Aber auch der Gründer der Gruppe "Neu Beginnen", Walter Loewenheim,[57] verlegte den Schwerpunkt der Tätigkeit bereits ins Ausland, während Rix und seine Freunde den illegalen Widerstand verstärkten. Fritz Erler wurde ausgesandt, um Verbindung zur Sozialistischen Internationale zu suchen. Diese unerschrockene Gruppe wollte nicht aufgeben und nicht einfach emigrieren, sie wollten das Wenige tun, was man noch tun konnte.

Richard Löwenthal lieferte das Grundkonzept ihrer neuen Führung. Dazu gehörte eine scharfe Analyse der NSDAP und der Entwicklung, mit der ihre Gegner rechnen mussten. Anders als alle bisherigen Arbeiterparteien konnte die Nazibewegung sich auf alle Schichten der Bevölkerung stützen: Arbeitslose, durch Inflation verarmte Kleinbürger, verabschiedete Offiziere und gescheiterte Intellektuelle, eine "Volksgemeinschaft des Bankrotts", aber eine Massenpartei. Sie steuerte unausweichlich auf einen Krieg zu, der allein einen Ausweg aus der Misere zu versprechen schien.

Während Löwenthals klassische Schrift unter dem Pseudonym Paul Sering in der "Zeitschrift des Sozialismus" in Prag veröffentlicht wurde, schickte seine Organisation ihn selbst zum Vorstand der Sopade[58] in das dortige Auslandsbüro von "Neu Beginnen". Noch im gleichen Jahr 1935 wurden die ersten Verhaftungen in den bisher noch unbemerkt arbeitenden Gruppen vorgenommen. Mit zahlreichen anderen Mitgliedern von "Neu Beginnen" wurde die Ärztin und Psychoanalytikerin Edith Jacobssohn[59] 1935 in Berlin verhaftet und wegen "Unterstützung des Widerstandes gegen den Nationalsozialismus" zu zwei Jahren Zuchthaus verurteilt. Nach einer schweren Erkrankung konnte sie 1938 das Gefängnis kurz verlassen und fand Gelegenheit, nach New York zu fliehen. Dort wurde sie 1954 Vorsitzend der New York Psychoanalytic Society. Aus dem sicheren Prag war Lisel Paxmann gerade während der Verhaftungswelle mit einer Botschaft nach Berlin gekommen, wo man in ihrer Wohnung bereits Dokumente gefunden hatte. Sie nahm sich, wahrscheinlich aus Furcht, unter Folter andere zu verraten, das Leben.

---

[57] Walter Loewenheim (1896–1977); sozialistischer Politiker, Gründer und Theoretiker der Gruppe *Neu Beginnen* und Widerstandskämpfer gegen den Nationalsozialismus; http://de.wikipedia.org/wiki/Walter_Loewenheim

[58] So nannte sich der Vorstand der Sozialdemokratischen Partei Deutschland seit 1933; http://de.wikipedia.org/wiki/Sopade

[59] Edith Jacobson (1897–1978), deutsche Ärztin, Psychoanalytikerin und Widerstandskämpferin; http://de.wikipedia.org/wiki/Edith_Jacobson

Richard Löwenthal blieb es erspart, dass Abdrucke seiner Schrift als Beweismaterial gegen andere verwendet werden konnten. Seine Freunde Franz Carsten und Gerhard Bry[60] berichteten von einem Husarenstück zur Rettung des Grundsatzprogramms, das im Büro Eliasberg direkt gegenüber einer Polizeiwache und über der Wohnung eines Nazivermieters in einer eigens gefertigten Holzverkleidung der Eingangstür versteckt war. Nach Rix späterer Darstellung gingen sie mit einer Weinflasche unter dem Arm anscheinend zu einer Party, "holten die Sache raus, machten zu, gingen wieder runter, nicht ganz sicher, ob sie nicht im Notfall die Weinflaschen als Waffen benutzen müssten, und kamen heil davon."

Danach konnte Eliasberg im Verhör behaupten, dass die Org bereits liquidiert sei, was zu "milderen" Strafen bis zu fünf Jahren führte. Dass Georg Eliasberg mit dem Pseudonym Stefan nur vier Jahre abgesessen hat, verdankte er seiner russischen Staatsbürgerschaft, derentwegen er ausgewiesen wurde. Über Kuba gelangte er noch nach Amerika, wo er im Sender "Stimme Amerikas" mitwirkte. Gerhard Bry war schon in London, als sein Bruder 1935 zu einem Jahr Gefängnis verurteilt wurde. Er gelangte danach noch mit den Eltern nach Israel. Aber Fritz Erler wurde 1938 zu acht Jahren Zuchthaus verurteilt. Die vielen schweren Opfer an Freiheit, Gesundheit und Leben, die der Widerstand in Deutschland forderte, müssen alle Emigranten belastet haben. Charlotte Löwenthal hat immer wieder Bedenken gegen die eigentlich hoffnungslos verzweifelt mutigen Taten geäussert.

Professor Carsten würdigte aber in London die grosse Bedeutung und den tiefen Sinn aller Formen, in denen Deutsche dem eigenen Volk und dem Ausland bewiesen haben, dass Hitler nicht das ganze Deutschland war. Das gute deutsche Erbe überlebte durch Kämpfer, die wie Rix Löwenthal "Nebel in ihren Köpfen" nie zugelassen hatten und ihren Geist und die opfervolle Erfahrung für den Neuaufbau einbrachten. So hatte Löwenthals späterer Berliner Universitätskollege Ernst Fraenkel,[61] der spätere Begründer des politikwissenschaftlichen Otto-Suhr-Instituts[62] an der Freien Universität Berlin, schon 1935 in einem im Ausland gedruckten Bericht von der illegalen Arbeit in Deutschland erhofft, dass aus diesem Einsatz "seelische Kräfte erwachsen, die den heute illegal Arbeitenden einst zu einer Aufbauarbeit befähigen."

---

[60] Vgl. S. 37, Fußnote 27.

[61] Ernst Fraenkel (1898–1975), deutsch-amerikanischer Jurist u. Politikwissenschaftler; https://www.google.de/#q=Ernst+Fraenkel

[62] http://de.wikipedia.org/wiki/Otto-Suhr-Institut

Das galt in anderer Weise für die politische Emigration, die von aussen den Kampf gegen den Terrorismus weiterführen und die Zeit nach seinem Zusammenbruch vorbereiten wollte. Richard Löwenthal lieferte von Prag aus seine politischen Analysen, auf die sich die Sopade stützte. "Neu Beginnen" stellte zwei der wagemutigsten Grenzsekretäre, die Informationsmaterial über die Grenzen in die benachbarten Länder schleusten. "Angehörige der Gruppe wagten es noch, über das Sudetengebiet nach Deutschland zu gelangen, um die Genossen dort mit Nachrichten aus dem Ausland zu versorgen und uns erfahren zu lassen, was eigentlich in Deutschland geschah. Das zu analysieren und die Entwicklung einzuschätzen, war meine Aufgabe", berichtete Rix. Charlotte aber sorgte sich um die Opfer des inzwischen perfekten Polizeistaates. Sie wollte sich mit Rix in Frankreich ein neues Leben aufbauen. Nach der deutschen Besetzung Prags gelangte der Vorstand der Sopade auf Umwegen nach Paris, Richard Löwenthal aber fand für seine Gruppe London den sichersten Platz.

Während man in Frankreich einer Überfülle von Emigranten schon das Leben schwer machte, begann England erst vor Hitlers drohendem Einmarsch in die Tschechoslowakei seine bis dahin restriktiven Einwanderungsbestimmungen zu lockern. "England hat das Wasser, man kann nur mit dem Boot herein, und es war der freie Wille der Engländer, wen sie aufnahmen. Wenn man aber eingelassen wurde, konnte man mit einem ziemlich sicheren Minimum an Anständigkeit rechnen", erklärte Richard Löwenthal. "Anständigkeit" war ein Wort, das er gern gebrauchte und das in seine politische Ethik einging. Es war mehr als Fairness, es war eine Herzenslauterkeit, die auch seinen Umgang mit Gegnern bestimmte. England war ein Land, das ihm gemäss schien. Die englische Sprache förderte für ihn nüchternes Denken, Charlottes geliebtes Französisch dagegen empfand er als blumig.

Mit seiner positiven Einstellung gelang es Richard Löwenthal als Chefideologe des Londoner Auslandsbüros von "Neu Beginnen", die Beziehungen der deutschen Sozialdemokratie zur englischen Labour Party schon freundschaftlich eng zu gestalten, ehe die Sopade ihre Führung aus Paris nach London verlegen musste. Nach anfänglichen Spannungen trug das zur weiteren Integration mit den Sozialdemokraten bei. Franz Carsten erinnerte sich, dass die Mitglieder von "Neu Beginnen" gleich bei ihrer Ankunft erklärt hatten: "Wir sind Sozialdemokraten."

Über die Labour Party, mit der sie regelmässig die britische Politik diskutierten, gewannen die Org-Mitglieder auch Einfluss auf die psychologische Kriegführung und die Auslandspropaganda der Engländer. Durch die fortbestehenden Kontakte zum Widerstand in Deutschland konnten sie immer wieder deutlich machen, dass der hereinbrechende Krieg nicht Deutschland vernichten, sondern nur die totalitäre Regierung besiegen und das deutsche Volk letztendlich von ihr befreien sollte. Dafür bildeten ihre "Deutschen Inlandsberichte" eine wichtige Voraussetzung, weil sie eine differenzierte und qualifizierte Beschreibung der Situation im Deutschen Reich geben konnten.

Um die unter Hitlers Propagandamonopol gehaltenen Deutschen über die wahre Lage in der Welt zu unterrichten, gründeten die Freunde einen eigenen Sender. "Hier meldet sich der Sender der Europäischen Revolution", hörten von 1940–1942 viermal in jeder Nacht heimlich nicht nur deutsche Sozialdemokraten sondern, wie man heute weiss, auch die Angehörigen der Wehrmacht. Da erklang Langhoffs Lied von den Moorsoldaten[63] unmittelbar nach seiner Entlassung aus dem KZ Eschwege. Der von den sozialdemokratischen Initiatoren in eigener Regie betriebene Sender wurde von der britischen Regierung nicht nur geduldet, sondern auch unterstützt. In einem Landhaus mit Park sollten sie möglichst verborgen bleiben, das bedeutete aber nicht, dass die Freunde ihren Standpunkt nicht offen und eindeutig vortrugen. "Schwarze Propaganda" lehnten sie ab. Als Franz Carsten nach der Einstellung des Senders Gelegenheit bekommen sollte, in einem der schwarzen Soldatensender mitzuarbeiten, wurde er gefragt ob er bereit sei, auch mit Lügen zu arbeiten. Seine Antwort war: "Nein."

Die Exilpolitiker waren auch nicht bereit, deutsche Arbeiter zu Sabotageakten aufzufordern. Die illegalen Parteien in Deutschland sollten mit allen Informationen versorgt werden, aber Kopf und Kragen zu riskieren, wollten sie ihnen nicht auftragen. "Wir glaubten wie die alten Aufklärer, dass der Mensch durch Einsicht fähig sei, das Richtige zu tun. Wir hielten uns an Bebels[64] Wort, wir können nur Licht in die Köpfe bringen", erinnerte Karl Anders[65] den Verfasser der politischen Analysen, Rix Löwenthal, zu seinem 80. Geburtstag.

Nach dem deutschen Einmarsch in Holland und Belgien im Mai 1940 wurden die meisten Freunde mit praktisch allen deutsch Geborenen – Flüchtlinge oder Nazis – für einige Monate interniert. Richard Löwenthal aber erzählte: "In dem Londoner Viertel Hampstead, in dem ich für fast 10 Jahre heimisch

---

[63] Text Johann Esser und Wolfgang Langhoff, Melodie Rudi Goguel; http://de.wikipedia.org/-wiki/Die_Moorsoldaten

[64] August Bebel (1840–1913); http://de.wikipedia.org/wiki/August_Bebel

[65] Karl Anders (1907–1997), deutscher Politiker, Journalist u. Verleger; http://de.wikipedia.org/wiki/Karl_Anders

wurde, lebten schon sehr viele deutsche und besonders jüdische Emigranten, aber natürlich auch einige andere Deutsche. Im Frühjahr 1940 gingen Gerüchte durch die Presse, dass die deutschen Spitzel durch die Luft einschleusten, die eine Invasion Englands vorbereiten sollten. Die Regierung wurde zu Vorsichtsmassnahmen gedrängt und gab schliesslich dem Druck nach. Da es kaum Internierungslager gab, sah das zunächst so aus, dass in grösseren Orten jeweils 8 bis 10 Deutsche abgeholt wurden. Bei mir war es aber so, dass an dem Tage, an dem ich aufgerufen wurde, ein Telefonanruf aus der Regierung kam, nach dem von meiner Internierung abgesehen wurde. Ich bin also nicht im Lager gewesen. Das war nicht mein Verdienst aber mein Glück, denn so konnte ich die ganze Sache von innen sehen. Da hat England in diesen Jahren auf mich einen ganz grossen Eindruck gemacht. Es war einfach imponierend, wie die Engländer, die für den Krieg eigentlich keine Mittel hatten, mit ihrem Schicksal fertig wurden. Viele Emigranten verzweifelten an ihrer Zukunft in England und wollten so schnell wie möglich nach Amerika. Die meisten Engländer aber konnten sich überhaupt nicht vorstellen, dass sie einen Krieg verlieren könnten. Die Art, mit der sie uns Deutschen auch weiterhin begegneten, war eine der grossen Erfahrungen meines Lebens."

Bei aller Informiertheit des unermüdlich wirkenden Journalisten und Politikers wurde auch Richard Löwenthal eine furchtbare Erkenntnis erst spät zuteil: "Ich habe, wie fast alle in unserem Kreis, zu dem auch englische Juden gehörten, und die doch Kenner des politischen Geschehens waren, die ersten Gerüchte, die über Massenvernichtungen von Juden zu uns gelangten, nicht geglaubt. Dann habe ich es glauben müssen. Aus Polen war ein politisch aktiver polnischer Jude, nachdem er schon verhaftet worden war, durch ein Wunder herausgekommen und nach England gelangt. In englischen Institutionen und auch in meiner Gruppe begann er zu erzählen, was da im Osten geschah. Dass Juden keine Chance hatten sich zu retten, hatte er bereits selbst erlebt. Aber es klang noch so unvorstellbar, dass man ihm nicht glauben konnte. In seiner Verzweiflung nahm er sich das Leben."

Die britische Regierung hatte, wie Franz Carsten erfuhr, diese Informationen schon weit früher von der polnischen Exilregierung erhalten aber nicht verbreitet. "Vielleicht glaubte sie den polnischen Kurieren aus dem Widerstand nicht, vielleicht waren sie ihnen zu links?" fragte sich Professor Carsten später. Richard Löwenthal stand als einer der besten Kenner der Nationalsozialisten plötzlich vor der furchtbaren Erkenntnis, "dass ihr Antisemitismus, der uns ja nicht unbekannt war, solche Folgen haben konnte!"

Am Ausgang des Krieges hatten die Freunde so wenig wie die Engländer selber gezweifelt, und sie waren sich gewiss, dass für sie die Stunde des Anfangs kommen würde. Nach dem Zusammenbruch wurde Politik zunächst von den vier Mächten gemacht, und zu einer von ihnen hatte Löwenthal den besten Zugang. "So plante ich, als englischer Journalist nach Deutschland zurückzukehren. Journalist war ich schon lange, aber ich war noch kein Engländer. Während sich das dann entwickelte und ich mir als Journalist meine Existenz aufbaute, stand ich in ständiger Korrespondenz mit meinen Freunden, die das Ende in Deutschland überlebt hatten und zu denen ich politisch immer gehört habe." Es war für Richard Löwenthal ganz selbstverständlich, dass er auch als englischer Korrespondent in Deutschland ein Deutscher war, und die Engländer billigten es ihm zu. 1983 kam mit der Verleihung des zweiten bundesdeutschen Ordens, des Verdienstkreuzes mit Stern, an den deutschen Professor die mit dem Schicksal verbundene Frage der Staatsbürgerschaft noch einmal in den Blick. Richard von Weizsäcker[66] erklärte als Regierender Bürgermeister von Berlin: "Sie haben die deutsche Staatsangehörigkeit mit Ihrer Geburt erworben. Nach Ihrer Emigration ist sie Ihnen mit einer sogenannten Kollektivausbürgerung am 27. November 1941 entzogen worden. Diese Entziehung gilt jedoch in Ihrem Fall rückwirkend als nicht erfolgt, weil Sie Ihren Wohnsitz nach dem 8. Mai 1945 wieder in Deutschland genommen und keinen der deutschen Staatsangehörigkeit entgegenstehenden Willen geäussert haben. Die britische Staatsangehörigkeit, die Sie inzwischen erworben haben, bleibt von alledem unberührt." Das bestätigten auch die Engländer.

Als Rix seine Freunde in Deutschland wiedertraf, war der Eindruck gemeinsamer Gesinnung für ihn überwältigend. "Ich wusste immer, dass es in Deutschland Gruppen gab, die den Widerstand weiterführten, aber es gab auch eine gemeinsame Gesinnung, die sehr erheblich war, auch wenn sie keine echte Opposition für die Nazis gewesen ist. Die Gemeinschaft anders Gesinnter hat immer faktisch existiert. Sie kannten einander und wussten, was sie wirklich dachten. Ich fand aber auch eine sehr viel grössere Anzahl von Menschen, als ich es draussen wissen konnte, die vielleicht nichts Besonderes getan aber dennoch in ihrer Gesinnung durchgehalten hatten."

Von Antisemitismus hat der Heimkehrer in diesem geschlagenen Deutschland wie in seiner Jugend nur wenig empfunden, er wäre sonst auch nicht geblieben, meinte Charlotte. Sie bedachte aber auch den unbedingt guten Willen und die Freundlichkeit, mit der er selber stets auf Menschen zuging. "Rix hat

[66] Richard von Weizsäcker (geb. 1920), 1981–1984 Regierender Bürgermeister, 1984–1994 sechster Bundespräsident; http://de.wikipedia.org/wiki/Richard_von_Weizsäcker

an die Menschen geglaubt." Ein Schmähbrief, der von einem alten Nazi kam, hat Charlotte mehr zu schaffen gemacht als ihm, der sich erinnerte: "Abgesehen von ein oder zwei bösen Briefen war das Unangenehmste, was ich erlebte, wie jemand mir in einer Kneipe unter Alkoholeinfluss vorheulen wollte, wie beschämt er wäre. Im grossen und ganzen hatten die Menschen einfach gemerkt, in was sie geraten waren. Allerdings sagten fast alle, sie hätten nicht gewusst, was die Verhaftungen bedeuteten, und von Vernichtung nichts geahnt. Das war in dieser Form natürlich in den meisten Fällen unwahr. Sie hatten alle etwas gewusst. Keineswegs haben alle das Ganze gewusst, aber sie haben alle etwas Finsteres gemerkt. Eine ganze Reihe hat auch mehr gewusst, aber die habe ich natürlich nicht getroffen.

Ich habe in meiner persönlichen Tätigkeit als Journalist, in der ich schon in Diskussionen sprach, und später auch als Wissenschaftler niemals Probleme gehabt. Die meisten Deutschen verband damals ein Gefühl, wir sind alle noch einmal davongekommen. Der Umgang miteinander und auch zwischen den Parteien war daher bemerkenswert zivil. Allerdings wollte die grosse Masse der Menschen eigentlich überhaupt nichts von Politik wissen sondern nur leben und wiederaufbauen. Das war die Grundhaltung noch etwa 10 Jahre lang, und das war natürlich nicht günstig für die SPD. Sie hat erst angefangen, stärker zu werden in dem Masse, wie es eine jüngere Generation gab. Diejenigen, die alles nicht wirklich miterlebt hatten, begannen zu fragen, wie es war, und Willen zu politischem Verständnis und politischen Mut zu haben."

Von den deutschen Freunden wurde Rix um die "erste Hilfe" gebeten, die vielleicht nur er den 12 Jahre isolierten Genossen leisten konnte. In London hatte er 1946 aus der neugewonnenen Zusammenarbeit der sozialistischen Gruppen heraus das Buch "Jenseits des Kapitalismus" geschrieben und "meinen überlebenden Freunden in Deutschland" gewidmet. Es sollte sein "Beitrag zur sozialistischen Neuorientierung" sein. In der Neuauflage 1977 hat dieses Buch von Paul Sering, dem Löwenthal-Pseudonym aus dem Widerstand, noch einmal Epoche gemacht. Entscheidend war die Lehre, die Rix aus den totalitären Versuchungen der Jugend, den Jahren der Verfolgung und dem politischen Einsatz in England mit seiner funktionierenden Demokratie gezogen hatte. "Parlamentarische Demokratie kann erlernt und gefestigt werden", war seine Überzeugung, denn erhatte sie selbst von Grund auf gelernt. Dass die gefestigte Demokratie zu einem "Glücksfall für Deutschland wurde", hat Richard Löwenthal mit bewirkt. "Die Herausarbeitung der Grundmerkmale einer Demokratie vom westlichen Typus anhand des nationalsozialistischen und des kommunistischen Gegenbildes hat auf die Nachkriegsgeneration in der Bundesrepublik eine tiefe und dauerhafte Wirkung ausgeübt", konnte er im

Rückblick auf "Werdegang, Gegenwart und Zukunft der Bundesrepublik" nach 25 Jahren feststellen.

Als Richard Löwenthal im Sommer 1961 die erste deutsche Professur für Aussenpolitik an der Freien Universität im freien Teil Berlins antrat, wurde die Stadt durch die Mauer geteilt. Es war die Stadt seiner Wahl, gerade angesichts ihrer bedrohten Lage im Brennpunkt der Politik. Charlotte hatte sich genau so entschieden, als er sie fragte, welchem der erhaltenen Rufe sie den Vorzug geben würde: Harvard, Oxford oder Berlin. Dass er in London mit der einflussreichen Stellung als aussenpolitischer Redakteur des Observer viel aufgab, wusste Charlotte, die selbst in Frankreich eine erfüllte wissenschaftliche Tätigkeit abbrach. Aber sie wusste auch, was ihm seine Geburtsstadt bedeutete und wie "vorurteilslos überzeugt von der Zukunft in Deutschland er dahin zurückkehrte".

Für die Zeit, die nun begann, war es für Löwenthal das Wichtigste, "dass klar wurde, was viele Bundesdeutsche nicht begriffen hatten, dass die Teilung auf absehbare Zeit unveränderbar war und dass wir nur allmählich eine menschlich mögliche Beziehung herstellen konnten." Aber Richard Löwenthal dachte weiter. Helmut Schmidt schreibt in seinen Erinnerungen: "Der Fehlschlag kommunistischer Befehlswirtschaft war vorauszusehen. Für mich als angehenden Volkswirt kam die Erleuchtung mit Richard Löwenthals Buch *Jenseits des Kapitalismus*, das 1947 unter dem Pseudonym Paul Sering erschien. Rix Löwenthal, 1908 geboren, hatte Deutschland 1935 verlassen müssen; als junger Student ursprünglich Kommunist, hatte er sich 1928 von der KPD abgewandt. Er ist nach dem Krieg zurückgekehrt und hat sich seither als Sozialdemokrat mit Verve und Tapferkeit für ökonomische und aussenpolitische Vernunft in der deutschen Sozialdemokratie eingesetzt."

Für seine Freunde war er der "sozialistische Realpolitiker". Mit tiefem Engagement wirkte er auch als politischer Pädagoge. "Ich sah die Aufgabe, den jungen Studenten auch aus dem Osten die Erklärung zu geben, warum wir diese Lage haben. Es gab sehr viele junge Leute, die in dieser Zeit zum ersten Mal klar verstanden, was im vergangenen Krieg passiert war, was sehr oft die Eltern ihnen nicht gesagt hatten." Richard Löwenthal, den seine Studenten und Kollegen mit einem Fackelzug in seiner Strasse bei eisiger Kälte dazu brachten, bei ihnen in Berlin zu bleiben statt nach Heidelberg zu gehen, verstand auch die von Berlin ausgehende Studentenbewegung in ihren Ursachen. Er sah sie darin, dass man jahrelang unter Adenauer aufgebaut hatte, "um das Land nach allem schrecklichen wieder in Ordnung zu bringen", aber "über die Vergangenheit so wenig wie möglich zu reden."

Auflehnung gegenüber überlieferten Formen von Autorität war Richard und Charlotte nicht fremd. Alle ihre Freunde waren in der Jugend Revolutionäre gewesen. "Ich war der Meinung, dass junge Leute im allgemeinen zu Protest neigen, das ist ein Teil der Abnabelung von Kindheit und Elternhaus. Bei uns fiel das zusammen mit der Zeit, wo man an die russische Revolution geglaubt hat, und wir dachten, dass sich uns da eine neue, bessere Welt auftut. Auch die Studenten haben utopische Vorstellungen gehabt von der besseren Welt, die sie aufbauen wollten." In Gestalt ihrer Eltern war diese Generation zugleich gegen Hitler angetreten, dessen Einfluss auf ihr Denken sie entlarven wollten. Aber die Rigorosität des Urteils der Nachgeborenen teilte auch Charlotte nicht. Sie sah im mangelnden politischen Denken des deutschen Durchschnittsbürgers und in der Situation der Not den Hauptgrund der Anfälligkeit für die Versprechungen des "Rattenfängers" Hitler "Wenn wir das deutsche Volk für ein Volk von Nazis gehalten hätten, die von vornherein wussten, wo das alles hinführt, wären wir nie in dieses Land zurückgekehrt."

Richard Löwenthal (1908–1991)

Charlotte fühlte sich als Deutsche. "Ich bin in Deutschland geboren, habe hier meine Eltern und meine Grosseltern gehabt. Meine Vorfahren, soweit ich zurückdenken kann, waren alle in diesen Lande. Ich bin in dieser Sprache aufgewachsen, ich bin hier erzogen worden, das kann man nicht abstreifen." Ihre jüdischen Vorfahren hat sie nie verleugnet, aber selbst der Ausdruck "deutsche Juden" traf nicht, was sie empfand. "Wir waren jüdische Deutsche – das Deutschsein war das Wesentliche."

Dreissig Jahre lang hat Charlotte Herz sich in Frankreich zuhause gefühlt und geglaubt, es wäre für immer. "Ganz so wie die anderen Franzosen war ich natürlich nicht, denn ich bin nicht in Frankreich geboren und auch nicht dort erzogen worden. Das Französische kam hinzu, durch meine Aktivität im französischen Widerstand, durch das Zweitstudium, die wissenschaftliche Lehrtätigkeit und das Schreiben. Ich hatte im wesentlichen französische Freunde und habe in einem französischen Umfeld gelebt. Dieses, würde ich sagen, war eine Identität, die ich erworben habe. Aber das hat die deutsche Identität nicht aufgehoben, sie bleibt immer die Grundlage, man kann sie nicht aufgeben und verliert sie nicht." Unter ihrem französischen Schriftstellernamen Charlotte Roland hat sie die Biographie des Berliner Rabbiners Leo Baeck[67] übersetzt, der zu dem amerikanischen Offizier, der ihn aus Theresienstadt[68] in die Freiheit holte, sagte: "Man soll keine Rache im Herzen tragen, nur Liebe und Gerechtigkeit."

Spät aber ist für Charlotte doch eine dritte Identität hinzugekommen, die jüdische. Man könnte sagen, erst durch Hitler sei sie ihr aufgezwungen worden. "Das Jüdische wuchs im Masse seiner Verfolgung. Verfolgte lässt man nicht im Stich!" Der Staat, mit dem Charlotte sich identifizierte, war das demokratische Deutschland, das ihr Mann mitgeschaffen hat. In Israel fühlte sie sich in einem Jahr, das sie mit Richard dort verbrachte, nicht voll integriert. Hebräisch lernt man nicht so schnell, Englisch sprach sie nicht so gut wie Rix, die deutsche Sprache war dort nicht gern gehört, und die religiösen Traditionen waren ihr wenig vertraut.

Doch mit dem Alter wuchs auch das Gefühl einer tiefen jüdischen Identität, das die Schwestern Herz in allen Ländern teilten. Ruth sagte vor ihrem Tode in Frankreich zu ihrer Tochter Sylvia: "Je älter ich werde, desto weniger fühle ich mich vorrangig als Deutsche oder als Französin – um so mehr fühle ich mich als Jüdin." Bei ihrem Begräbnis und der Trauerfeier in einer Marseiller

---

[67] Leo Baeck (1873–1956), bedeutendster Vertreter des liberalen Judentums in Deutschland; http://de.wikipedia.org/wiki/Leo_Baeck

[68] 1941–1945 KZ in Nordböhmen; http://de.wikipedia.org/wiki/Ghetto_Theresienstadt

Synagoge sprach eine jüdische Freundin von Sylvia das *Kaddisch*, das jüdische Totengebet der Trauernden. Zehn Männer sollten dazu versammelt sein, hatte sie in ihrer Jugend gelernt. Die neue Generation aber liess es eine Frau sagen:

> *Der Herr hat es gegeben,*
> *der Herr hat es genommen,*
> *der Name des Herren sei gelobt.*

Richard Löwenthal starb in seiner Heimatstadt Berlin an einer Krankheit, die ein Erbe seiner Mutter war. Sie hatte nach dem Tode ihres Mannes angesichts der Unentrinnbarkeit der Deportationen in Berlin noch die Energie gehabt, einen Beamten zu bestechen, der ihr ein Visum in die USA beschaffte.
Als Charlotte und Richard sie in New York zuletzt besuchten, war sie in einem Pflegeheim, wo sie niemanden mehr erkannte. Das blieb ihrem Sohn erspart. Als die Alzheimer-Krankheit sich schon bemerkbar mache, fand er von einer Sitzung in Bonn nicht mehr selbst nach Hause. "Was ist mir geschehen?", war die traurige sachliche Frage des Denkers. Charlotte wusste es: Das, was schon seiner Mutter geschehen war. Immer war Charlotte an seiner Seite gewesen, in jede Vorlesung hatte sie ihn mit dem Auto gefahren, und wenn sie dann auf ihrem Platz unter den Zuhörern sass, galt ihr sein suchender Blick und sein Lächeln vom Podium. Nun wich sie nicht mehr von ihm bis zu seinem Tod am 18. August 1991.

3. Schicksal und Chance:

Eva und Ruth Brösslers Überleben im holländischen Untergrund

Ein sehr schüchternes, dunkelhaariges kleines Mädchen blieb in seinem ersten Schuljahr 1929 jeden Morgen am Ende der Severin-Schreiber-Gasse in Wien stehen, weil die Angst, von zu Hause fortzugehen es bis zum Erbrechen würgte. Es ahnte nicht, dass sein Schicksal immer wieder von ihm fordern würde, Verwandte und Freunde zu verlassen, um das Leben zu retten und einen eigenen Weg zu finden. Bisher war Eva nur mit den Eltern Gustav und Thekla Brössler aus Bad Vöslau in die Stadt gezogen, wo der Vater einen leitenden Posten in der Textilwirtschaft bekam. Sie bewohnten eine grosse Gartenvilla, aber wo waren die Verwandten, die Eva in ihrer schönen Kurpension besuchen konnte? Stattdessen sollte sie in den Kindergarten. Da war schon die Fünfjährige an jedem Morgen weinend nach Hause zurückgelaufen.

An der kritischen Strassenecke, wo auch das schulpflichtige Kind noch täglich umkehren wollte, kam ein anderes kleines Mädchen mit seinem Schulranzen aus der Seitenstrasse. Sie sah sich mit ihren klugen blauen Augen das Problem an, griff ihr unter die Arme und brachte fortan ihre beste Freundin zur Schule. Ihre Lebensaufgabe wurde es, aus dem eigenen Schicksal heraus Kindern in schwersten Ängsten beizustehen und ihnen die traumatischen Erfahrungen der Verfolgung tragbar zu machen. Die Lehren von Sigmund Freud[69] kannte man schon in ihrem Elternhaus.

Noch wussten Hansi Engl und Eva Brössler nicht, dass jüdisches Schicksal ihre Freundschaft vertiefen und für ein Leben festigen sollte. Sie setzten sich auf eine Schulbank und verliessen auch zusammen den Klassenraum, wenn die obligatorische Religionsstunde begann, die für die meisten katholisch, für einige evangelisch und für eine ganze Gruppe jüdisch war. Die Religionslehrerin brachte ihnen die ersten Worte der hebräischen Sprache bei. In ihrer weiteren Umgebung fühlten die Schülerinnen sich nicht jüdisch, aber sie brauchten auch nichts zu verbergen. "Das hat uns weiter nicht geniert", meint Eva, "wir hatten nie das Gefühl, wenn wir nicht jüdisch wären, könnte irgendetwas besser sein."

Der Antisemitismus hatte sich in Wien in den neunziger Jahren des vorigen Jahrhunderts an der wachsenden Zahl der von den Pogromen vertriebenen polnischen Juden wieder entzündet. Sie stammten zwar vielfach aus damals österreichischen Gebieten, aber ihre Erscheinung mit den Käppchen und den Schläfenlocken, an der sie durch Generationen festhielten, war auffallend. Der Wiener Bürgermeister Lueger[70] hatte die wohlassimilierten Mitbürger im Habsburger Vielvölkerstaat auch von ihnen unterschieden, als er erklärte: "Wer Jude ist, bestimme ich!" Tausend Jahre älter aber war der Antijudaismus mit seiner brutalen religiösen Tradition.[71]

Das Judentum erschien vielen als religiöse Angelegenheit. Evas neun Jahre älterer Vetter Heinz Barazon, auf den sie gerne hörte, erklärte ihr, dass man als Jude in eine religiöse Gemeinschaft hineingeworfen sei, aus der man sich nicht lösen dürfe. Seine Familie rechnete sich aber mehr zu den sogenannten

---

[69] Sigmund Freud (1856–1939); http://de.wikipedia.org/wiki/Sigmund_Freud

[70] Karl Lueger (1844–1910), 1897–1910 Bürgermeister von Wien; http://de.wikipedia.org/-wiki/Karl_Lueger

[71] Erhard Roy Wiehn (Hg.) Judenfeindschaft – Eine öffentliche Vortragsreihe an der Universität Konstanz. Konstanz 1989; ders. "Zur Geschichte und Aktualität der Judenfeindschaft", in: Erhard Roy Wiehn, Bleibende Warnungen IV. Konstanz 2010, S. 160 ff.

Drei-Tage-Juden,[72] die nur Neujahrsfest, Versöhnungstag und Passah feierten. Heinz war zwar in der zionistischen Jugendbewegung, aber er hatte niemals daran gedacht auszuwandern.

Eva erlebte die jüdischen Feste wie alle anderen. Sie streute Blumen für ein jüdisches Brautpaar unter dem Baldachin in der Synagoge, aber sonntags ging sie auch mit dem christlichen Kindermädchen in die Messe. In dem sozialdemokratisch bestimmten Umfeld der Familie waren interkonfessionelle Heiraten an der Tagesordnung. Gerne erlebte Eva die Hochzeit ihres Onkels Otto Brössler mit einer Katholikin. Einige andere Verwandten betonten gern, dass einige Juden katholisch getauft waren. Darüber pflegten sich Evas Eltern mit ihren jüdischen Freunden eher zu mokieren.

Evas überbehütete Kindheit erhielt ein Gegengewicht, als sie mit acht Jahren eine kleine Schwester bekam. Eigentlich hatte sie sich ein Brüderchen gewünscht und geglaubt, sie könne auch gleich mit ihm spielen. Doch nun wurde Ruth ihr Baby. Es gewann noch an Bedeutung durch das intensive Interesse von Hansi Engl, die nur eine ältere Schwester hatte und gern einmal Kindergärtnerin werden wollte. Fortan handelten alle Schulaufsätze der Freundinnen von Evas kleiner Schwester, welche Umwege auch immer zum Thema führten. Eva hatte nun einen Schützling, dem sie über die Ängste des Grosswerdens hinweghelfen konnte, die nur schon bald von der Realität übertroffen wurden.

Im Jahr nach Ruths Geburt kam Engelbert Dollfuss[73] als österreichischer Bundeskanzler an die Macht und begründete 1933 den austrofaschistischen Ständestaat. Er verbot zwar die Nationalsozialisten, aber kurz darauf auch die sozialdemokratische Partei. Für radikale Gegner schuf er schon "Anhaltelager".[74] Ab Mai 1934 gab es nur noch eine Partei, die "Vaterländische Front", die österreichische Tradition und Staatsgesinnung forderte. In den folgenden Jahren wuchs der religiös begründete Antisemitismus in Österreich und Italien, wo Hitler Mussolini bereits zu rassistischen Massnahmen trieb. Als Ruth in die Schule kam, stand auch die österreichische Regierung schon unter Hitlers Druck. Das Kind spürte die wachsende Bedrohung, sah die Hakenkreuze, die roten Fahnen, die Läden, die gemieden wurden, die zerschlagenen Fensterscheiben – "das alles haben wir gleich verstanden."

---

[72] Gemeint sind eigentlich die beiden Neujahrstage (Rosch Haschaná) und Jom Kippur, der Versöhnungstag.

[73] Engelbert Dollfuss (1892–1934), 1932/34 Bundeskanzler; http://de.wikipedia.org/wiki/Engelbert_Dollfuss

[74] http://de.wikipedia.org/wiki/Anhaltelager

Am 13. März 1938 marschierten die braunen Truppen in Wien ein. Die wehenden Fahnen, tönenden Aufmärsche und dröhnenden Schritte der uniformierten Kolonnen auf dem Schulweg brachten für Ruth das Ende der begonnenen Schulbildung: "Alle jüdischen Kinder wurden aus der Volksschule herausgeworfen, wir sollten in jüdische Schulen gehen. Wir durften nicht mehr in den Park, nicht ins Schwimmbad und auch nicht ins Kino gehen." Gustav Brössler verlor seine Arbeit in der Firma, der er seit über 25 Jahren angehörte. Sein Vermögen und alle eingezahlten Versicherungsbeträge wurden beschlagnahmt. Die Mutter musste ihren Schmuck bei der Gestapo abliefern. Dann wurde die Familie aus dem grossen Vöslauer-Haus vertrieben. Auch Eva und Ruth mussten mit den Eltern aus der schönen Wiener Wohnung in einen anderen Mietbezirk ziehen. Alles ging Schlag auf Schlag wie der Marschschritt der braunen Bataillone.

Im neuen Mietsbezirk ging die kleine Ruth in die jüdische Schule. Eines Tages lief sie weinend der wartenden Mutter in die Arme. Ein Fotograf war in der Schule gewesen und hatte viele Kinder fotografiert. Doch Ruth hatte er nicht ausgewählt, war wieder etwas falsch an ihr? Was die vorsichtigen Nachforschungen der Mutter und der Schwester Eva ergaben, war dem Kind noch schwerer begreiflich zu machen: Der Fotograf war von der antisemitischen Zeitschrift "Der Stürmer" geschickt worden, die "typisch jüdische" Portraits veröffentlichen wollte. Ruth hatte ihm nicht jüdisch genug ausgesehen.

Während der Kristallnacht am 9. November 1938 durchsuchten mehrere SA-Männer die Brössler Wohnung nach Waffen und Wertgegenständen, die als "dekadent" galten, und nach Büchern jüdischer Autoren wie Lyon Feuchtwangers[75] *Jud Süss* und beschlagnahmten alle. Jüdische Männer wurden in allen Häusern festgenommen. Als Eva nach Hause kam, ahnte sie gleich, warum die Wohnungstür unter ihnen offen stand. Was es bedeutete, wenn Männer abgeholt worden waren, konnte sie sich auch schon vorstellen. Von Lagern hatte sie gehört und vom Vater einer Schulkameradin, der dort gestorben war. Aber die christliche Frau eines Freundes der Eltern hatte der Mutter schon die Nachricht gebracht, dass die Männer in einem nahegelegenen Gebäude gesammelt würden. Als "Arierin" hatte sie sich nach ihnen erkundigen können.

Eva blieb bei der kleinen Schwester, und die Mutter machte sich auf den Weg. Da sie keinen "Arierausweis" besass, suchte sie unter den Papieren ihres Mannes nach irgendeiner nützlichen Bescheinigung. In einer blitzartigen Eingebung ergriff sie das Attest, mit dem er im Ersten Weltkrieg wegen seiner

[75] Lion Feuchtwanger (1884–1958); https://www.google.de/#q=Lion+Feuchtwanger

schlechten Augen für kriegsdienstuntauglich erklärt worden war und eilte damit in das angegebene Haus, in dem wirklich eine grosse Anzahl von Männern zusammengetrieben war. Die Bewacher schienen selbst nicht zu wissen, wie sie sich mit diesen Gefangenen zu verhalten hätten. Einer von ihnen hatte beim Bäcker Schinkenbrötchen geholt, weil sie seit dem Morgen ohne Nahrung waren. Diese SA-Leute liessen sich dann auch überzeugen, dass ein kriegsdienstuntauglicher Jude nicht lagertauglich sein könnte.

Was kurze Zeit später nicht mehr denkbar gewesen wäre, geschah: Gustav Brössler verliess mit seiner Frau das provisorische Gefängnis und kam zurück zu seinen Töchtern. "Eine Stunde später ging der Transport mit den Männern nach Dachau ab", erfuhren sie bald darauf. Später wurde die Schwester des Vaters, Dr. Henriette Brössler, abgeholt. Freunde haben sie noch einmal auf der Strasse in einer Zwangsarbeitskolonne Schnee schaufeln gesehen. Sie wusste, dass es für sie keine Chance mehr gab. Eva erfuhr es, als sie nach Jahrzehnten ihren letzten Gruss in einem ergreifenden Gedicht erhielt.

In Wien blieb jüdischen Familien nur sehr kurze Zeit, um zu versuchen, noch ins Ausland zu gelangen. Hansi Engls Familie ahnte das schon früh. Eine Schwester des Vaters kam nach Hitlers Machtergreifung aus Berlin und sagte: "Dies wird überall ausbrechen, wir können nur noch auswandern." Vater Engl versuchte die Hutfabrik, an der seine Schwestern beteiligt waren, in England neu aufzubauen. Das war schwer und dauerte länger als erwartet. In Wien sassen Frau und Kinder praktisch auf gepackten Koffern, und das Haus war verkauft, als Hitler einmarschierte. Ein Jahr lebten sie bei den Grosseltern, und vom März bis zum Ende des Schuljahres konnten die Mädchen auch noch zur Schule gehen. Mit fünf Jahren Oberschule hatten Hansi und Eva dann wenigstens auch das Ende der allgemeinen Schulpflicht erreicht.

Sehr bewusst erlebte Hansi Engl den Umbruch in der Schule. "Das erste, was geschah, war, dass die Deutschlehrerin entlassen wurde und ein junger Mann in SA-Uniform den Unterricht übernahm. Ich kann mich ganz klar erinnern, dass er immer deutsche Aufsätze über Hitler aufgab und dazu ein ganz unmögliches Wahlthema, das einem blieb, wenn man nichts von Hitler schreiben wollte." Was Hansi aber "ungeheuerlich empfunden" hat, war das Verhältnis zu den Mitschülerinnen: "dass man plötzlich von Freunden nicht mehr genau wusste, ob es Freunde waren, und sie irgendwie auch nicht wussten, was sie tun sollten." Über dem Bett einer Freundin hing jetzt ein Hitlerbild. Sie war seit langem heimlich im österreichischen "Bund Deutscher Mädchen gewesen". "Auch eine andere war in der illegalen Nazipartei engagiert gewesen. Jetzt stellte es sich aber heraus, dass sie jüdische Grosseltern hatte. Es waren menschliche Tragödien, die sich da abspielten."

Als am 9. November 1938 die Pogromnacht inszeniert wurde, war Vater Engl schon in London. Aber in Grossvaters Haus wütete die SA. Die Grossmutter wusste, dass die Tochter ihrer früheren Hausbesorgerin einen hohen Parteifunktionär geheiratet hatte. Sie lief zum Telefon und schilderte ihr, was geschah. Die junge Frau kam sofort und redete auf die SA-Leute ein, bis sie das Haus verliessen. "Es war eigentlich sehr anständig, dass sie das gemacht hat, so etwas gab es auch in Österreich, wo fast alle plötzlich Nazis waren. Man nahm vielleicht nicht alles so prinzipiell", meinte Hansi Engl in der Rückerinnerung.

Hansi und ihre Freundin Eva erlebten gleichzeitig die drohende Gefahr der nahen Zukunft und wussten schon, dass Rettung für sie Trennung bedeuten würde. Die Familie Engl bekam bald eine Einreisebewilligung nach England und die deutsche Ausfuhrgenehmigung für ihr Mobiliar, für die sie einen hohen Anteil an Geld und Sachwerten herzugeben hatten. Aber in London fanden sie ein Heim, "der Vater war schon irgendwie gesettled, während andere wirklich gar nichts hatten." Hansi war 16 Jahre alt, "also kein Kind mehr in diesem Sinne" und begabt mit einem starken Wirklichkeitssinn. Sie würde ihren Weg vorwärtsgehen und denen zu helfen suchen, die nicht mehr so davonkamen oder zu schweren und schwersten Opfern wurden.

Familie Brössler besann sich angesichts der nach der Kristallnacht drohenden Lebensgefahr auf Gustavs Vetter Franz Alexander. Er war nach dem Anbruch des Horty-Regimes, das Intellektuelle und Juden aus Ungarn vertrieb, nach Wien gekommen, wo die Verwandten ihm weiterhalfen bis er als Assistent an die Charité nach Berlin gehen konnte. Nach seiner Aufnahme in die Psychoanalytische Vereinigung war er dort ein bevorzugter Lehranalytiker vieler Amerikaner geworden. 1930 wurde er nach Chicago eingeladen und später gründete das Chicagoer Psychoanalytische Institut. Für ihn war es nicht schwer, Einreisegenehmigungen für Eltern und Töchter Brössler zu erlangen. Aber damit kam man aus der neuen "Ostmark" des Deutschen Reiches nicht mehr einfach heraus. Die Schlange der Ausreisesuchenden und die Schwierigkeiten, die das Regime auftürmte, waren ständig gewachsen.

In dieser angstvollen Wartesituation gingen die Eltern dankbar auf eine Zwischenlösung für ihre Kinder ein. Franz Alexanders Schwester war mit ihrem Mann, dem ungarischen Psychologen Géza Révész, nach Holland emigriert. Sie fanden in Amsterdam zwei Familien mit gleichaltrigen Kindern, die ein Wiener Mädchen bis zur Ausreise mit den Eltern aufnehmen wollten. Wochenlang dauerte es auch, bis die beiden Kinder ihre Pässe bekamen. Als sie hineinschauten, stand darin ein grosses J – für Jude.

Trotz Unsicherheit und Gefahr war Eva von Spannung erfüllt, ob und wie die Reise gelingen würde. Da sie nicht mehr in die Schule gehen durfte, studierte sie eifrig Länder und Reiserouten, auch die von Freunden und Schulkameradinnen, die Wien schon verlassen hatten. Täglich eilte sie dem Briefträger entgegen, um etwas aus der Welt zu erfahren, auf die sie sich einstellen mussten. Früher hatte sie schon Angst gehabt, die Mutter würde sie auf dem Bahnhof nicht wiedererkennen, wenn sie es auch bei der Tante in den Ferien vor Heimweh nicht ausgehalten hatte. Jetzt musste sie alle Hoffnungen mit fernen Ländern verbinden. Ende Januar 1939 war es dann so weit, eine kleine Gruppe von sieben Kindern wurde in Wien in den Zug gesetzt. Die Eltern blieben zurück.

Für Eva gab es nun kein Umkehren mehr, die Trennungsangst war aus ihrem Leben nicht mehr wegzudenken, das Wiedersehen völlig ungewiss. Sie hatte nur die kleine Schwester und die grosse Aufgabe, ihr zu erleichtern, was für sie selbst dadurch tragbarer wurde. Um sich von der Furcht vor Kontrollen bei der Fahrt durch Deutschland abzulenken, erklärte sie ihr alle Städtenamen, die sie kannte. Als der Zug in Köln eine Stunde Aufenthalt hatte, wagte sie das bisher Undenkbare: Ruth, die so gern mit dem katholischen Kindermädchen in die Kirche gegangen war, sollte auch den Kölner Dom anschauen! Pünktlich kamen sie zurück, und der Zug brachte alle sieben Kinder über die Grenze. Mit der letzten Kontrolle wich die grösste Angst, aber auch die letzte Vertrautheit in ihrer Sprache und Kultur.

Ruth erlebte mit ihren sieben Jahren den Kulturschock stärker. In Rotterdam kamen sie in ein Barackenlager für deutsche Flüchtlinge, die meist aus Städten nahe der Grenze noch illegal herübergelangt waren. Krefeld, Mönchengladbach, Namen, die sie nie gehört hatte, stehen noch in Evas Poesiealbum. Sie hatte es nicht allzu schwer, Freundschaft zu schliessen. Ruth musste mit den kleineren Kindern zusammen schlafen. Sie war tapfer, "es war ja auch überhaupt nicht katastrophal, und ich wusste natürlich, dass wir nicht sterben müssten und bisher alles noch glücklich gelaufen war." Was Ruth ängstigte, waren "die vielen jüdischen Menschen aus den verschiedensten Gesellschaftsschichten, die ich vorher nie gekannt hatte und ihr seltsames Gebaren. Ich habe gewusst, dass ich Jüdin war, aber das hat mir eigentlich gar nichts gesagt, es hatte vielleicht eine intellektuelle Bedeutung, aber nur innerhalb unserer Kultur, die doch deutsch-österreichisch war. Hier war ich in einer demonstrativ religiösen Gemeinschaft mit strengen Regeln, von denen wir nichts wussten. Wir hatten auch niemals koscher gegessen. Die Freitagabende[76] in

[76] Erev Schabbat – Beginn des Schabbat.

der ostjüdischen Gruppe würde ich heute interessant und vielleicht sehr gut finden, aber damals habe ich gemeint, ich bin in einem Irrenhaus gelandet."

Nach einer Woche lud Géza Révész Frau, die Tante Magda, ihre Wiener Nichten nach Amsterdam ein. Es war der Todestag des Papstes, und Eva merkte mit Erstaunen, wie sehr ihre Tante als Katholikin fühlte. "Jedenfalls war man nicht sehr jüdisch." Géza Révész hatte eine Professur an der Amsterdamer Universität und war einer der ersten Psychologen, die sich mit Beratungen in der Industrie befassten. Zu den Firmen, die sich auf ihn stützten, gehörte die Amsterdamer Warenhauskette Bijenkorf. Mit dem Leiter und Teilhaber Frits Isaac war eine Familienfreundschaft entstanden. Ruth würde im Alter genau zu Isaacs beiden Kindern passen: Henriette, genannt Jet, war ein Jahr älter und Arthur ein Jahr jünger als sie. Eva dagegen sollte zu einer Cousine von Frau Isaac, Caroline Simons, von deren Töchtern eine älter und zwei jünger als sie waren.

Die beiden Mütter bemühten sich eifrig, die Kinder aus dem Lager herauszubekommen, aber es dauerte zwei Monate, bis alle Formalitäten erfüllt waren. Schliesslich half die Garantie beider Väter, dass sie "dem Staat nicht zur Last fallen" würden. Tante Elly Isaac hatte es beiden Schwestern gleich besonders angetan. Sie war Mitte 30 und sehr elegant. Sie kam im eigenen Wagen oder mit dem Chauffeur des Konzerns ins Lager, um sie in die Konditorei des Bijenkorfs einzuladen. Eva fühlte sich vor allen Lagerinsassen begünstigt. Doch der vornehme Stil der Familie, die schönen Häuser mit dem Personal, das alles gefiel dem Backfisch ungemein.

Als Elly Isaac die Kinder endlich abholen konnte, brachte sie aber Eva zu Simons und nahm nur Ruth mit zu sich. Die Töchter hatten schon auf Eva gewartet. Sofie, die sie Jobje nannten, und Hannie in Pfadfinderuniform wollten zu ihren Kameradinnen, aber sie bemühten sich doch noch, etwas deutsch zu sprechen. Nur die 12-jährige Judith, Tin genannt, kam Eva ganz unbefangen entgegen und sagte, sie freute sich auf sie. Das sah aber das Kindermädchen nicht gern, deren Liebling die Kleine war. Noch spielte es keine Rolle, dass das Fräulein die einzige "Arierin" im Hause war. Bevor Hitler einmarschierte, war der Antisemitismus in Holland gering. Das Bild der "reichen Juden" hatte bei den Calvinisten nichts anrüchiges, und auch bestimmte Berufe waren Juden nicht versagt.

Jobje sollte Eva am Nachmittag ihrer Ankunft im Haag zu Ruth Familie Isaac führen. Dort war sie schon mit einem Amsterdamer Vetter verabredet, um ins Kino zu gehen. Sie war selbst schüchtern und hätte sich sicher geniert, das Mädchen, das nur deutsch sprach, mitzunehmen. Eva sah aber in dem eleganten Kostüm, das ihre Wiener Tante ihr geschneidert hatte, so erwachsen aus, wie Jobje selber gern gewesen wäre. Seitdem hält Eva viel auf Kleider. Die kleine Tin machte sich später über Evas Gleichberechtigung in der Familie Gedanken, weil die Mutter sich in der exquisiten Bonneterie, ihre Töchter im Nobelwarenhaus Bijenkorf, Eva aber bei C&A einkleidete. Dort durfte Eva aber wählen, und das genügte zu ihrem Glück, das nicht lange dauern sollte.

Dagegen erinnert sich Ruth: "Mich hat man behandelt wie die eigenen Kinder, ich fühlte mich wirklich gleich bei Isaacs zu Hause." Tante Elly hatte ihre Kinder auf die Ankunft einer Pflegeschwester vorbereitet, die sie ungeduldig erwarteten. Henriette, genannt Jet, und Arthur fühlten ihr mitunter gespanntes Verhältnis durch ein mittleres Geschwister nur entlastet. "Aber ich hatte doch immer Angst, dass ich wieder fort müsste." Ruth hatte ja in Wien zuerst die Schule und dann die Eltern verlassen müssen. Im Haag ging sie mit Jet und Arthur Isaac auf eine Montessori-Schule. Dort liess man ihr eine Anfangszeit der Schonung und des Gewährenlassens. Sechs Wochen lang äusserte sie sich mit keinem Wort. Als sie den Mund öffnete und sich am Unterricht beteiligte, sprach sie fliessend holländisch. Bald war ihr nichts mehr fremd. Es gab aber auch keinen Tag, an dem sie nicht mit Eva Verbindung haben konnte, und noch kamen täglich Briefe von den Eltern.

Auch Eva wurde gefragt, ob sie noch zur Schule gehen wollte, aber die Antwort lag schon nahe: Ein intellektueller Beruf würde wohl in Amerika schwer zu verwirklichen sein. Da müsse man eher ein "Fach" gelernt haben. Eva interessierte sich für Mode, so schlug man ihr vor, Modistin zu werden und eine Fachschule zu besuchen. "Das Lyceum wäre wohl besser gewesen, aber Lernen war in dem Alter auch nicht das, wofür man kämpft", meint sie bekümmert und denkt an die vielen Wochen, in denen sie nur Hutgestelle fertigen, Filz darüber formen und schliesslich Bänder applizieren durfte. Doch für sich allein las Eva und studierte besonders, was sie über Psychoanalyse erfahren konnte, im Hause Isaac die Zeitschrift "Imago" und bei den Simons das neuerschienene Moses-Buch von Freud.[77]

Alle diese Beschäftigungen dienten nicht der Nähe zu der Schwesternschar, in die man sie hineingestellt hatte. Niemand war ja davon ausgegangen, dass sie lange Zeit in der Familie bleiben würde, ihr Ziel war doch Amerika! Gerne hätte sie an manchem teilgenommen, aber Jobjes Schulfreunde aus dem humanistischen Gymnasium sprachen über Griechisch und Latein und nicht über Freud. Wenn Jobje Tennis spielte, wollte Eva ihr nicht zumuten, ihre

[77] Sigmund Freud, Der Mann Moses und die monotheistische Religion. (1939); dazu: Jan Assmann, Moses der Ägypter. München 1998; ders.Herrschaft und Heil. München 2000, ders. Die mosaische Unterscheidung oder Der Preis des Monotheismus. München 2003.

Chancen mit einer Anfängerin zu schmälern. So sagte sie den Freunden, Tennis interessiere sie nicht. Ebenso war es dann mit dem Eislaufen. Doch Hannie hatte die Geduld, ihr beizubringen, was in Holland unerlässlich war und für sie bald lebenswichtig wurde: das Radfahren.

Eva machte sich in dieser Zeit viel konkretere Sorgen als Ruth, was mit den Eltern in Wien geschehen würde. "Die Angst um sie verfolgt mich noch heute in meinen Träumen." Im August 1939, kurz bevor der Krieg begann, bekamen Brösslers die Ausreiseerlaubnis aus Wien. Sie wollten zunächst zu ihren Kindern nach Holland und, sobald die Immigrationsquote es erlaubte, mit ihnen weiter nach Amerika. Doch noch vor ihrer Abreise wurden die holländischen Grenzen für Erwachsene geschlossen. Sie erhielten nur ein Durchreisevisum nach England, wo ihr früheres Kindermädchen ihnen eine Aufenthaltserlaubnis verschafft hatte. Die von allen geliebte Mitzi hatte sich 1936 durch eine Agentur zu einer Lady nach England vermitteln lassen. Als sie 1938 kurz nach dem "Anschluss" wieder zu Besuch in Wien war, erfasste sie sofort, was da vorging. Mitzis englische Arbeitgeber erklärten sich bereit, die Eltern kurzfristig nach England einzuladen, die Kinder, glaubten sie in Holland in guter Hut. Nur eine Woche durften die Eltern auf der Durchreise bei den Kindern sein, dann stand die nächste Trennung bevor. Es war die Zeit der Sommerferien, die Isaacs und Simons in der Schweiz zu verbringen pflegten. Für die österreichischen Kinder hatten auch sie kein Schweizer Visum bekommen. Dafür konnten Eva und Ruth nun aber mit ihren Eltern im Hause der Simons zusammen sein, die ihnen Geld und Vorräte hinterliessen.

Der Abschied war wieder sehr schwer, aber nun wussten Eva und Ruth, dass ihre Eltern in ein freies Land kommen würden, und in wenigen Monaten sollten sie nachkommen. Oft bekamen sie zweimal täglich Briefe, die immer von der englischen Zensur geöffnet worden waren. Die Mutter schrieb an jedem Tag, aber nur selten konnte sie den weiten Weg über Land zum Postamt machen. Sie wohnten in einem Gärtnerhäuschen, von dem der Fussmarsch zum Jagdschloss, wo Mitzi Köchin war, zu Fuss eine Stunde und zum nächsten Ort zwei Stunden dauerte. Da war es schwer, sich erfolgreich um die Ausreise für sich selbst und die Kinder zu bemühen. Als dann der Krieg begann, zählten sie zu den "feindlichen Ausländern", und der Vater wurde ins Internierungslager abgeholt. In Holland erfuhr man, dass Männer von dort nach Australien und Kanada verschickt wurden. Aber über Verwandte in Ungarn erhielten die Kinder doch wieder Nachricht vom Vater aus England.

Dann musste auch die Mutter das Landgut verlassen. In London fand sie bei weitläufigen Verwandten Zuflucht und konnte auch Behörden erreichen, die zur Ausreiseerlaubnis verhalfen. Ihren Kindern aber bewilligten die Engländer im Krieg keine Einreise mehr. Nach einem Jahr erhielt Thekla die Einreisegenehmigung in die USA. Sie konnte ihrem Mann die Nachricht noch ins Lager schicken, ehe sie auf das Schiff beordert wurde. Als es im Begriff war, abzulegen, kam ein Polizeiauto, und zwei Männer schafften Gustav Brössler noch an Bord. Es war eines der letzten Schiffe, die im August 1941 noch den Kanal durchfuhren, ohne torpediert zu werden.

Mit blutendem Herzen landeten die Eltern in der Freiheit, denn sie wussten ihre Kinder mit den holländischen Pflegeeltern und allen jüdischen Flüchtlingen nun doch in Hitlers Macht. Er hatte das neutrale Land am 10. Mai 1940 überfallen. Während der fünf Tage, in denen die holländische Armee sich verteidigen konnte, versuchten viele jüdische Familien noch nach England zu gelangen. Tante Lin Simons Vater hatte im Jahr davor schon in London Fuss gefasst und die Familie mit den Kindern nachholen wollen. Marinus Simons hatte die Papierfirma des Onkels, die er leitete, nicht im Stich lassen wollen, aber nun machte die Familie sich auch auf den Weg zur Küste. Eva wäre gern zu ihren Eltern nach England gekommen, aber denen hatte sie versprochen, dass sie Ruth nicht allein lassen würde. Ruths Pflegevater war ein paar Tage vor Kriegsbeginn zum Militär eingezogen worden und würde seine Familie kaum noch aufs Schiff bringen können. Das "arische" Kindermädchen Jusse begleitete Eva auf einem langen Fussmarsch zu Isaacs. Sie fanden das Haus geschlossen und die Familie offenbar auch in Eile abgefahren. Auf dem Rückweg begegneten sie schon Soldaten der holländischen Armee, die den Kampf aufgeben mussten.

Am Abend kamen beide Familien zurück. Simons hatten am Hafen in Scheveningen kein Schiff mehr bekommen. Elly Isaac war mit den Kindern in einer endlosen Autokolonne auf dem Weg nach Ijmuiden steckengeblieben. Über ihnen flogen die deutschen Jagdbomber so tief, dass auch die masernkranken Kinder in die Deiche stürzten. Dann sahen sie am Horizont die Flammen des zerstörten Rotterdam. Ans Meer gelangte niemand mehr.

Wie sehr hatte gerade Ruth gehofft, zu den Eltern nach England zu kommen, die sie in ihrem Alter noch dringend brauchte: "Aber als es keine Möglichkeit mehr gab, habe ich dann doch empfunden, dass ich jetzt ganz zu der holländischen Familie gehöre." Brösslers hatten sich das für sie nur wünschen können. Sie hatten noch erfahren, dass die holländische Küste von Ausländern geräumt werden musste, Eva würde also nicht im Haus Simons bleiben können. Wenn ihr etwas zustiesse, wollten sie Ruth nicht noch einmal dem Elternwechsel aussetzen, sondern sich das Leben nehmen.

Nach dem Räumungsbefehl für die Küstenorte wurden viele Emigranten sofort von der Polizei abgeholt und in das Lager Westerbork[78] eingeliefert, das die Holländer einmal zur ersten Aufnahme jüdischer Flüchtlinge aus Deutschland eingerichtet hatten. Eva war noch rechtzeitig von Onkel Marinus zu seiner Mutter und Schwester nach Utrecht geschickt worden. Dort, im Haag und in anderen Orten war es nun für alle so, wie Eva und Ruth es schon aus Wien kannten: "Wieder durften wir keine Strassenbahnen, Züge, Busse oder andere Verkehrsmittel benutzen. Wir konnten in keinen Park gehen, und die schönsten Teile der Stadt waren für uns verboten. Wir durften nur in jüdische Schulen gehen und unsere nichtjüdischen Freunde weder besuchen noch zu uns einladen. Juden mussten um 8 Uhr abends die Strasse verlassen haben. Nicht nur Häuser, Geld und Schmuck wurden jetzt konfisziert, auch die Autos und unsere Fahrräder nahmen sie uns", erzählt Ruth. "Dann mussten wir den gelben Davidstern auf alle unsere Kleidungsstücke nähen, so dass jeder auf der Strasse sehen konnte, dass wir Juden waren." Die Kinder empfanden die unheimliche Ausgrenzung von allem gewohnten Umgang. Die holländische Bevölkerung und die meisten Polizisten machten ihnen auf der Strasse ihr Los aber weniger schwer als es ihren Leidensgenossen in Deutschland geschah. Jedoch in dem Regierungsviertel, wo sie wohnten, paradierten die Deutschen aber auch mit holländischen Nazis. Einmal lief Ruth direkt in eine deutsche Truppe. Sie blieb unter den schaulustigen Kindern am Strassenrand, bis sie in eine Seitenstrasse verschwinden konnte. Die Soldaten sangen: "Wir fahren gegen Engeland." Ein kleiner Junge lief hinter ihnen her. Seine Mutter rief aus dem Fenster: "Komm zurück Jantje, oder willst du auch versaufen?"

1942 begannen mit den Razzien in den jüdischen Häusern auch die Deportationen. "Selbst wir Kinder hatten schon gehört, dass Deportation nach Polen bedeutete, in ein mörderisches Lager zu kommen, wo man umgebracht würde." Ruth wusste, wenn sich Polizeistreifen näherten, hiess es, "lauft schnell weg!" Dann riss sie den Stern von der Kleidung. Einmal warf sie die ganze Jacke weg, denn sie glaubte eine deutsche Truppe hinter sich zu hören.

Obwohl es Juden in Holland schon seit November 1941 verboten war, ohne Spezialerlaubnis mit der Bahn zu fahren, unternahm die Cousine Eka Simons, die eine "arische Mutter" hatte, das Wagnis, die kleine Ruth zu einem Wiedersehen mit Eva bei den Verwandten in Utrecht zu bringen. "Sie riskierte ihr Leben, denn ich trug natürlich keinen Stern", erzählte Ruth. Auch Eva liess

---

[78] 1940–1945 Durchgangs-Sammellager; http://de.wikipedia.org/wiki/Durchgangslager_Westerbork

sich von Eka ohne Stern fotografieren bei einem glücklichen kurzen Wiedersehen.

Ruth und Eva im in Utrecht, Sommer 1942

Es gab viele unerschrockene Holländer.[79] In Amsterdam hatten die Arbeiter gestreikt aber bald aufgeben müssen. Die Firmen der Familien Isaac und Simons wurden "arisiert", die Eigentümer durften sie nicht mehr betreten. Simons mussten auch aus ihrem Wohnhaus ausziehen. Isaacs Haus wurde mehrfach durchsucht und die Lebensmittelvorräte beschlagnahmt. Die deutsche Köchin, die entlassen werden musste, weil sie "arisch" war, hatte sie bei der

[79] Dazu: Paul Siegel, In ungleichem Kampf – Christlich-jüdische Rettungsaktion der Westerweel-Gruppe. Von Köln nach Holland durch Westerbork über Frankreich nach Spanien und Israel. 1924–1974. Konstanz 2001.

Polizei angezeigt. Die holländische Gouvernante musste ebenfalls gehen, und die Klavierlehrerin der Geschwister durfte nicht mehr ins Haus kommen. Man lebte in Angst vor jedem Tag. Da beschloss Frits Isaac, mit der Familie noch die Flucht durch die besetzten Länder in die Schweiz zu versuchen, obwohl die Chancen, auch nur die Grenze zu erreichen, schon sehr gering waren. Das nötige Geld borgte ihm der nichtjüdische Freund Dick de Jong, und tatsächlich vermochte Frits es ihm nach dem Krieg zurückzuzahlen. Er fragte Ruth, ob sie mit ihnen kommen oder bei anderen Verwandten bleiben wollte, doch dazu fühlte sie sich mit der Familie viel zu innig verbunden. So machte sich der Pflegevater noch auf den Weg nach Utrecht, um Eva zu sagen, dass sie Ruth sicher lange nicht wiedersehen würde.

Tante Stella Simons, die Eva in Utrecht aufgenommen hatte, war Rechtsanwältin und Tochter eines bekannten holländischen Strafrechtlers, nach dessen Tod sie mit ihrer Mutter zusammen lebte. Beide waren sehr bemüht um das junge Mädchen, wenn auch in einer strengen altmodischen Art. Um ihnen nicht zu sehr zur Last zu fallen, setzte Eva bei einer Modistin ihre Lehre fort. Jetzt durfte sie Bänder auf die Hüte nähen und bekam dafür auch schon ein Taschengeld. Zu Hause bereitete sie sich weiter auf Amerika vor und las in der reichhaltigen Bibliothek alle englischen Bücher. Als Amerika im Dezember 1941 in den Krieg eintrat, war es aber unerreichbar geworden. Von den Eltern bekam sie nur noch in jedem Vierteljahr eine Karte mit 25 Worten durch das Rote Kreuz.

Als Eva eines Tages von der Arbeit zurückkehrte, war die Gestapo im Haus. Ihre Praxis als Rechtsanwältin hatte Stella schon mit allen Formalitäten an gute Freunde übergeben. Jetzt ging es um ihr Haus. Sie befand sich in eifrigen Verhandlungen mit den Geheimen Staatspolizisten, welche Frist man ihr liesse, was sie mitnehmen dürfte, welche Rücksicht auf ihre Mutter genommen würde, die doch Witwe eines bekannten Universitätsprofessors war. "Bis zur Abholung nach Theresienstadt hat Stella nicht von ihrem Lebensprinzip gelassen, dass Gesetze zu befolgen seien", sagt Eva, die von Kind auf wusste, welches Unrecht Gesetze ihnen zufügten. Doch noch einmal konnte die geübte Rechtsanwältin wenigstens verhandeln, und man zog in ein kleines, weit entfernt gelegenes Haus.

Jobje kam aus dem Haag zu Besuch, und Eva wagte auch zweimal zu den Pflegeschwestern zu reisen. Sonst war sie viel allein. Stella bemühte sich um ein paar studentische Kontakte für sie, und sie kam in einen freundlichen Kreis. Eines Nachts klingelte die Gestapo an der Haustür und wollte Eva verhaften. Tante Stella verhandelte so lange, dass Eva Zeit gewann, sich anzuziehen, feste Schuhe und warme Kleidung und auch noch ihren Regenmantel zu suchen, ehe sie abgeführt wurde.

Im Studentenkreis hatte Eva sich besonders mit der Tochter eines Pfarrers Obermann befreundet. In der Grünen Minna hörte sie nun die Polizisten von der "Sache Obermann" sprechen, einem angeblichen Spionagefall. Sie nannten auch Namen von anderen jungen Leuten, die sie schon verhaftet hatten. Offenbar waren sie mit dem Pfarrer in der Widerstandsbewegung tätig gewesen. Darüber wusste Eva nichts, sie kannte aber seine Einstellung. Was sie jedoch nicht ahnen konnte, war, dass man bei der Hausdurchsuchung und Verhaftung des Pfarrers ein Adressbuch seiner Tochter gefunden hatte, in dem auch Evas Name stand. Sie grübelte nur voller Angst, ob die Polizei wohl wüsste, dass sie Jüdin war.

Das Polizeiauto fuhr bis nach Amsterdam. Es war ein schöner Spätsommertag, und Eva wunderte sich selbst, wie sehr sie noch die herrliche Beleuchtung der Amstellandschaft genoss – eine Gabe ihres Selbsterhaltungstriebes, meint sie heute, denn gleich darauf wurde sie in das Amsterdamer Gefängnis eingeliefert. In der deutschen Strafabteilung stiess man sie durch eine Tür, und sie fand sich in einer düsteren, stickigen Zelle zwischen zwei Mädchen wieder, die auch Jüdinnen waren. Kein Sonnenstrahl drang durch das vergitterte Fenster, wo man mit ausgestreckten Händen nur einen Luftspalt fühlte. Angst und Alpträume beherrschten die endlose Nacht. Ein kärgliches Essen und ein Bewegungsgang auf dem Hof markierten den Tag. Eva wusste nicht mehr, vor wie vielen Tagen sie gekommen war, als man sie zum Verhör holte. "Es war derselbe Gestapomann, der mich abgeholt hatte. Er fragte immer wieder nach Obermann, über dessen Aktivitäten ich wirklich nichts wusste. Ich war ja auch nicht in der Widerstandsbewegung, aber ich war Jüdin, und das wusste er genau. Er stellte fest, dass meine Eltern in Amerika wären und meine Schwester im Haag, von Isaacs Aufbruch in die Schweiz schien er aber nichts zu wissen. Er gab mir zu verstehen, dass ich entlassen würde, wenn ich alles aussagte, was ich wüsste, und das war ja wenig."

"Ich entlasse Sie", schloss der Verhörsleiter, "aber Sie brauchen eine Rückreisegenehmigung, und die kann Ihnen am Samstag niemand geben." Wenn sie nicht noch im Gefängnis bleiben wolle, sollte sie am Montag zurückkommen. Eva fand sich mit Erstaunen "halbwegs anständig" behandelt. Ihr Gefängnisaufenthalt hatte offenbar weniger mit ihrem Judentum als mit "Widerstand und Spionage" zu tun. Was würde aber aus den beiden jüdischen Mädchen in ihrer Zelle werden? Es war ziemlich sicher, dass sie nach Westerbork kommen würden – und was dann?

"Ohm Karl" war Evas einziger Gedanke, als sich das Gefängnistor hinter ihr schloss. Er war ein Verwandter von Simons und Isaacs und sie wusste, dass er Kontakt mit dem Jüdischen Rat hatte.[80] Im Jüdischen Rat. beschloss man, dass Eva am Montag zur Gestapo gehen sollte, um die Reiseerlaubnis abzuholen. Sie sollte damit die Verwandten in Utrecht entlasten, aber nicht mehr zu ihnen zurückkehren sondern in Amsterdam untertauchen. Auch dafür wurde eine Familie Simons gefunden. Die Mutter war Christin, und Eva hatte ihre Tochter Eka schon früher kennengelernt. Am Montag ging Eva zur Gestapo, die in einem Schulhaus residierte, und erhielt die geforderte Reiseerlaubnis. Als sie damit aus dem Büro kam, war sie noch so aufgeregt, dass sie sich in den Gängen verirrte und nirgends herausfand. Der Panik nahe lief sie bis in den dritten Stock, wo alle Türen verschlossen waren, und wieder abwärts gleich bis in den Keller. Dort öffnete sich endlich ein Notausgang, und sie kam an der Hinterseite des Hauses ins Freie.

"Es war verabredet, dass ich noch zum Jüdischen Rat gehen sollte, um mich auch zu dessen Schutz ordnungsgemäss abzumelden. Danach sollte ich den gelben Stern wegwerfen und verschwinden. Als ich zum Vertreter des Rates kam, sagte er, ich solle mich heute ja nicht bei der Gestapo abmelden. Dort sei eine grosse Razzia im Gange, und ich würde sofort wieder verhaftet werden." Dass Eva gerade von der Gestapo kam, konnte er nicht fassen. Während sie durch das Haus geirrt war, hatte man im Hof Scharen festgenommener Juden zusammengetrieben. Durch den richtigen Ausgang wäre sie geradewegs zu ihnen gestossen und mitdeportiert worden. Verwirrung und Kopflosigkeit hatten sie gerettet.

Die mit dem grossen J[81] abgestempelte Identität tauschte Eva nun gegen einen Ausweis auf den Namen Johanna Cornelia Meijer. Sie konnte in den Untergrund gehen, ohne jemand zu belasten. Eine Identitätskarte für das Leben im Untergrund war entweder irgendwo gestohlen worden, oder hilfreiche Holländer, und deren gab es viele, hatten sie absichtlich fallengelassen. Wie weit sich die Identitäten deckten, hatte man nicht immer in der Hand, aber wichtig war es, das Bild gegen ein eigenes auszutauschen. Evas Ausweis stammte von einem Mädchen in ihrem Alter, die Verkäuferin in einem Blumengeschäft war. "Géza Révész erfand dann eine lange Geschichte über meine angebliche Identität. Meine Eltern sollten in Indonesien gewesen sein, wo ich holländisch mit meinem wenigen Akzent gesprochen haben könnte. Zum Glück musste ich

[80] Judenrat; http://de.wikipedia.org/wiki/Judenrat_Amsterdam

[81] Dazu: August Bohny, Unvergessene Geschichten – Zivildienst, Schweizer Kinderhilfe und das Rote Kreuz in Südfrankreich 1941–1945. Konstanz 2009.

die Geschichte niemandem erzählen, denn ich wäre sicher über eine der Lügen gestolpert."

Eka Simons erwartete Eva an einer Gracht, um sie zu geleiten. Sie gingen auf das Reichsmuseum zu, wo Tante Magda Révész ihr vor drei Jahren zur Einführung in Holland die anheimelnden Interieurs der holländischen Bürgerhäuser gezeigt hatte, die in seltsamem Kontrast zu ihrem Austritt aus der bürgerlichen Existenz standen. Peter Cornelius Hoofstraat hiess die Geschäftsstrasse, in der sie zu einem Papiergeschäft gingen, neben dem die Treppe zu Simons Wohnung lag. Das offene Geschäft führte Mutter Simons. Sie hatte dort noch eine Angestellte, aber Papier gab es nicht mehr viel zu verkaufen. Trotzdem stand sie den Tag über im Laden, und ihre Ideen, was aus Restbeständen von Seidenpapier sich fertigen und verkaufen liess, waren unerschöpflich.

Eva sollte sich im Laden möglichst wenig zeigen. Im Notfall galt sie als Studentin und Freundin der Töchter. Ekas jüngere Schwester Phemia machte ihre Ausbildung in einer Haushaltsschule, ihr Bruder Siebert studierte Chemie, und sie arbeitete als Laborantin. Mama Simons, wie alle sie nannten, war eine unerschrockene warmherzige Frau, deren Kräfte mit den extremen Anforderungen wuchsen. Ihre Einheirat als Christin in die jüdische Familie war nicht von allen begrüsst worden. Ihr Mann, der sehr viel älter war, starb kurz vor Kriegsbeginn. Sie war Menonitin, und ihr Glaube ebenso wie ihre einfache Menschlichkeit machten sie mit ihren Kindern zu einer rettenden Instanz.

Eines Abends stand Evas Pflegeschwester Jobje vor der Haustür neben dem Laden, und auch sie fand Aufnahme in der dieser Simons-Familie. Sie war aus Westerbork entkommen, aber vom Schicksal der Eltern und Schwestern wusste sie nichts. Auf ihrer unglaublichen Flucht hatte sie sogar die eigenen Kleider mit aus dem Konzentrationslager gebracht. Mit ihrer letzten schönen Garderobe radelten Eva und Jobje nun regelmässig auf das Land, um bei Bauern dafür die knappen Lebensmittel einzuhandeln. Für Geld bekam man kaum noch etwas, aber Tauschgeschäfte zählten. Die Strecken, die sie fahren mußten, wurden immer weiter und die Gefahr für die jüdischen Mädchen immer grösser. Langsam erfuhr Eva dabei, was seit ihrer Trennung in Jobjes Familie geschehen war.

Marinus Simons Büromaterialbetrieb im Haag war einer der ersten holländischen Firmen gewesen, die nach der deutschen Invasion "arisiert" worden war. Ein Jahr lang konnte er selber noch tätig sein, aber zwei deutsche Techniker übernahmen die Leitung. Sein gesamtes Eigentum wurde beschlagnahmt, die Familie musste von 250 Gulden im Monat leben. Jobje hatte gerade die Schule beendet, aber an ein Universitätsstudium durfte sie nicht mehr denken. Jüdische Kinder wurden auch von den Schulen ausgeschlossen. Die Universität Leiden demonstrierte gegen das Verbot. Daraufhin wurde sie geschlossen. "So studierte ich dann zu Hause", sagte Jobje, und auf Evas Frage nach all den alten Schulfreunden: "Ich habe sie kaum noch gesehen, ich war ganz isoliert."

Der Judenrat schickte junge jüdische Mädchen als Haushilfen in jüdische Familien. "Es war ein unbezahlter Job aber schliesslich noch besser, als nur zu Hause zu sitzen." Schlimm war es nur, mit dem Judenstern über die Strasse zu gehen. Wenn Jobje entgegen dem Verbot die Strassenbahn benutzte, versuchte sie, ihn mit dem Arm zu bedecken. Es wäre noch riskanter gewesen, ihn gar nicht zu tragen, "man wusste ja nie, ob jemand, den man kannte, die Gestapo informieren würde."

Vater Marinus hätte die Töchter am liebsten gar nicht mehr aus dem Haus gelassen, die patriarchalische Angst, dass den Frauen etwas geschehen könnte, hatte reale Gestalt angenommen. Noch hofften alle, dass der Krieg schnell zu Ende ginge und dass man unauffällig überdauern könnte. Aber die 18-jährige konnte schon nicht mehr so denken wie ihr Vater. "Im April 1943 wurden die südholländischen Juden in das Konzentrationslager Vught in Brabant[82] beordert. Die Eltern bekamen wegen Vaters Arbeit noch fünf Monate Aufschub. Wir diskutierten, ob wir in den Untergrund gehen sollten, aber das sah die Familie für gefährlicher an als das Lager. Obwohl er uns mit geborgtem Geld gefälschte Ausweise besorgt hatte, liess unser Vater uns befehlsgemäss in das Lager fahren. Ich sah darin eine Fehlentscheidung und war sofort entschlossen zu fliehen, sobald sich irgendeine Gelegenheit zeigte."

Als am Lagereingang alle ihre Habseligkeiten abgeben mussten, behielt Jobje ihre Uhr, und sie hatte sie noch, als sie Eva wiedersah. Bald steckte sie sich mit Scharlach an und kam in die Krankenbaracke. Ihre Schwestern wurden – vielleicht durch einen Kontakt des Vaters zur Firma Philips – einem Arbeitskommando in der Testwerkstatt der Firma zugeteilt. Jobje aber wurde vom Krankenlager im Konzentrationslager Vught direkt nach dem Deportationslager Westerbork[83] überführt. Schon während des Transportes im Viehwaggon dachte sie bei jedem Stop an Flucht. Aber sie wollte eine noch kränkere Kameradin nicht im Stich lassen, die weder Geld noch Papiere besass, mit denen man hoffen könnte, von einem Bauern aufgenommen zu werden.

---

[82] http://de.wikipedia.org/wiki/KZ_Herzogenbusch

[83] Felix Hermann Oestreicher, Ein jüdischer Arzt-Kalender – Durch Westerbork und Bergen-Belsen nach Tröbitz. Konzentrationslager-Tagebuch 1943–1945. Konstanz 2000; http://de.wikipedia.org/wiki/Durchgangslager_Westerbork

Westerbork lag nahe an der deutschen Grenze, und Züge fuhren von dort nach dem Osten. Jobje dachte: "das Einzige, was uns davon abhalten könnte, nach Deutschland oder Polen deportiert zu werden, wäre ein Job." Jemand verschaffte ihr eine Arbeit mit 11 anderen Mädchen in einer Wäscherei im nahegelegenen Meppel. Jeden Tag wurden sie unter Bewachung der holländischen Polizei zur Bahnstation in Assen gebracht, wo sie den Zug nach Meppel bestiegen. Dort gingen sie ohne Begleitung in die Wäscherei – das musste eine Gelegenheit zur Flucht sein.

Am 23. August 1943, Jobjes 21. Geburtstag, durfte das "arische" ehemalige Kindermädchen sie im Lager besuchen. Sie berichtete dem Vater von dem Fluchtplan, zu dem er Geld schicken sollte. Aber Marinus war immer noch strikt gegen eigenes Handeln. Jobje solle nur die Gefahr bedenken, in die sie die Familie und die anderen 11 Mädchen brächte, schrieb er ihr zurück. Das Kindermädchen besorgte selbst die benötigten Fahrkarten. Als die Arbeitsgruppe in Assen den Zug nach Meppel bestieg, sprangen Jobje und ihre beste Freundin in den Gegenzug nach Zwolle. Den Judenstern warfen sie in die Toilette.

Die beiden Mädchen waren blond und blauäugig. Schon im Lager hatte ein junger Mann zu Jobje gesagt: "Wenn ich so aussähe wie du, würde ich hier gleich verschwinden." Ein anderer hatte ihr eine Adresse in Leiden gegeben, wo sie vielleicht Hilfe finden könnte, denn die Stadt galt als liberal wie ihre Universität. Während die Mädchen dort empfangen und in christliche Familien vermittelt wurden, die Untergetauchte ohne Bezahlung bei sich arbeiten liessen, schickte die Polizei in Groningen ein Telex an alle angeschlossenen Dienststellen mit der Suchanzeige des Aussenkommandos des Lagers Westerbork nach zwei Jüdinnen, die aus einer Arbeitsgruppe in Richtung Zwolle entkommen seien, beide "dunkelblond und kein jüdischer Typ".

Niemand zeigte Jobje an, aber lange konnte sie in keiner Familie bleiben, weil es für beide Teile zu gefährlich war. Einmal wechselte sie die Familie, weil der Vater ihren Vater kannte und wahrscheinlich wusste, dass sie Juden waren. Ihre Angst, dass er Kollaborateur sein könnte, erwies sich als nicht unberechtigt. Nach dem Krieg bat dieser Mann sie um ein Entlastungszeugnis als "Nazisympathisant". Um nicht in seinem Haus zu bleiben, hatte Jobje sich im Krankenhaus einen gesunden Blinddarm herausnehmen lassen. Danach wollte sie ihren Vater vor dem Lager Westerbork warnen. Heimlich kam sie zu ihrem Elternhaus. Es war leer – die Eltern waren deportiert worden. Verwandte in Amsterdam leiteten sie zu Mama Simons weiter.

Jobje brachte aus Leiden eine Verbindung zum Widerstand mit, und Eva wollte sich darin auch einsetzen. Sobald es dunkel wurde, holten sie an jeweils verschiedenen Adressen geheime Informationsblätter ab, die über die wahre Kriegslage unterrichteten. "Wir läuteten kurz und warfen die Flugblätter in die Briefkästen, deren Besitzer sie schnell herausholten. Was übrig blieb, haben wir in die Kanäle geworfen, denn bei uns durfte man wirklich nichts finden. Einen Kurs über Vermeidung von Gefahr konnte uns niemand erteilen, und wir nahmen sie auch in Kauf, denn dies war für uns ein Weg, noch etwas in der Aussenwelt zu leben."

Auch auf ihren Radtouren beförderten die Mädchen Umschläge mit illegalen Dokumenten, die sie nie öffnen durften, damit sie später nichts verraten konnten. Aber dass Listen mit Namen, die verschwinden mussten, oder neue Identitäten dazu gehörten, konnten sie sich denken. Die deutsche Polizei hatte nach dem schnellen Sieg alle Dokumente der Standesämter in die Hand bekommen. Illegal musste nun verhindert werden, was noch zu verhindern war. Verschwinden mussten auch die Adressen holländischer jungen Männern, die als Zwangsarbeiter zum Bau des Atlantikwalls verpflichtet werden sollten. Mit Kopien ihrer Ausweise konnten dann junge Pioniere des jüdischen Widerstandes in Frankreich arbeiten und Flüchtlingen zur spanischen oder Schweizer Grenze weiterhelfen. Wenn sie entdeckt wurden, stand ihnen bevor, was sie noch hinausgeschoben hatten, der Abtransport in die Deportationslager. Aber dort galten sie dann nur als Holländer und nicht als Juden und hatten eine geringfügig bessere Überlebenschance.

Eva und Jobje dachten wenig darüber nach, dass sie im Widerstand arbeiteten. "Wir nannten es nicht Résistance, wir wussten nur, dass da eine Gruppe von ausserordentlich mutigen Leuten war, denen wir halfen, Nachrichten an Menschen zu übermitteln, die sie dringend brauchten." Im Februar wurde Jobje beim Zeitungsverteilen von zwei Fahndern angehalten. "Sie stellten mich gegen eine Wand und drohten, mich zu erschiessen. Dann befahlen sie mir jedoch, mit ihnen zur Polizeistation zu gehen. Ich sah, dass nur einer von ihnen SS-Mann war und der andere ein holländischer Polizist. Plötzlich liessen beide mich frei und befahlen mir, am nächsten Tag meine Tasche auf dem Revier abzuholen. Warum sie mich gehen liessen, weiss ich nicht."

Ihre eigenen Informationen holte die Familie Simons sich nachts hinter der Verdunklungsjalousie des Ladens. Im Kasten der Rollläden unter der Decke über dem Schaufenster hatten sie hinter einem Vorhang ein Radio versteckt, mit dem man Auslandssender hören konnte. Solche Radios hatten abgegeben werden müssen. Holländer sollten nur mit "Volksempfängern" deutsche Propagandaberichte über die Kriegslage hören. Eva lernte durch die BBC Englisch "weit schneller als aus allen Büchern, weil es so lebenswichtig war." Simons hängten nachts eine Landkarte an die Wand und steckten mit Nadeln die

Rückzugsfront der deutschen Wehrmacht ab, wie sie sich aus dem englischen Sender ergab. Abhören konnte man ihn nur ganz leise, und zur Sicherheit kletterte Siebert, der Sohn der Familie, noch mit einer Leiter vom Schaufenster nach oben und legte sein Ohr an den Lautsprecher. Morgens wunderte sich die Verkäuferin, wenn die Auslagen im Fenster nicht mehr so angeordnet waren, wie am Abend. Ein besseres Versteck aber liess sich gar nicht finden, denn auch am Tage würde die Gestapo ein Radio kaum da suchen, wo das Schaufenster Durchblick erlaubte. Im Laden gab es eine Falltür zum Keller, dort musste Eva verschwinden, wenn sie vor einer Razzia gewarnt wurden oder in der Nachbarschaft bereits Hausdurchsuchungen im Gange waren.

Eines Tages war Eka aus der Wohnung eines verstorbenen jüdischen Onkels, aus der sie noch Wertgegenstände hatte bergen wollen, nicht zurückgekehrt. Sie war festgenommen und ins Gefängnis gebracht worden. Besuchen konnte man sie nicht, aber die schmutzige Wäsche konnte ihre Schwester Phemia gegen saubere austauschen. Darin versteckte sie kleine Botschaften. Es dauerte jedoch ein paar Wochen, ehe sie Eka eine Hoffnung ankündigen konnte. Ein deutscher Major aus dem nahegelegenen Hauptquartier am Museumsplatz, der häufiger das Geschäft besuchte, hatte die letzte Trachtenpuppe, die noch das Schaufenster schmückte, für seine Tochter kaufen wollen. Mehrmals hatte Mama Simons das abgelehnt. Jetzt erklärte die entschlossene Mutter: "Zuerst müssen Sie mir meine Tochter zurückbringen, dann bekommt Ihre Tochter die Puppe." Nach noch einer Woche war Eka wieder in ihrer Familie, "freigekauft für eine Puppe".

In diesen sorgenvollen Wochen hatten Révész beschlossen, Eva aus der Familie zu entfernen und zu einem Bauern nach Gelderland zu schicken, wo sie sich als Studentin in den Semesterferien ausgeben könnte. Dass sie studierte, glaubte man ihr gern, denn sie las täglich fünf Stunden lang Bücher. Dass ein junges Mädchen aber allein lange Spaziergänge unternahm, fiel einigen Soldaten auf, die ihr nachstellten. Zwei andere Männer sahen, wie sie floh, und einer rief: "Mädel spring auf!" Sie sprachen deutsch, und spontan bedankte Eva sich auch auf deutsch. Die Männer erklärten darauf: "Wir suchen hier nach Juden, es sollen welche auf dem Lande untergetaucht sein."

Eva sprang vom Fahrrad, ehe die beiden sie nach Hause bringen konnten und versprach ihnen dafür, sie am Abend im Lokal zu treffen. Danach rief sie bei Mama Simons in Amsterdam an und sagte "ich komme zurück." Zwei Tage später klingelten die Häscher bei dem Bauern, um sie abzuholen. Der Sachverhalt war allen deutlich, denn Eva hatte kurz zuvor von Tante Stella und Oma Simons Post aus einem Internierungslager erhalten, wo auch Jobjes Eltern zunächst als "privilegierte Juden" eingeliefert waren. Eva hatte Brombeeren gepflückt und Gläser mit Marmelade für sie zum Postamt gebracht. "Alle wussten dann, dass ich meine Verwandten versorge, denn sie haben auf Postkarten aus dem Lager den Empfang bestätigt."

Für Eva war es keine Frage, dass auch die Nachbarn in der bekannten Amsterdamer Geschäftsstrasse wussten, wer da im Hause aus und ein ging. Sie liessen sich darauf ein, dass Frau Simons Töchter jeweils verschieden aussahen und man vielleicht auch nicht so genau wisse, wie viele es eigentlich seien. Es gab so etwas wie eine stille Vereinbarung. Auch die Betroffenen sprachen nie. "Das Schweigen war ein Selbsterhaltungstrieb", sagt Eva. "Dem Vater von Anne Frank hat man später vorgehalten, dass er als typisch jüdischer Familienvater seine Familie bei sich haben wollte, anstatt sie zu verteilen. Das Risiko der Entdeckung sei dadurch grösser gewesen. Doch Mama Simons nahm alle auf, die Hilfe brauchten, und sie haben bei ihr überlebt. "Nachträglich kann das nur als ein Wunder erscheinen."

In ihrem Radio hatte die Familie schon von Stauffenbergs Attentatsversuch auf Hitler erfahren.[84] Sie konnten die Front in Frankreich dem Rückzug der deutschen Truppen entsprechend markieren. Die Befreier rückten nach Belgien, ja nach Südholland vor, aber weiter kamen sie nicht. Wie vielen Juden wären jetzt noch die Todeslager erspart geblieben! Eva ahnte es, und die Erfahrung in ihrer Familie hat es auf das Grausamste bestätigt. Die Erfassungsmaschinerie war inzwischen nahezu perfekt.

Eva und Jobje radelten immer noch über Land bis fast nach Arnheim, wo sie die Geschütze hören konnten. Die Ausbeute waren nur noch Rüben und Körner, die sie in der Kaffeemühle mahlten. In diesem Hungerwinter gab es kaum Strom oder Heizung. Die Amsterdamer suchten Holz auch in verlassenen jüdischen Wohnhäusern, die langsam zusammenbrachen. 500 Kalorien täglich standen ihnen zu. Mama Simons und ihre Kinder teilten sie mit den nicht gemeldeten Hausgenossen. Nachts hörten sie die Flugzeuge, die von Deutschland nach England flogen, und stellten fest, dass es auf dem Rückweg jetzt meist weniger waren, vielleicht ging der Krieg doch auf das Ende zu. Eines Tages kreisten Flieger tief über der Stadt. "Sie warfen keine Bomben ab, vom Himmel kam Manna, Pakete mit Weissbrot und herrlicher Margarine aus Schweden." Die Piloten waren die ersten Boten des Landes, in dem sich Evas weiteres Leben gestalten sollte.

Erst endlich nach Kriegsschluss erhielt Eva ein Lebenszeichen von Ruth. Ihre Pflegeeltern kehrten nach Amsterdam zurück und brachten noch einen Jüng-

[84] Am 20. Juli 1944.

sten mit, der in Genf geboren war, Benjamin. Ruth hatte noch einmal die grosse Angst verspürt, in der Familie überflüssig zu sein, aber Tante Elly war es wieder gelungen, die Geschwisterliebe zu wecken. Doch dann musste Ruth in der Schweiz bei einem holländischen Pfarrer in Graubünden bleiben, weil sie auf dem schnellsten Wege nach Amerika gelangen sollte. Es dauerte aber noch ein Jahr, bis es ihr endlich gelang, in Zürich ein amerikanisches Visum zu bekommen. In dieser Zeit tauschte sie mit Eva lange Briefe über die Erlebnisse auf der Flucht aus Amsterdam und in der Schweiz, die sie später noch einmal zusammenfasste:

"Am 1. November 1942 um 5 Uhr morgens verliessen wir in grösster Stille das Haus. Wir trugen doppelte Wäsche und Kleider, denn Gepäck konnten wir nicht mitnehmen. Fragen durften wir grundsätzlich nicht stellen. Ein 'Passeur' aus dem Untergrund, begleitete uns. Im Zug vom Haag in Richtung Belgien sahen wir aus wie eine arme Arbeiterfamilie. Die Flucht hatte Onkel Frits ein Vermögen gekostet. Ich hatte unglücklicherweise ein Ekzem am Fuss, so dass die Eltern einen eigenen Passeur für mich engagieren mussten, der mich mit dem Fahrrad über die Grenze brachte, während die anderen unendliche Kilometer laufen mussten. Wir sollten uns in Antwerpen wiedertreffen, aber sie waren nach 3, 4, 5 und 6 Stunden noch nicht angekommen. Mir stockte das Blut, denn sie schienen von den Nazis geschnappt worden zu sein. Der Passeur, der das Gleiche dachte, wollte gerade mit mir nach Holland zurückkehren, als ich die vier geliebten Menschen wiedersah.

Brüssel war hell erleuchtet,[85] ein Anblick, den ich nicht mehr kannte. Wir wechselten unsere falschen Ausweise, Holland hatte ich als Sylvia de Boer verlassen, nach Frankreich reiste ich als Sylvia de Laet. Die Passeure wechselten ständig, sie kannten immer nur ein Stück des Weges. In einem Dorf in Frankreich erfuhren wir, dass unser Passeur von der Gestapo entdeckt worden war. Jemand aus dem Untergrund riet uns, mit dem nächsten Zug weiterzufahren, beim Einsteigen wurden wir von den Franzosen kontrolliert und durchsucht. Wir Kinder durften den Mund nicht öffnen, weil wir ja kein Französisch konnten. In Nancy sollten wir aussteigen und eine Nacht bleiben, dann wollte ein Passeur uns zur Schweizer Grenze bringen. Aber seit Tagen schon suchte die Gestapo die Gegend nach Flüchtlingen ab, und kein Passeur wagte es, uns abzuholen. Wir blieben eine Woche in einem winzigen Hotelzimmer in Nancy, und konnten nur auf ein Wunder warten."

[85] Dazu: Herbert Zwi Kessler, Der Weg ins Ungewisse – Von Berlin nach Holland und Belgien. Erinnerungen eines jüdisches Flüchtlingskindes 1928–1945. Konstanz 2000.

Hätte Onkel Frits nicht noch ein paar kleine Diamanten in seiner Pfeife verstecken können, so wäre die Familie bald mittellos gewesen. Er musste das Zimmer bezahlen und neue Kontakte zu Passeuren suchen. Nur mit Hilfe Ortskundiger war es überhaupt noch möglich, einen Weg über die Grenze zu finden. Man musste genau wissen, wann und wo die Kontrolleure passierten. An einem kalten Novembertag bestiegen die Flüchtlinge endlich einen französischen Lastwagen. Der Fahrer brachte sie bis nahe an die Schweizer Grenze, dann mussten sie aussteigen, und er wünschte ihnen viel Glück. Doch bei Einbruch der Dunkelheit kam noch einmal ein Helfer. Stunden lang kletterten sie hinter ihm durch den Schnee in die finsteren Berge und fürchteten abzustürzen. Dann musste auch er noch auf französischem Boden untertauchen.

"Wir sahen schon eine deutsche Patrouille mit ihren Hunden und hielten den Atem an. Als sie vorüber waren, rannten wir los und stürzten und liefen, bis wir glaubten, auf Schweizer Territorium zu sein. Es kamen Häuser, doch wir wagten noch nicht zu klingeln. Erst nach einer langen Strecke klopften wir an ein einsames Haus. Ein Schweizer Polizist öffnete die Tür: es war die Gendarmerie. Wir hatten um ein Lager bitten wollen, aber der Gendarm brachte uns zur Station der Grenzpolizei zurück." Nach einem Schweizer Gesetz konnten Flüchtlinge, wenn sie noch nicht weiter als 10 km im Lande waren, unmittelbar über die Grenze zurückgeschickt werden. Auf dem Revier war man gerade dabei, eine Anzahl wieder abzuschieben. Ein Ehepaar wandte sich an die Neuankömmlinge und erklärte eindringlich, dass Eltern mit minderjährigen Kindern auch dann bleiben dürften, wenn sie nur 2 km von der Grenze entfernt waren.

"Sie fragten Onkel Frits und Tante Elly, ob sie mich als ihr Kind ausgeben dürften." Die Pflegeeltern lehnten spontan ab. "Sie hatten meinen Eltern das Versprechen gegeben, mich niemals zu verlassen, und das konnten sie jetzt nicht brechen." Als freiheitlich-demokratische Holländer konnten sie nicht glauben, dass die neutralen Schweizer Verfolgte aus ihrem Hoheitsgebiet in die Gewalt Tod bringender Verfolger zurückjagen würden. Die Atmosphäre war geladen, das unglückliche Ehepaar äusserte sich mit bösen Worten. Da rief man sie auf, und unter Bewachung ging der Marsch zurück über die Grenze. Gleich darauf wurde auch Frits Isaac von der Familie getrennt und abgeführt.

"Tante Elly verlor die Nerven und war nahe daran, das Gift zu nehmen, das sie für uns alle mitgenommen hatte für den Fall, dass wir in ein Todeslager kämen. Wir Kinder waren nicht gewöhnt, den Eltern etwas so selbstbewusst zu sagen wie: Tu das nicht. So hatte ich die Angst zu bewältigen: Wird sie die Pillen schlucken? und müssen wir es auch? Wir wussten nicht, was schlimmer war, Gift zu nehmen oder von den Nazis geholt zu werden. Dann wurden wir Kinder mit ihr in ein Kloster gebracht, wo wir immer noch darauf warteten, dass die Nazis uns wieder abholten. Doch nach einer Woche holte uns die Schweizer Polizei." Sie brachte Elly und die Kinder in ein Flüchtlingslager, wo Ungeziefer und Ratten sie plagten, aber dahin kam auch Onkel Frits. Er war aus einem Schweizer Gefängnis wieder entlassen worden.

Isaacs hatten noch etwas Geld in der Schweiz. "Die Familienkontakte reichten auch zum holländischen Konsul, der schien aber jüdische Holländer nicht mehr wie andere Holländer zu behandeln." Immerhin kamen sie in ein besseres Lager bei Montreux, und die Kinder konnten die einzige holländische Internatsschule der Schweiz besuchen, die der Flüchtlinge wegen nach Glion verlegt worden war. "Die Schweizer Kinder durften nicht mit uns Flüchtlingskindern spielen. Wir waren auch in ständiger Angst, dass Hitler noch die Schweiz besetzen würde, zweimal hätte er es ja beinahe getan."

Als der Krieg zu Ende war, blieb für Ruth noch ein Jahr grossen Heimwehs in der Schweiz. Doch dann galt das Flugbillett nach Amerika für eine Route über Amsterdam! Das grosse Amsterdamer Haus der Isaacs war erhalten geblieben, weil die Gestapo es besetzt hatte. Jetzt war es bis unter das Dach gefüllt mit obdachlosen Verwandten, die die Konzentrationslager überlebt hatten. Evas Pflegeeltern Marinus und Caroline Simons waren nicht unter ihnen. Jobje hatte noch gehört, dass sie in Westerbork eingeliefert worden waren. Von ihrem Abtransport nach Bergen-Belsen erfuhr sie erst später. In unbeschreiblichem Elend waren sie dort an Hunger und Typhus gestorben. Die Schwestern Hannie und Tin waren von Vught nach Auschwitz verschleppt worden. Auf dem Todesmarsch wurden sie durch die Aktion des Grafen Bernadotte in elendestem Zustand gerettet und in Schweden gepflegt. Vielleicht hatte sie nur am Leben erhalten, dass sie einander noch stützten und keine die andere allein lassen wollte.

In Holland nahmen sich Tante Elly und die aus Theresienstadt zurückgekehrte Stella der Verwaisten an. Von dem Lager, in das Eva noch Pakete hatte schicken können, war Stella Simons auch nach Westerbork und anderthalb Jahre später nach Theresienstadt deportiert worden. Beim Schleifen von Granit und Gneis für die Produktion in der Tschechei hatten ihre Augen schwer gelitten, aber sie hatte überlebt. Oma Simons war in Theresienstadt in die Krankenbaracke eingeliefert worden, und es erschien wie ein Wunder, dass man sie nicht mit anderen nach Auschwitz deportierte. Auch sie hatte Theresienstadt überlebt, aber sie konnte es nie mehr fassen, dass ihr Sohn und ihre Schwiegertochter in Bergen-Belsen umgekommen waren.

Onkel Otto Brössler, der Bruder des Vaters von Ruth und Eva in Wien, der mit einer Christin verheiratet war und im Untergrund überlebte, hatte trotz der Lebensgefahr laufend Pakete nach Theresienstadt geschickt. Sie waren angekommen und hatten zum Weiterleben beigetragen. Seine Schwester aber, die noch bei der Strassenarbeit in Wien gesehen worden war, wurde deportiert und ermordet. Im Elend der Verbannten, die nicht wissen konnten, was sie erwartete, hat sie die Worte gefunden, die Eva und Ruth als spätes Vermächtnis zugekommen sind:

Ich sah heut tausend Menschen verstörten Angesichts,
Ich sah heut tausend Juden, die wanderten ins Nichts.
Im Grau des kalten Morgens zog die verdammte Schar
Und hinter ihr verblasste, was einst ihr Leben war.
Sie schritten durch die Pforte und wussten: Nie zurück
Und liessen alles draussen, Vermögen, Geltung, Glück.
Wohin wird man Euch führen? Wo endet Euer Pfad?
Sie wissen nur das eine: Das Ziel heisst Stacheldraht.
Und was dort ihrer wartet, ist Elend, Qual und Not,
Entbehrung, Hunger, Seuche, für Viele bittrer Tod.
Doch statt Verzweiflung sah ich ein ungeheures Mühn
Um Haltung und Beherrschung in ihren Augen glühn.
Da hab' ich tief ergriffen den Geist des Volks erkannt,
Das auserwählt zum Leiden das Leid auch stets bestand,
Das sich aus Not und Elend, Verbannung, Fron und Haft
Noch immer hat erhoben mit ungebrochner Kraft.
Ich sah heut tausend Menschen verstörten Angesichts,
Ich sah im Grau des Morgens den Strahl des ewigen Lichts.

Auch Eva hatte die Schuldgefühle der Überlebenden wie viele andere. Alle, die sie vor dem Schicksal bewahrt hatten, waren ihm selbst zum Opfer gefallen. Die Pflegeeltern Simons, die das Wiener Flüchtlingskind aufnahmen und noch aus dem Gefahrengebiet weiterleiteten, hatten sich selbst nicht mehr retten können. Die jüngeren Pflegeschwestern waren geschunden, traumatisiert und krank aus der gleichen Hölle gekommen. Tante Stella litt lebenslang für sie noch mehr als an den eigenen Gesundheitsschäden.

Eine gute Nachricht kam aber von dem einst bewunderten Wiener Vetter Heinz Barazon. Bis zum Kriegsbeginn hatte Eva mit ihm noch Briefe gewechselt. Als sie 1939 Wien verliess, hatte er schon den juristischen Doktor und praktizierte beim Gericht. Nach Hitlers Einmarsch half er im Palästina-

Amt. Er sah schon in der zweiten Märzhälfte, dass Zehntausende nach Dachau deportiert wurden. Die demolierten Geschäfte und die Schilder "Für Juden Eintritt verboten" bewogen ihn bald zur Auswanderung. In Israel, wo Rechtsanwälte Hebräisch und Arabisch beherrschen mussten, ermöglichten seine Englischkenntnisse es ihm, Zivilbeamter beim englischen Militär zu werden. Er organisierte die Versorgung während des Krieges. Als die Engländer sich zurückzogen, fühlte sich der Ur-Wiener in dem jungen Staat nicht mehr heimisch. Er schrieb Eva, dass es ihn nach Wien zurück zog, zumal er in Israel auch eine Wienerin geheiratet hatte.

Ruth war die erste, im Juli 1946, die ihre Eltern wiedersah, "Ich hatte keine Angst, den Ozean zu überqueren," erklärte sie in einem amerikanischen Schulaufsatz, "obwohl es 22 Stunden dauerte." Aber die Angst, die ihr im Halse würgt, wenn sie Grenzen überschreiten oder Brücken passieren muss, hat sie seit den Stunden an der Schweizer Grenze, in denen ein Ehepaar in den wahrscheinlichen Tod zurückgeschickt wurde, nicht mehr verlassen. Auf dem Flughafen in New York warteten die Eltern und zwei Brüder der Mutter. Die Verwandten sprachen fast nur deutsch, denn eine amerikanische Arbeit hatten sie nur selten bekommen. Ruths Eltern hatten daraus die Konsequenz gezogen und sich durch ein jüdisches Komitee in den mittleren Westen vermitteln lassen, wo sie ganz einfach Amerikaner werden wollten.

In der jüdischen Gemeinde der amerikanischen Provinzstadt Michigan City im Bundesstaat Indiana fanden sie auch schnell Anschluss, und deutsch sprachen sie bald nur noch zu Hause. Da man gehört hatte, dass Gustav Brössler Textilkaufmann war, wurden zwei Arbeitsplätze in einer Textilfabrik als gutes Angebot betrachtet. Die Eltern waren froh, ihr Brot zu verdienen und schufen ihr Ansehen in der Gemeinde durch die stille Haltung und Würde, mit der sie ihr Schicksal ohne Klagen meisterten.

Ruth hat diese Haltung immer bewundert. Aber nach der ersten Wiedersehensfreude auf dem Flughafen, wo sie die Gesichter der wartenden Eltern nach Fotos erkannte, kam doch eine grosse Fremdheit. Sie hatte Bilder aus einem ganz anderen Leben vor mehr als 8 Jahren in der Erinnerung bewahrt. Nicht einmal die Sprache stand ihr jetzt noch zur Verfügung, denn Deutsch hatte sie in der holländischen Familie verlernt, und Englisch in der Schweiz nicht lernen können. Wenn sie einige deutsche Worte mit holländischer Betonung vorbrachte, lachten alle über sie. Ihre Verzweiflung kam bei der Ankunft in Michigan City zum Ausdruck, wo eine leichte Form von Kinderlähmung das Ende ihrer Kindheit war.

Die Eltern engagierten einen Englischlehrer, der sie während der Krankheit so weit brachte, dass sie im Herbst in die amerikanische Schule kam. Sie fand sich wieder gut zurecht, denn selbständiges Lernen hatte sie schon in der holländischen Montessori-Schule geübt. Erst das Englische brachte auch eine bessere Verständigungsmöglichkeit mit den Eltern. "Wir hatten wirklich keine Sprache mehr füreinander, man konnte sich verständlich machen, aber bis man etwas Intimes ausdrücken konnte, hat es sehr lange gedauert. Danach haben wir fast nur noch englisch miteinander gesprochen." Ruth war dankbar, dass sie damit gleich Amerikanerin werden konnte.

Aber in der amerikanischen Schule stellten die Kinder mit ihren Fragen wieder alles auf den Kopf. "Sie wollten wissen, ob ich mich freue, in ein so reiches Land wie das ihre zu kommen. Für mich aber war es doch gerade umgekehrt. In Holland hatte ich eine reiche Familie gehabt, und hier waren wir arm. Sie aber meinten, ich hätte Holzpantinen getragen, das war ihre einzige Vorstellung von Holland." Ruths Sehnsucht nach dem liebgewonnenen Land und ihrer Familie dort konnte sie auch den Eltern nicht anvertrauen. Damals blieb Holland für sie die Heimat in Europa. Während die Eltern sich noch sorgten, ob ihr Kind durch das Examen fallen würde, bestand sie es mit der besten Note. Beim Sprachen- und Literaturstudium an der Universität lernte sie den hochbegabten jungen amerikanisch-jüdischen Sprachwissenschaftler Leonard Newmark kennen, mit dem sie bald ihre eigene Familie gründete.

Ein halbes Jahr später als Ruth kam Eva zu den Eltern zurück. Sie verliess in Amsterdam ein zweites Elternhaus, aber ihr Zusammengehörigkeitsgefühl galt dem Kreis der Untergetauchten, in dem niemand ohne die Hilfe des anderen überlebt hätte. So kam sie auch voll Abschiedskummer, und die neuen Probleme erschienen ihr noch schwerer. Ruth hatte sie alle in sich verschlossen, ihre holländische Erziehung bedeutete sehr viel Selbstdisziplin. Eva war nach aussen gewandt und unternehmend und sie sprach offen aus, was sie dachte, auch wenn es den Eltern Kummer machte. Es war neu für sie, ihren Lebensunterhalt selbst zu verdienen, denn bisher hatten bei aller Entbehrung und Gefahr doch vorwiegend andere für sie gesorgt. In die Fabrik wollte sie nicht, es schmerzte sie zu sehr, dass der Vater sein Wissen und seine Fähigkeiten nirgends anwenden konnte, auch wenn er sage, dass Arbeit niemals schändet. In der jüdischen Gemeinde, in der die Eltern sich zu Hause fühlten, liess Eva sich als "Tochter armer Juden" nur ungern sehen. "Nichts passte mir, ich war ein undankbarer Mensch."

Doch ihren beruflichen Weg begann Eva ganz allein. Sie fand den ersten Job in einem Büro und begann sich damit als Amerikanerin zu fühlen. Sie nahm die Härten und Chancen dieses Landes auf eigene Weise an und verband sie bald mit dem sozialen Anliegen, das den Kindern der Verfolgung eigen war. Ihr amerikanischer Schwager Leonard erklärte ihr später, wie ihre Fähigkeit ihn beeindruckt hatte, ohne abgeschlossene Schulbildung, ohne besondere Fertigkeiten, ohne Freunde und Beziehungen aus dem Nichts etwas zu schaffen. "Sie überzeugte auch durch das, was sie in ihrer eigenen Weise aus sich gemacht hatte, und sie enttäuschte nie die dabei entstehende Meinung, dass ihr Wissen und Können weit fundierter war als es vielleicht zu dokumentieren gewesen wäre. Sie lernte das Gefragte sofort nach, und sie setzte sich immer mehr ein als die Kaugummi kauende Konkurrenz."

Eva arbeitete in einer Hilfsorganisation für Alkoholiker und übernahm später die Geschäftsführung einer Stiftung für schwere Muskelschwäche, Myasthenie. Im Chicagoer einem Krankenhaus lernte sie schliesslich ihren Mann, Dr. Oscar Weissman, kennen. Er stammte ebenso wie Ruths Mann aus einer Familie ostjüdischer Herkunft, die schon seit der Jahrhundertwende amerikanisch war. Er hatte sich als Wissenschaftler für die öffentliche Gesundheitspflege, für medizinische Versorgung auch der Ärmsten, für Volkserziehung zu gesünderer Lebensweise eingesetzt, was ihm in der McCarthy-Ära Nachteile eintrug. Gemeinsam mit ihm wandte Eva sich einer sehr amerikanischen Form der Fürsorge zu: der privaten Beschaffung finanzieller Mittel zur Behandlung von belastenden Krankheiten, für die es zu wenig Hilfe gab. Dafür fand sie spät ihr eigenes Studiengebiet, das auch in den USA neu war und mit einer offiziellen Prüfung abschloss: Fund Raising, Geldbeschaffung für gesellschaftlich dringende Anliegen. An der Case Western Reserve-Universität in Cleveland, der ihr Mann dann angehörte, leitete sie die Forschungsfinanzierung.

Nach ihren Erfolgen in der Myasthenie-Stiftung war die Frau des bekannten amerikanischen Volkssängers Woody Guthrie auf sie zugekommen, die an ihrem Mann zuerst eine Erkrankung wahrgenommen hatte, die ihn zu ungewollten Bewegungen zwang, als sei er betrunken oder geisteskrank. Die in Amerika noch fast unbekannte Krankheit wurde nach ihrem Erforscher Dr. Huntington und nach den Bewegungen, die die Choreographin Marjorie bekanntgemacht hatte, Huntington Chorea benannt. Eva setzte sich mit ihrer Freundin Marjorie mit wachsendem Einfluss und gesammelten Mitteln in einem nationalen Fond für die unheilbar Kranken und ihre Angehörigen ein, die die Last ihrer Pflege und ihres möglichen Erbes allein zu tragen hatten.

Eva ist dankbar für alles, was sie durch ein wechselvolles Überlebensschicksal an Gaben entwickeln konnte: Kontaktfreudigkeit, Fähigkeit sich auf verschiedene Mentalitäten einzustellen, Überzeugungskraft, Begeisterung und Durchhaltevermögen. Ein Aspekt ihres humanitären Einsatzes ist durchaus auch das Gefühl der Selbstentfaltung in dem Land, das ihr zur Heimat wurde.

"Menschen zusammenzubringen und für einander zu interessieren, war immer meine Stärke und vielleicht der Grund für mein Überleben. Ich war herumgeschüttelt mit vielen Familien und habe immer wieder ein Gefühl der Zusammengehörigkeit entwickelt. Das hat sicher dazu beigetragen, dass mein Leben auch eine Success Story geworden ist."

In London hatte Evas Freundin Hansi Engl ihre berufliche Zukunftsvorstellung früh verwirklichen können. Nicht weit von ihrem Elternhaus in Hampstead lag das Heim, das Anna Freud für die hilflosesten Opfer des Bombenkrieges, die Kinder, gegründet hatte. Ihre jungen Helferinnen, zu denen Hansi Engl gehörte, waren meist Emigrantenkinder, die nicht wie sie in ihrer Familie wohnen konnten. Kaum eine von ihnen hatte noch Nachricht von den Eltern. Beim Abschied auf dem Bahnhof in Wien hatten sie sie zum letzten Mal gesehen. Die meisten erfuhren nach dem Krieg, dass Vater und Mutter umgekommen waren. "Es war eine Atmosphäre der Liebe, der Heilung und Betreuung für alle jungen Menschen", sagte Hansi voller Dank. Was Anna Freud ihr nachlieferte, war zunächst die Schulbildung und Ausbildung, von der die Nazis sie abgeschnitten hatten. So konnte sie ihr Abitur in Abendkursen nachmachen. Das Wissen für ihr Berufsziel der Kindertherapeutin wurde ihr zugleich mit der Praxis geliefert.

Als ihre Ausbildung zur Kinderanalytikerin fast beendet war, heiratete sie 1949 Gerald Kennedy. Der junge deutsche Emigrant hatte im Krieg noch in der britischen Armee in Italien gekämpft und wegen der besonderen Gefahr seiner Herkunft einen englischen Namen annehmen müssen. Nachdem er dann als britischer Kulturoffizier am deutschen Wiederaufbau teilgenommen hatte, kam er nach London, um mit dem Vater das verlorene Büromaschinengeschäft wieder zu begründen. Hansi arbeitete in Teilzeit und an Abenden und Wochenenden und war stolz darauf, dass sie zur Geburt ihrer beiden Söhne nur jeweils 14 Tage in der Hampstead-Klinik fehlen musste. Die junge Familie wohnte in ihrem Elternhaus, wo ihre Mutter mit für die Kinder sorgte. "Im Januar 1952, dem Monat, in dem mein erstes Kind geboren wurde, konnte Anna Freud[86] die neue Klinik aufmachen. Ich war die erste Mitarbeiterin, die hier am Schreibtisch saß", erzählte Hansi.

Auch am Familienleben der Kennedys nahm Anna Freud dann mit ihrer Freundin und Psychoanalytikerin Dorothy Burlingham[87] teil. Sie kamen zu Weihnachten mit ihrem Auto, um Geschenke zu bringen, und liessen sich gern

---

[86] Anna Freud (1895–1982); http://de.wikipedia.org/wiki/Anna_Freud

[87] Dorothy Burlingham (1891–1979); http://de.wikipedia.org/wiki/Dorothy_Tiffany_Burlingham

zum Dinner einladen. Die Familie Kennedy wurde in Mrs. Burlinghams Familien-Cottage eingeladen. "Dort auf dem Lande war Anna Freud ein ganz anderer Mensch. Sie kam uns auf ihrem Pferd entgegengeritten. Sie liebte die Natur, die Berge und das Meer, in dem sie noch mit 80 Jahren schwamm."

Hansi Kennedy, die sie lange noch mit ihrem Mädchennamen Engl nannte, blieb für Anna Freud immer das junge Mädchen, das sie selbst herangezogen hatte. Sie setzte auf die Bildungsfähigkeit junger Menschen und hatte die begabten Emigrantinnen bewusst gefördert und ausgebildet. "Sie meinte auch, dass Psychologen, Sozialarbeiter und Psychiater noch viel zu verlernen hätten, ehe sie die neue Disziplin der Kinderanalyse erlernen könnten." Nach 25 Jahren Berufserfahrung wurde Hansi Kennedy Mitdirektorin der Hampstead-Klinik.

Nach Wien hatte es Hansis Familie nicht mehr gezogen. Die neuen Nazi-Lehrer und die feindlichen Schulfreundinnen hatten Hansi den Abschied leicht gemacht. Jedoch als ihr Eva einen Brief einer früheren Lehrerin übermittelte, betonte sie, dass diese tatsächlich "fabelhaft anständig war". Andererseits unterhielt sie keine persönlichen Fäden zu dem Psychoanalytischen Kongress, der 1971 in Wien stattfand. Sie erzählte dass Anna Freud auf eine telefonische Voranfrage ob sie teilnehmen würde geantwortet habe: "Wenn ich gesund bin, werde ich kommen."

Trotzdem ging Anna Freud auf den Wunsch des Wiener Bürgermeisters ein, eine Freud-Gesellschaft und ein Freud-Museum in der Berggasse 19 zu gründen, indem sie die Absicht akzeptierte, damit "das Andenken meines Vaters zu ehren". Für ihren Vater ging sie zurück in die Stadt, die ihn vertrieben hatte, und sie fand auf dem Kongress auch wieder zur Sprache ihrer Jugend. "Es war nicht so schlimm und so schwer, wie ich gedacht hatte", sagte sie danach zu Hansi Kennedy. In die deutsche Ausgabe ihrer Studie über die Kriegskinder schrieb ihr für Hansi die Widmung: "Eine Rückkehr zur Vergangenheit".

Kinderanalyse war in Deutschland nach dem Krieg ein Novum. Ausbildungskandidaten kamen in die Hampstead-Klinik, und Hansi Kennedy führte Ausbildungskurse in deutschen Städten durch. In vielen deutschen Gruppen hat sie sich sofort zu hause gefühlt. Mit dem Heranwachsen der Generation ihrer Kinder wich auch ihre Ungewissheit gegenüber Älteren, wie sie wohl damals gedacht und gehandelt haben könnten. Die Jungen fragten selbst nach der Vergangenheit der Väter und kamen danach oft zur Ausbildung nach England, und Hansi fand unter ihnen Freunde.

Das Verhältnis zu Deutschland bereitete Hansi Kennedy weniger Probleme als die Rückkehr nach Wien, wo ihr der Antisemitismus tiefer verwurzelt schien. Keine der Freundinnen wollte zurückkehren. Ruth ist in Kalifornien zu Hause und mit Eva über den amerikanischen Kontinent eng verbunden. Beide fühlen sich als Amerikanerinnen, und ihre Familien sind amerikanisch. Ruth verknüpfen feste Bande auch mit ihrer Familie in Holland, die sie häufig wiedersieht. Wien blieb für sie die Stadt der Angst und Verlorenheit des kleinen Mädchens. Aber ein Erbe bleibt doch, welches ihr Sohn Mark kennenlernen wollte, als er seine Tante Eva im Alter nach Wien begleitete. "Ein freiwilliger Versuch, die Vergangenheit, Gegenwart und Zukunft zusammenzubringen."

Mit den Augen des Neffen, der schon älter war als sie im Jahr der Flucht, konnte Eva ein anderes Wien erleben, als sie es zum ersten Mal auch mit ihrem Mann gesehen hatte. "Da waren junge Leute, die sahen aus wie die unseren, da hörte man wieder Ungarisch und Tschechisch, da gab es russische Juden, die als Flüchtlinge aufgenommen oder nach Israel weitergeleitet wurden." Mit den Wiener Strassenbahnen bewegte Eva sich wie vor 50 Jahren, ehe sie ihr verboten wurden. Sie wusste sofort, dass ein alter Herr, den sie nach der nächsten Station fragte, ihr eine falsche Auskunft gab. "Gnä' Frau, sind so charmant, dass ich's darüber vergass", war die typisch Wienerische Erklärung, und Eva hätte geschmeichelt sein sollen, aber es durchfuhr sie doch: "damals hätte er mich bestimmt gern eingelocht!"

Eva führte ihren Neffen zu dem Haus, wo ihre Familie zuletzt gewohnt hatte. Eine ältere Dame öffnete die Wohnungstür und bat sie die Beiden herein. Sie beschrieb Eva das Ehepaar, von dem sie 1938 die Wohnung übernommen hatte, und es waren eindeutig Evas Eltern. "Sie entschuldigte sich für die Situation, in der das geschehen war und für die sie wirklich nicht verantwortlich gewesen wäre, und eigentlich glaubten wir ihr das. Sie zeigte uns die Wohnung, und ich erkannte jede Tür und wusste noch, wie es dahinter ausgesehen hatte. Als wir aufbrachen, nahm die Frau die Hand meines Neffen und sagte: 'Lasst uns hoffen, dass die nächste Generation nicht durchmachen muss, was wir erfahren haben!' Jeder von uns weinte seine Tränen."

Bei ihrem Vetter Heinz Barazon, der nun schon seit 40 Jahren wieder in seinem Elternhaus in der Gärtnergasse lebte, sah Eva erstmals wieder Fotografien aus Ruths und ihrer Kindheit und Bilder der Verwandten und Vorfahren, von denen Mark keine Vorstellung haben konnte. Barazon hatte eine erfolgreiche Anwaltspraxis und war politisch im liberalen Lager engagiert, wie schon vor dem Anschluss. "In den 40 Jahren nach Hitler habe ich keinerlei Verunglimpfung mehr erfahren, weder persönlich noch beruflich noch in meiner publizistisch-öffentlichen Tätigkeit." Als Zionist sieht er sich heute nicht mehr, er ist wieder mit Leib und Seele Österreicher. Das bedeutete für ihn von jeher eine Lebensform, die durch die Völkervielfalt der Habsburger Vergangenheit bestimmt ist. Sein Engagement soll dazu beitragen, die liberale Atmosphäre zu erhalten.

Eva und Ruth fanden in den Vereinigten Staaten jede eine Lebenschance, die Europa allein ihnen nicht geboten hätte. "Man wäre in Wien aus dem Umsorgtsein nicht herausgekommen", meint Eva, "bis zur Heirat wäre uns alles vorgeschrieben worden." Beide Schwestern zählen sich zur jüdischen Gemeinde, seit sie ihre Eltern in Amerika wieder angenommen hatten. Der liberale Rabbiner Karl Richter in Michigan City war selber deutscher Emigrant und wurde der wichtigste Freund der Familie, der ihre Lebenswege begleitete. Er segnete ihre Ehen und die ewige Ruhe der Heimgegangenen. In allem war seine Botschaft die Versöhnung zwischen den Menschen und den Konfessionen. Der Rabbiner, der aus Deutschland vertrieben wurde, sprach nach 50 Jahren noch dankbar von den "grossen Christen, die ich getroffen habe" – auch während der finsteren Jahre: Hermann Maas[88] hatte als Pfarrer in Heidelberg für die Mannheimer Juden Nahrung und Kleidung gesammelt, Paul Tillich[89] hatte ihm in New York die ersten persönlichen Nachrichten nach der "Kristallnacht" übermittelt.

Ruth hatte als Studentin deutscher Literatur Leonard Newmark geheiratet, der mit seinen aus Russland eingewanderten jüdischen Eltern in Amerika noch ähnliche Sprachprobleme wie Ruth mit ihren Eltern gehabt hatte. Er wurde Sprachwissenschaftler. Er war stolz, als amerikanischer Jude eine Familie stützen zu können, die der Vernichtung entronnen war. In Amerika hatte sich durch den Schock des Holocaust die Einstellung gegenüber Juden geändert. "Vor dem Krieg waren Klischees von der jüdischen Hakennase oder dem obligatorischen Geiz auch hier so verbreitet, dass man es vorgezogen hätte, nicht als Jude geboren zu sein. Aber mit den ersten Filmen über die Vertreibung der Juden mit ihren berühmten Hauptdarstellern, die für uns Helden waren, änderte sich das. Man konnte sich mit ihnen identifizieren und stolz darauf sein, ein Jude zu sein."

An den amerikanischen Universitäten wurden nach 1945 mehr jüdische Studenten zugelassen. Aber es war immer noch eine Frage, in welcher Umgebung man eine Wohnung bekam. Hauserwerb war Juden noch lange verboten. Als 1959 eine neue Kalifornische Universität in San Diego gegründet und Leonard mit den Aufbau der sprachwissenschaftlichen Fakultät beauftragt wurde,

---

[88] Hermann Maas (1877–1970); Pionier des christlich-jüdischen Dialogs; http://de.wikipedia.org/wiki/Hermann_Maas_(Theologe)

[89] Paul Tillich (1886–1965); https://www.google.de/#q=Paul+Tillich

fanden er und Ruth ihr Heim und ihre Lebensaufgabe, die für sie beide, später auch die Kinder Katya und Mark, mit der Universität verbunden waren. Ruth widmete sich jeder Form von internationalen Begegnungen und Hilfsprogrammen. Ihr liebstes Projekt war eine Kunstgalerie, in die Studierende aus den Entwicklungsländern und die jungen Freiwilligen des amerikanischen Friedenscorps Kunsthandwerk aus aller Welt zum Verkauf brachten.

Leonard rief für seine Fakultät ein grosses Sprachlabor ins Leben, wo die meisten Sprachen der Welt mit Computerhilfe erlernbar sind. Seine Methode, nach der ein Lehrer seine eigene Sprache dem Lernenden phonetisch vorgibt, während der Sprachwissenschaftler ihm ihre Struktur verständlich macht, fand auch ein wichtiges Anwendungsgebiet in der Bewahrung der indianischen Dialekte.

Katya und Mark wissen um die schwere Vergangenheit, die ihre Mutter traf und fühlen sich besonders den holländischen Rettern verbunden. Katya und ihr Mann haben zwei Adoptivkinder aus einem russischen Waisenhaus zu sich geholt, in dem sie keine Zukunftschance gehabt hätten. Unermüdliche, geduldige Aufarbeitung, Fürsorge und Liebe ist ihre Antwort auf die Vergangenheit. Einer Einladung der Stadt Wien im Jahre 2008, um aus Mitteln des Zukunftsfond der Republik Österreichs für eine Woche nach Wien zu kommen, folgten nun auch Leonard, Ruth, Katya, und der inzwischen 17-jährige Enkel Justin.

Ruth Newmark und Eva Weissman

"Amerika ist jetzt meine Welt, alles andere sind Erinnerungen", sagt Eva. Sie will die frühe Wiener Kindheit, in der die Welt noch heil war, nicht vergolden. "Wir waren als Kinder doch selbst nicht tolerant gegenüber anderen", erinnert sie sich. "Wir kicherten und giggelten, wenn jemand einen fremden Akzent hatte. Wir waren stolz auf das Burgtheaterdeutsch, das wir sprachen. In diesem Lande aber sind die Menschen toleranter." Evas leichter Akzent stört niemand, sie denkt in allen Feinheiten der amerikanischen Sprache, und ihre spontanen Gedanken kommen englisch. Sie wehrt sich aber nicht dagegen, deutsch zu sprechen, und tut es auch mit ihren Freundinnen. Bitterkeit gehört nicht zu ihrem lebensbejahenden Wesen. "Das Leben hat mich herumgeschüttelt aber auch gelehrt, was ich aus mir machen konnte, das war in Amerika vielleicht auch eine Flüchtlingsgeschichte, vor allem aber part of a success story."

Evas Lebenserfolg beruht auf einer Gabe, die sie im Exil und im Untergrund gewann. Sie lebte mit vielen Menschen und Familien in enger Gemeinschaft, in der sie die Kraft fand, andere zusammenzubringen und Hilfe zu organisieren. "Der starke Wunsch, mit Menschen zusammen zu sein und für sie etwas zu tun, macht mich auch für die Zukunft zuversichtlich. Ich bin zufrieden und dankbar für das, was ich aus meinem Leben machen konnte." Indem sie ihr Schicksal annahm, fand sie ihre Chance.

4. Die Last des Irrtums: Gerhart Scheunert und die psychoanalytische Praxis

"Die einzige Handlung meines Lebens, die ich mir nicht verzeihen kann, ist der Eintritt in die NSDAP im März 1933", erklärte Gerhart Scheunert noch im 87. Lebensjahr. "Ich war Parteigenosse, das habe ich nie verschwiegen. Ich war sogar einmal für kurze Zeit überzeugt von der Utopie eines nationalen Sozialismus bzw. von den Vorstellungen, die ich mir davon machte. Die sogenannte Rassenlehre war mir völlig fremd. Dass es anfangs möglich war, sie als unwesentliches Akzidenz anzusehen, kann ich nach der Entwicklung, die wir erleben mussten, heute nicht mehr verstehen – aber es war so." Trotz aller Anstrengungen des Psychoanalytikers, den belastenden Irrtümern auf den Grund zu gehen, blieb ein Rest ihm selbst unverständlich und machte es ihm auch schwer, mit der nachfolgenden Generation darüber zu sprechen.

Das Urteil der Jüngeren, die das selbst nicht miterlebt hatten, erschien ihm vor allem undifferenziert. "Die Dinge waren damals doch für uns nicht so zu überblicken wie im nachhinein. Man rutschte da mit ganz anderen Vorstellungen hinein. Meine Generation war noch erzogen in den festgefügten Ordnungen der Wilhelminischen Welt. 1918, als ich in der Pubertät war, hatten alle sicheren Werte ihre Geltung verloren." Gerharts Erziehung hatten noch weitgehend seine Grosseltern bestimmt, die Bauern im Erzgebirge gewesen waren. Der Vater hatte in Erfurt ein mittelständisches Unternehmen gegründet. Gerhart erinnerte sich noch, dass er nach dem Ersten Weltkrieg die Demokratische Partei wählte und später Stresemanns[90] Deutsche Volkspartei. "Er war ein sogenannter Nationalliberaler." Doch über Politik wurde in der Familie nicht gesprochen. Der Vater hielt das Leipziger Tageblatt. Das las der Junge heimlich. "Aber ich konnte mit niemandem darüber sprechen und keine wirkliche Orientierung gewinnen."

Der Vater seiner Mutter war Justizbeamter und "Meister vom Stuhl" in der Freimaurerloge. Er hatte seine Frau früh verloren, und seine Tochter, Gerharts Mutter hatte sechs jüngere Brüder mit grossgezogen. Der älteste wurde Bankdirektor und der jüngste Oberbürgermeister in Naumburg. Auch er war Freimaurer vom Stuhl und wurde schon vor 1933 von den Nazis verfolgt. Gerharts Mutter hatte seinen Vater als Witwer mit zwei kleinen Söhnen geheiratet und wünschte sich darauf ein kleines Mädchen, doch es wurde der Sohn Gerhart. Nach seiner Geburt lag sie an den Folgen des Kindbettfiebers viele Monate im Krankenhaus, und das Kind wurde schlecht ernährt, elend und rachitisch. Sie erzog den Jungen liebevoll, doch "mit bindender sanfter Gewalt". Von ihrem eigenen Sohn erwartete sie stets mehr als von den Halbbrüdern, und es war ihr unerträglich, wenn gerade er sich etwas herausnahm, was sie missbilligte. "Wenn sie etwas mit dem Ausdruck 'Quatsch, alberner' in eben dieser Reihenfolge verurteilte, gab es keinen Widerspruch." Erst an Gerharts 4. Geburtstag fielen auf des Vaters Wunsch die langen kastanienroten Locken, die seine Mutter bis zu ihrem Tode in ihrem Schmuckkästchen aufbewahrte.

Die Lösung des Halbwüchsigen von den strengen Einengungen der bürgerlichen Moral fiel zusammen mit der Revolution. "Sie war eine Art Jugendrevolte, von der man sich in einer entsprechend wirren Weise beeinflussen liess. Ich begann in allen möglichen Jugendgruppen Orientierung zu suchen, bei den 'Wandervögeln', beim 'Bund Deutscher Jugend' und in einem Bibelkreis. Unter meinen Lehrern beeinflusste mich besonders der Deutschlehrer, der für die sozialdemokratisch orientierte Leipziger Volkszeitung schrieb, aber zugleich auch der Geschichtslehrer, der weit rechts stand. Wir waren alle be-

---

[90] Gustav Stresemann (1878–1929), Politiker, Friedensnobelpreisträger, Staatsmann: 1929 Reichskanzler und Außenminister; https://www.google.de/#q=Stresemann

drückt durch den verlorenen Krieg und den Versailler Friedensvertrag, den wir als extremes Unrecht empfanden. Nach dem Erlebnis der Inflation schwärmten wir von einer "sozialen Gesellschaft". Die Lehren der Bodenreformer und der Sozialutopisten beeindruckten uns gleichermassen, wenn wir sie auch nur teilweise verstanden. Sehr bewegt hat mich der Kongress der Sozialistischen Jugend in Weimar, den ich von Leipzig aus miterlebte. So gingen die Einflüsse von der einen zur anderen Seite hin und her, alles durchzogen von einer gewissen völkischen Mystik."

Die jungen Leute lasen Kolbenheyers[91] Werke von "deutschem Denken und Fühlen", verbanden aber damit keine antisemitischen Vorstellungen. "Das Gerede von der jüdischen Weltverschwörung, das wir in der Zeitschrift 'Hammer' lasen, erschien uns so lächerlich, dass wir es nicht einmal als diskriminierend für die jüdischen Freunde auffassen konnten, die zu unseren Familien- und Freundeskreisen gehörten. Als Schüler fragte ich einmal den Hausarzt der Familie, der mir als Kleinkind das Leben gerettet hatte, ob er Jude sei. Seine Antwort war: 'Ich bin nichts.' Wir beide verstanden darunter das Gleiche, nämlich seine Religion."

Gerhart hatte starke religionskundliche Interessen. Mit seinem jüdischen Freund besuchte er die reformistisch-jüdische Gemeinde. Beiden Schulkameraden aber waren die orthodoxen Juden in Leipzig fremd, die man im "Brühl" mit ihren Schläfenlocken und Bärten vor ihren kleinen Kramläden sah. "Mit Antisemitismus war das überhaupt nicht verbunden." Auf der Suche nach einer Orientierung interessierten Gerhart eine Zeitlang auch die Quäker, und er nahm an ihren "schweigenden Diensten" teil. Sein grösstes Interesse galt aber früh schon der Psychoanalyse. Sie hatte angesichts der rapiden Umformung der Gesellschaft, in der die in der Kindheit erlernten Verhaltensweisen der Realität nicht mehr entsprachen, eine starke kulturkritische Wirkung. Der Obersekundaner hatte erstmals ein Buch von Sigmund Freud zur Psychopathologie des Alltagslebens gelesen. "Der Zufall wollte, dass ich als Thema eines deutschen Aufsatzes das Goethewort bekam: 'Was aber ist Deine Pflicht? Die Forderung des Tages!' Ich erklärte kühn zur Forderung des Tages, wir müssten den "Faktor I", das Irrationale, der rationalen Handhabung zugänglich machen – und genau das leiste die Psychoanalyse. Der leicht verwirrte Deutschlehrer gab mir aus Verlegenheit eine Eins. Er hielt es danach offenbar für möglich, dass Psychoanalyse auch noch etwas anderes als 'Schweinekram' wäre."

---

[91] Erwin Guido Kolbenheyer (1878–1962), österr. Romautor, Dramatiker und Lyriker; https://www.google.de/#q=Kolbenheyer

Im ersten klinischen Semester in Wien hörte der Medizinstudent Vorlesungen mit psychoanalytischen Krankenvorstellungen und belegte erste Kurse am Wiener Psychoanalytischen Institut. In Wien war er auch eingeschriebenes Mitglied im Sozialistischen Studentenbund. Die Psychoanalyse Freuds erschien den Studenten vor allem als ein Instrument zur Verbesserung der zwischenmenschlichen Beziehungen. Sie hatte allen Wissenschaften neue Impulse gebracht, doch in die Medizin, aus der sie hervorgegangen war, hatte sie zu seiner Enttäuschung noch nicht zurückgewirkt, auch nicht in das verwandte Gebiet der Psychiatrie. Die Studenten mussten ihr Anliegen, neben dem Medizinstudium Theorie und Praxis der Psychoanalyse zu erlernen, ausserhalb der Universität verwirklichen.

Nach dem Staatsexamen und der Promotion in Leipzig ging der junge Mediziner zu einem praktischen Jahr an das Virchow-Krankenhaus in Berlin. Bei dem Neurologen Kurt Goldstein bewarb er sich um eine Hilfsassistentenstelle. "Er erklärte sich bereit, mich als Volontär an seiner Klinik arbeiten zu lassen. Die bezahlten Stellen seien allerdings auf Jahre hinaus vergeben." Scheunert, der finanziell darauf angewiesen war, klagte es dem befreundeten Kollegen Guggenheimer. Der Zionist erklärte lakonisch: "Wie kannst du glauben, dass du als Nichtjude beim Goldstein eine bezahlte Stelle kriegst!" Gemeinsam verdeutlichten sie sich die Verhältnisse an der Klinik: "Der Dermatologe hatte in seiner Abteilung als Chefarzt ausnahmslos jüdische Assistenten. Dafür stellte der Gynäkologe keine Juden ein. Jeder hatte erklärt, so lange der andere seine Haltung nicht ändere, täte er es auch nicht. "Die Personalpolitik des Krankenhauses hatte gewisse Züge des Antisemitismus der Offizierscorps, der Beamten- oder Studentencorps dieser Zeit."

Gerhart Scheunert ging nach Leipzig zurück. Am Physiologischen Institut der Universitätsklinik arbeitete er mit dem Kollegen M.B. Klein, später Clyne, zusammen, den er nach dem Krieg und seiner Emigration auf einem Kongress in London wiedertraf. Der emigrierte Michael Balint führte die beiden Psychoanalytiker zusammen, weil er vermutete, dass sie sich aus ihrer Leipziger Zeit kannten. Clyne sagte sofort: "Natürlich erinnere ich mich an Scheunert, er war der einzige im ganzen Institut, der kein Nazi war!" Das war damals so gewesen, aber Gerhart Scheunert gestand später, dass er in diesem Augenblick beschämt geschwiegen habe. Ihr gemeinsamer Vorgesetzter war der philosophisch hochgebildete Physiologe Daniel Achelis, der ein Buch über Paracelsus herausgegeben hatte. Niemand vermutete, dass er 1931 schon aktiv in der NSDAP war. Gerhart Scheunert war überrascht, als Achelis 1933 Hochschulbeauftragter des Kultusministers Bernhard Rust wurde. Unter ihm begann die "Reinigung der Universitäten von politischen Gegnern und Juden." Scheunert berichtete entsetzt: "Als ich ihm im Frühsommer 1933 an der Leipziger Nervenklinik noch einmal begegnete, konnte ich nicht umhin, mein Erschrekken darüber zu äussern, dass er diese Arbeit angenommen hätte. Seine Reaktion war furchtbar: 'Sie glauben nicht, Scheunert, was ich da erlebt habe', sagte er, 'gestandene Ordinarien sind vor mir sozusagen auf dem Fussboden gekrochen, ich sollte doch an ihre Familien denken.'"

"Da dachte ich bereits, wie unfassbar ist das, was da geschieht, was müssen Menschen erleben! Ich verstand einfach nicht, wie Achelis, den ich als geistvollen, freundlichen Menschen und angenehmen Vorgesetzten erlebt hatte, sich zu so etwas hergeben konnte. Vor deutschen Universitätsprofessoren hatten wir damals den grössten Respekt. Achelis kannte ich auch aus einem medizingeschichtlichen Arbeitskreis von Professor Henry Sigerist, der überwiegend jüdische und linksintellektuelle Teilnehmer hatte. Sigerist war 'Halbjude' und ging wegen der Schwierigkeiten, die ihm schon vor 1933 gemacht wurden, nach Baltimore, wohin er einen ukrainischen Juden und einen Trotzkisten aus unserer Gruppe nachzog. Wie war es zu verstehen, dass ein anderer aus diesem Kreis einen Weg einschlug, der menschliche Kälte und unfassbare Grausamkeit verlangte?"

Der Schauder vor dem teuflischen Gesicht des Nationalsozialismus kam aber für Gerhart Scheunert erst, als er schon seiner anfänglichen Fehleinschätzung erlegen war. 1932 hatte er die begonnene Analyse bei Therese Benedek unterbrochen und war als Assistent an ein konfessionelles Krankenhaus im Ruhrgebiet gegangen. Dort war die Frau zu Hause, die er heiraten wollte. "Die Wirtschaftskrise war hier mit maximaler Arbeitslosigkeit auf dem Höhepunkt. Jeder dritte Patient auf meiner Station war erwerbsloser Fürsorgeempfänger. Auf den Strassen gab es ständig Prügeleien. Die Pförtner des evangelischen Krankenhauses nahmen täglich blutig geschlagene Nazis auf, später bemerkte ich, dass im benachbarten katholischen Krankenhaus nur die von der SA zusammengeschlagenen Kommunisten behandelt wurden. Das betraf zwar nur die Pförtner und nicht den Geist der ganzen Klinik, deren Chef später zu den Gründern der Bekennenden Kirche gehörte, aber ich bekam ein sehr einseitiges Bild der Verhältnisse. Danach waren es vor allem Kommunisten, die andere wegen ihrer politischen Überzeugung zusammenschlugen."

Da die bürgerlichen Parteien in den letzten Weimarer Jahren zu versagen schienen, glaubte Gerhart Scheunert, wenn auch mit Unbehagen, nur die Wahl zwischen den beiden Erneuerung verheissenden Extremen zu haben. "1932 habe ich trotz des Milieus, dem ich ausgesetzt war, kommunistisch gewählt. Meine damalige Verlobte stand auf der anderen Seite, ihre Brüder waren 'Alte

Kämpfer'. Mit seinem Nazigebaren und auch charakterlich war einer von ihnen mir so unangenehm, dass ich einen schweren Konflikt mit ihr hatte."

Im Oktober 1932 gab einer der Pförtner dem jungen Assistenzarzt Hitlers "Mein Kampf" mit dem Bemerken, dieses Buch müsse man unbedingt gelesen haben. "Schon die Sprache war mir so zuwider, dass ich es nach spätestens 50 Seiten weggelegt habe. Bei unserer Hochzeit 1935 wurde es uns bereits offiziell auf dem Standesamt überreicht, doch ich tat es umso schneller beiseite. Ich beschimpfe mich noch heute, dass ich das Buch nicht sofort zu Ende gelesen habe, denn dann wäre sicher manches anders gelaufen."

Bei der Wahl im November 1932 ging die Stimmenzahl der Nazis wieder zurück. "Ich ging mit meinem Chef Professor Denecke in das grosse Stadion Duisburg-Wedau, um eine Massenveranstaltung mit Hitler zu erleben. Das Schreien dieses Mannes, die Utopien, die er beschwor, und die tobenden Massen fanden wir grauenhaft, aber ich lachte nur, als mein Chef bemerkte: 'Der Kerl spricht ja Dialekt!' Er selbst sprach nämlich ein klassisches Dresdnerisch. So wenig war man von Hitler überzeugt, so wenig ernst nahm man aber das Ganze."

Kurz vor der Machtübernahme bekam Scheunert eine Assistentenstelle an der Universitätsnervenklinik in Leipzig. Der Oberarzt Hans Bürger-Prinz drängte hier darauf, dass seine Mitarbeiter in die Partei einträten. Er schickte dem Neuankömmling eine Stationsschwester als Anwerberin. "Sie war eine fanatische Alte Kämpferin, aber ich dachte in diesem Augenblick noch gar nicht an eine Gefahr. Ich neigte nur dazu, mich schliesslich einmal für irgend etwas zu entscheiden, und die kommunistische Partei zog mich nicht mehr an. Die Schwester kam immer wieder, und plötzlich hatte ich eine Beitrittserklärung ausgefüllt." Ich bin ein sogenannter Märzgefallener. Bei der Entnazifizierung habe ich später nicht verstanden, dass man die Opportunisten, die 1937 und '38 noch in die Partei eintraten, von der man inzwischen wirklich genug wusste, milder behandelte als diejenigen, die im Anfang einem Irrtum erlagen."

Eines Tages nutzte ein früherer Schulkamerad, der jetzt als stellvertretender Ortsgruppenleiter ein grosses Tier war, die Gelegenheit, dem Mitschüler, an dessen Freundesgruppe er früher nicht herangekommen war, Befehle zu erteilen. Er zitierte Gerhart am Samstag in Räuberzivil zu einem Treffen, von dem aus er eine Formation auf einen langen Marsch führte. Als man hielt, wurden vor einem Haus Schilder mit Worten wie "Rache", "Volksschädling" und "Schieber" hochgehoben und grölende Schmähworte gebrüllt. Gerhart setzte sich nach hinten ab. Man erklärte ihm, es handele sich um einen Kauf-mann, der Seife und Putzmittel gehortet hätte, um sie teuer zu verkaufen. Doch er brachte bald in Erfahrung, dass der Mann beruflich 36 Häuser zu reinigen hatte. Die Beschuldigung hatte sogenannten "spontanen" Volkszorn organisieren sollen.

Am 1. April 1933 standen die SA-Leute vor den jüdischen Geschäften. Gerhart Scheunert besuchte seine jüdische Lehranalytikerin. Frau Benedek hatte sich zu Haus gehalten und war dort unbehelligt geblieben. Ihr Mann Tibor erzählte, dass er zwei SA-Leuten, die vor seiner dermatologischen Praxis am Rossplatz "Boykottwache" gehalten hätten, erklärt habe, sie sollten sich davonmachen, er sei Ungar, das sähen sie an seinem Vornamen. Einer hatte daraufhin in schönstem Sächsisch zu den anderen gesagt: "Siehste, ich hab der'sch doch gleich gesaacht, Dibor is kee jüd'scher Nam!"

Auch Frau Benedek unterschätzte noch den Antisemitismus und sagte: "Wissen Sie, Herr Scheunert, wenn die jetzt richtig an der Macht sind, wird sich der Radau-Antisemitismus der Vergangenheit schon geben, und schlimmer braucht es ja nicht zu werden. Zu ihrem Mann gewandt sagte sie dann, was niemand mehr vergass: "Ein zweites Mal gehe ich nicht uneingeladen in ein fremdes Land." Benedeks waren 1919 aus Ungarn nach Leipzig gekommen, weil Juden dort schon diskriminiert wurden. Aber auch in Leipzig war Tibor Benedek die Habilitation verweigert worden, wie Scheunert meinte, auf Betreiben des antisemitischen Hygiene-Ordinarius wegen der jüdischen Ehefrau. Er hatte sich in seine dermatologische Privatpraxis zurückgezogen.

Im Herbst 1933 sprach die ihm zugeteilte Schwester in der Poliklinik, die Parteiobmann des Krankenhauses war, ihren Chef Scheunert auf eine bedrohliche Weise an: "Es ist mir berichtet worden, dass Sie noch immer häufig bei einer jüdischen Ärztin in der Brüderstrasse aus- und eingehen. Sie sind mindestens zweimal wöchentlich dort beobachtet worden." Er hatte zu dieser Zeit seine Lehranalyse beendet und ging weiter zu Kontrollen in die Arbeitsgruppe bei Frau Benedek. "Obwohl die Schwester in der Klinik meine Untergebene war, trat sie in dieser Sache als Vorgesetzte auf, die die Macht in der Hand hatte. Wütend antwortete ich, dass ich mir diesen beruflichen Kontakt nicht verbieten liesse."

In der Mittagspause stürzte der junge Arzt in die Brüderstrasse, und Therese Benedek konnte sich noch nach dem Krieg an seine Empörung erinnern. "Frau Benedek war es, die mir riet, dass wir unsere Kontakte etwas ausdünnen sollten, nachdem die fanatische Schwester den Zugriff der Partei heraufbeschworen hatte. Ich besuchte sie aber regelmässig weiter. Sie scheint es mir nie verübelt zu haben, dass ich die Zeit ihrer Emigration als Parteimitglied erlebte." Dritten gegenüber hatte sie einmal gesagt: "Scheunert ist eine anima candida, er nimmt gar nicht wahr, was da im Gange ist." Das konnte er selbst nicht als Lob verstehen.

Später machte er sich klar, dass auch ein analytischer Faktor in der beschämenden Situation eine Rolle spielte. Er hatte seine Lehranalyse vor 1933 aus vordergründig rationalen Gründen unterbrochen, um in der Nähe seiner Verlobten zu arbeiten. Das geschah in einem Augenblick, wo die Bearbeitung des inneren Widerstandes gegen die 'sanfte Gewalt', mit der seine Mutter ihn erzogen hatte, notwendig gewesen wäre. Sie hatte 1933 sofort gesagt: "Im Braunhemd kommt mir keiner ins Haus!" Vielleicht war ihr Sohn dem unbewussten Zwang erlegen, das Gegenteil von dem zu tun, was die Mutter erwartete. Seine Analytikerin wusste aber, dass er nicht wie ein Nazi dachte. Sie nahm ihn stets in Schutz, während sie einem Kollegen, der aus Karrieregründen später noch in die Partei eintrat, diesen Schritt verübelt hat.

1935 kam für Gerhart Scheunert an der Leipziger Klinik ein Augenblick der Entscheidung. Der Ortsgruppenleiter wollte ihn ungefragt zum Zellenwart machen. "Ich hatte schon einen Verdacht, der sich aber erst im Krieg durch meine Frau bestätigte. Der Zellenwart kam dann regelmässig persönlich ins Haus, um die Lebensmittelkarten zu verteilen. Das war nur zu erklären durch seine Verpflichtung, über die Stimmung der Hausbewohner Berichte abzugeben." Die vage Vermutung, dass Dienste solcher Art gefordert würden, machte es Scheunert unmöglich, den arglos beschrittenen Weg fortzusetzen. Zunächst liess er sich für wissenschaftliche Arbeiten an der Klinik von den Parteitreffen befreien. Sein Klinikchef Professor Schröder bot ihm die Habilitation an, aber, so sehr das seiner Begabung und Neigung entsprochen hätte, jetzt bat er um Bedenkzeit. "Ich überlegte sofort, dass ich an der Universität weiter in die Ansinnen der Nazis verwickelt werden würde und schlug das Angebot aus. Dem Professor erklärte ich nur, ich wolle heiraten und in einer eigenen Praxis in Erfurt Geld verdienen."

In Erfurt engagierte sich Scheunert in der ihm gemässen Weise in der evangelischen Kirche. "Unser Gemeindepfarrer in Leipzig hatte der Bekennenden Kirche nahe gestanden. Wir hatten uns oft über den Betrug der Nazis unterhalten, die vorgaben, 'positives' Christentum zu vertreten, während der Kirchenkampf schon in vollem Gange war." Als Gerhart Scheunert nach Erfurt ging, unterrichtete der Pfarrer ihn darüber, dass sich in der Thüringer Landeskirche die "Deutschen Christen" durchgesetzt hatten und empfahl ihm eine Gemeinde der Evangelisch-Lutherischen Kirche Altpreussens. Sie war aus dem Kirchenkampf um die Zwangsunion unter Friedrich Wilhelm IV hervorgegangen und stand jetzt im Kirchenkampf gegen die NSDAP. Der Neuankömmling besuchte zunächst die für ihn zuständige schöne alte Regler-Kirche. "Ich traute meinen

Augen nicht, als der Pfarrer vor dem Altar den Arm zum Hitlergruss erhob. Das war für mich Blasphemie, das machte ich nicht mit!" Gerhart Scheunert ging fortan zu dem Geistlichen der Alt-Lutherischen Kirche. Ausser den regelmässigen Gottesdienstbesuchen wurde er in der Gemeinde aktiv und hielt Vorträge über psychotherapeutische Themen. "Auch wenn ich formell nicht der Bekennenden Kirche angehörte, lebten wir endlich ein Stück Opposition."

Im Schutz seiner nervenärztlichen Praxis konnte Gerhart Scheunert drei bis vier Stunden am Tage, meist spät am Abend, Patienten psychoanalytisch behandeln. Das hatte er schon in einem Raum der Universitäts-Nervenklinik in Leipzig so gehalten. "Paul Schröder lehnte zwar selbst die Psychoanalyse ab, zeigte sich aber gleichzeitig grosszügig. Er war ein entschiedener Vertreter der damals in der Psychiatrie herrschenden Endogenitätslehre, die Schizophrenie und Depressionen grundsätzlich für endogen, und das hiess rein erblich bedingt erklärte." Scheunert erinnerte sich an ein Gutachten über einen Patienten, der auf seiner Station lag. Er war nach einem schweren Angriff im Trommelfeuer vor Verdun mit einem akuten Ausbruch eines schizophrenen Schubes in die Klinik gebracht worden. Über 20 Jahre hatte sein Vormund für seine Anerkennung als Kriegsdienstgeschädigter gekämpft, da die Krankheit im Anschluss an ein schweres Kriegstrauma entstanden war. Als Paul Schröder mit dem Oberarzt Bürger-Prinz am Bett des zu begutachtenden Patienten stand, gab Scheunert zu bedenken, dass er zwar erblich zu dieser Krankheit disponiert sein könne, dass sie aber durch das schwere Trauma ausgelöst worden sei. Schröder jedoch erklärte: "Der Mann hätte diesen Schub, wenn er nicht in diesem Krieg im Schützengraben vor Verdun gelegen hätte, am gleichen Tag und zur gleichen Stunde bekommen."

Als aber im Januar 1934 das "Gesetz zur Verhütung erbkranken Nachwuchses" in Kraft trat, das die Meldepflicht für Erbkrankheiten einführte, sprach Schröder plötzlich fast nur noch von reaktiven Depressionen. "Er mochte nämlich die Depressiven. Nach seiner Charakterlehre, die er wissenschaftlich begründet zu haben glaubte, besassen sie besondere Eigenschaften wie 'Gemütstiefe' und waren sozial ausgesprochen wertvoll. Er pflegte anzuführen, dass Dichter wie Storm[92] und Mörike[93] und Conrad Ferdinand Meyer[94] nicht geboren wären, wenn es ein solches Gesetz gegeben hätte. Deshalb beschränkte er die Meldungen auf ganz wenige Fälle von schweren Melancholien im

[92] Theodor Storm (1817–1888).

[93] Eduard Mörike (1804–1875).

[94] Conrad Ferdinand Meyer (1825–1898).

Wechsel mit manischen Phasen und auf Schizophrenien und erklärte alles, was sich nur irgendwie halten liess, für reaktiv."

Gerhart Scheunert aber wurde zum Fachbeisitzer des Erbgesundheitsgerichts in Erfurt verpflichtet. Dort ging er noch weit restriktiver vor. "Als Psychiater war es mir möglich, durch meine Argumentation in der zweiten Instanz, in der über die von Amtsärzten zur Sterilisation eingestuften Fälle entschieden wurde, den meisten Menschen ihre Fortpflanzungsfähigkeit zu erhalten." Es gab jedoch auch Fälle, die so eindeutig waren, dass ein Gutachter nicht umhin konnte, zu bestätigen, dass sie unter das Gesetz fielen. Nach Scheunerts Überzeugung war aber das Gericht, das er beraten musste, "äusserst streng in den Indikationen, das heisst grosszügig in der Annahme aller Gründe, die es irgendwie zuliessen, das Gesetz nicht anzuwenden. Nach allgemeiner ärztlicher Überzeugung bedeutete damals der Verzicht auf Fortpflanzung, der den Betreffenden staatlich auferlegt wurde, dass die Verbreitung der Krankheit gemindert und sie schliesslich ganz beseitigt werden könnte. Heute wissen wir, dass diese Meinung in dieser Form falsch war. Die wenigen Patienten, denen wir im Glauben, dass es für sie gut sei, den Schritt nahelegten, haben ihre Entscheidung nach vorangegangenen Gesprächen über die für sie und ihre Kinder zu erwartenden Leiden selbst getroffen. Da ein Gerichtsurteil nur ergehen konnte, wenn schon Anzeichen der Krankheit erkennbar waren, hatten viele Kranke zu diesem Zeitpunkt bereits mehrere Kinder bekommen."

Der Psychoanalytiker wurde später gelegentlich gefragt, ob seine analytischen Behandlungen in Erfurt zwischen 1936 und der Einberufung in den Krieg 1939 "echte Analysen" gewesen wären. "Ich habe meine Patienten immer wissen lassen, dass das Verfahren, das ich ihnen anbot, Psychoanalyse war. Ich bin deswegen auch nicht verfolgt worden." Aber viele Psychoanalytiker, die in Hitler-Deutschland weiter zu arbeiten versuchten, reduzierten die Freudsche Analyse weitgehend auf Psychotherapie. Auch Dr. Scheunert bemerkte: "Bei einem Patienten, der vor dem Krieg schon Geheimnisträger war, akzeptierte ich, dass er entsprechende Einfälle nur andeutete. Da musste ich erkennen, dass sich, wie Freud es ausdrückte, alles Gesindel in dieser Freistatt versammelte."

Kurz nachdem Gerhart Scheunert seine Praxis in Erfurt eröffnet hatte, musste Therese Benedek in Leipzig von ihren Schülern Abschied nehmen. Lange noch war sie regelmässig nach Berlin gefahren, um die Lehranalysen der schon emigrierten jüdischen Analytiker weiterzuführen. Auch sie geriet zunehmend unter den Druck der nichtjüdischen Mitglieder und des Vorstandes der Psychoanalytischen Gesellschaft, die den jüdischen Mitgliedern einen "freiwilligen Austritt" nahelegten, um damit ihren Fortbestand zu sichern. Mit tiefer Erregung gab sie schliesslich den Austrittsbeschluss der jüdischen Kollegen bekannt. Es war für sie, "als wenn man sich selbst freiwillig hinrichten müsste."

1936 wurde Therese Benedek von Franz Alexander an das Chicagoer Psychoanalytische Institut berufen und konnte sich so doch noch in das neue Land eingeladen fühlen. Als sie in Leipzig von ihren Schülern Abschied nahm, lud sie Gerhart Scheunert von Erfurt aus in die vertraute Runde. Sie überreichte jedem ein Bild mit ihrer Widmung. "In herzlicher Verbundenheit" las Scheunert im Alter dankbar noch mit schwindendem Augenlicht. Er war es, dem sie Freuds "Traumdeutung" mit seiner handschriftlichen Widmung zur Bewahrung anvertraute. "Eine gewisse Gegenübertragung zu mir muss bei ihr einen positiven Charakter gehabt und über die Zeit hinweg behalten haben, denn ich bekam bereits Ende 1946 einen Brief von ihr aus Chicago an meine Erfurter Adresse, in dem sie wissen wollte, ob ich den Krieg überstanden hätte und wie es mir ging. Erst 1957 habe ich sie auf dem Internationalen Kongress in Paris wiedergesehen."

Nach Therese Benedeks Emigration fuhr Gerhart Scheunert von Erfurt aus noch zur Fortsetzung der Supervision zu Salomea Kempner nach Berlin. Wohnung und Praxis der Analytikerin lagen im Hochparterre eines Mietshauses und konnten durch eine eigene Eingangstür erreicht werden. Dass man dabei im Hause kaum gesehen wurde, spielte bereits eine grosse Rolle. Gerhart Scheunert erinnerte sich an die kleine Gestalt, mit dem "klugen jüdischen Gesicht", wie man es in diesem Kreis immer bewundert hatte. In der Erinnerung dachte er dann auch an einen Kopf von Käthe Kollwitz. "Sie war freundlich und liebenswürdig und half mir bei einem schwierigen Patienten mit ihren klugen Anregungen. Ich war wohl ein Dutzend Mal bei ihr, ehe ich im Mai 1939 zur Wehrmacht eingezogen wurde." Salomea Kempner wurde 1940 gezwungen, nach Polen "zurückzukehren", wo sie im Warschauer Ghetto umgekommen ist.

Im Frühjahr 1938 wurde Gerhart Scheunert von den Vorsitzenden der "Deutschen Psychoanalytischen Gesellschaft" (DPG), Felix Böhm und Carl Müller-Braunschweig, nach Berlin gebeten. "Sie eröffneten mir, dass die Mitglieder der DPG und die Psychoanalytische Poliklinik in ein neugegründetes 'Deutsches Institut für Psychologische Forschung und Psychotherapie' übernommen wären. Ihnen sei dringend daran gelegen, dass ein Psychoanalytiker Leiter der Poliklinik würde und den Einfluss der Psychoanalyse in dem neuen Institut sichere. Sie hielten mich für geeignet, weil ich in Erfurt erst gerade Fuss gefasst hatte und in Berlin noch ziemlich unbekannt wäre, während Müller-Braunschweig politisch bereits in Misskredit geraten war. Im Herbst kam es zum Abschluss eines Vorvertrages mit dem neuen Institutsleiter Mathias Heinrich Göring, einem Vetter des Reichsmarschalls. Als mein Vertreter und Mitarbeiter war schon John Rittmeister bestimmt." Er wurde 1943 als Mitglied der Widerstandsgruppe der "Roten Kapelle" hingerichtet, ohne dass M.H. Göring sich für seine Begnadigung eingesetzt hatte.

Das von Karl Abraham[95] 1920 gegründete Institut der Psychoanalytischen Gesellschaft mit der von Max Eitingon[96] finanzierten Poliklinik war die erste, inzwischen weltbekannte soziale und wissenschaftliche Einrichtung dieser Art. Einkommensschwache Patienten, die für eine Analyse geeignet waren, wurden gegen einen rein symbolischen Beitrag behandelt, der nicht dem Analytiker zukam sondern für die Unkosten der Klinik verwendet wurde. Die Ausbildungskandidaten des Institutes erhielten ihre sogenannten kontrollierten Analysen aus der Poliklinik. Ausserdem war es üblich, dass jedes Mitglied der Gesellschaft einen poliklinischen Fall ehrenamtlich kostenlos übernahm. So hatte die private Einrichtung auch die Wirtschaftskrise überdauert, in der Eitingon den grössten Teil seines Vermögens verlor. 1933 wurde er aus seinem Werk verdrängt. Jetzt war es vom "Reichsinstitut" vereinnahmt. Die Psychoanalyse sollte durch ihre verbliebenen nichtjüdischen Vertreter noch in der "Arbeitsgruppe A" weitergeführt werden.

Wie sehr das dem nationalsozialistischen Institutsleiter widerstrebte, empfand Gerhart Scheunert schon im Gespräch über seine Einstellung, an die der künftige Vorgesetzte offenbar ungern heranging. Das bestätigte ihm später ein Brief aus den Akten, mit dem M.H. Göring den Jungianer Curtius dringend bewegen wollte, die Leitung der Poliklinik zu übernehmen, "sonst bleibt mir nur, den Parteigenossen Dr. Scheunert, den Psychoanalytiker" einzusetzen, hatte er geschrieben. Dass Gerhart Scheunert Parteigenosse war, hatte Göring möglicherweise selbst überrascht und ihm ein entscheidendes Argument für die Ablehnung eines Psychoanalytikers genommen. In dem sogenannten "Göring-Institut" hatten die Psychoanalytiker sich einen gewissen Schutz durch den Namen des Vetters von Hermann Göring versprochen. Der von seinen Mitarbeitern gern so genannte "Papa Göring" war Scheunert äusserlich freundlich und ziemlich harmlos erschienen, "vielleicht wie ein versponnener Idealist, der allerdings auf jeden Fall ein noch grösseres Talent zum Verleugnen hatte als viele unter uns. Er kam aus der Individualpsychologie, berief sich auf den Adler-Schüler Fritz Künkel und wollte für die Psychotherapie, wie er sie ver-

[95] Karl Abraham (1877–1925); https://www.google.de/#q=Karl+Abraham

[96] Max Eitington (1881–1943), Arzt u. Psychoanalytiker; https://www.google.de/#q=Max+Eitingon

stand, wenigstens Freiräume schaffen." In peinlicher Erinnerung war es Gerhart Scheunert, wie Göring im Manuskript seines Antrittsvortrages den Namen Freud zu eliminieren wusste. "Er strich einfach meine Anführungszeichen eines Freud-Zitates und den Hinweis darauf in der Anmerkung. Für mich ergab sich daraus der unerträgliche Eindruck, ich wollte Freuds Gedanken als meine eigenen hinstellen. So musste ich am Ende das Zitat weglassen." Als Scheunert, noch bevor er die Stelle antreten konnte, zum Wehrdienst eingezogen und gleich zur Feldtruppe geschickt wurde, machte Göring keinerlei Anstalten, ihn für "kriegswichtige" therapeutische Arbeit freistellen zu lassen. Er selbst war froh darüber, als Militärarzt "dem Zugriff der Partei entzogen zu sein."

Im Sommer 1939 erwirkte Göring ihm noch einmal einen Urlaub vom Truppenübungsplatz, für eine Tagung der Internationalen Allgemeinen Ärztlichen Gesellschaft für Psychotherapie in Zürich. Hier lernte Scheunert Carl Gustav Jung[97] kennen, der 1933 Präsident der Gesellschaft geworden war. Er arbeitete an dem von Göring redigierten "Zentralblatt für Psychotherapie" mit und hatte sich die Unterscheidung von "jüdischer und germanischer Psychologie" zu eigen gemacht. Gerhart nutzte die Gelegenheit, aus der Schweiz einen Brief an Frau Benedek zu schreiben. "Ich erkundigte mich wegen der möglichen Zensur in betont harmloser Form, wie es ihr ginge. Nach ihrer Chicagoer Berufung konnte ich die Hoffnung ausdrücken, dass sie wieder Boden unter den Füssen hätte. Ich gab ihr auch zu verstehen, dass ich mich in meiner inneren Absetzung in Deutschland inzwischen sehr vereinsamt fühlte."

1937 hatte Scheunert die ernste Absicht gehabt, aus der Partei auszutreten. Zwei Fälle aus seiner Praxis offenbarten ihm da die drohende Gefahr. "Ich hatte gerade einen Patienten aus einem deutschen Adelsgeschlecht, der Weltkriegs-, später Reichswehroffizier und dann "Alter Kämpfer" der NSDAP war. Er hatte mit Ausdrücken der Militärsprache einen verschrobenen Code mit obszönem Inhalt entwickelt. Aktive Nazis, die das beunruhigte, hatten ihn angezeigt. Er sollte als Spion in ein KZ eingeliefert werden. Ich bescheinigte ihm, dass er psychisch krank wäre, was zu diesem Zeitpunkt noch keine gefährliche Diagnose war, und ihn so vor dem Schicksal bewahrte." Kurz darauf musste Scheunert einen SA-Mann begutachten, der einem Parteifunktionär sein Parteibuch vor die Füsse geworfen hatte: diese Partei sei nicht die, in die er einmal eingetreten wäre! "Mein Gutachten bewahrte ihn in letzter Minute vor der Einweisung nach Buchenwald." Wem würde es helfen, wenn Scheunert mit Frau und zwei Kindern den Mut aufbrächte, seine eigene Einstellung zu

[97] Carl Gustav Jung (1875–1961); https://www.google.de/#q=Carl+Gustav+Jung

offenbaren, was ein Todesurteil nach sich ziehen konnte? "Ich war kein Held und auch kein Märtyrer."

Von den Verhältnissen im "Zentralinstitut" hat Scheunert aus eigener Anschauung nichts mehr erfahren. Nach dem kurzen Aufenthalt in Zürich wurde er vom Truppenübungsplatz Ohrdruf als Truppenarzt ins Feld geschickt und lag bis 1941 in Polen. Zu Beginn des Russlandfeldzuges kam er mit einer Aufklärungsabteilung nach Kiew. "Dort hatte ich eine noch kaum erfassbare, furchtbare Wahrnehmung. Als ich aus der Stadt kam, um Sanitätsmaterial zu beschaffen, versperrten uns plötzlich SS-Posten den Weg. Ich musste auch als Stabsarzt in dienstlicher Funktion ihrer Anweisung folgen, zurück- und um die ganze Stadt herumzufahren, deren Brücken gesprengt waren. Beim Wenden nahm ich noch etwas wahr, was ich erst aufgrund des späteren Wissens rekonstruieren konnte. Weit entfernt und verschwimmend, glaubte ich eine Menschenreihe zu erkennen. Kurz darauf hörten wir ein Knattern wie von Maschinengewehren. Später wussten wir: das waren die Erschiessungen von 30.000 Juden in der Schlucht von Babi Jar.[98] Es war eine der grössten Mordaktionen im Zweiten Weltkrieg."

Bald darauf kam ein Befehl des Generalfeldmarschalls, in dem erklärt wurde, Sondereinheiten seien beauftragt, "zur Befriedung des rückwärtigen Armeegebietes von verstreuten Partisanen" Befehle auszuführen, die alleinige Aufgabe der SS seien. Er verbot allen Armeeangehörigen, sich daran in irgendeiner Form zu beteiligen. Danach hörten wir ein Gerücht, die Kiewer Juden seien zusammengetrieben und erschossen worden. "Falls das wahr sein könnte, mussten wir den Befehl als eine klare Distanzierung des Militärbefehlshabers auffassen."

Die Einheit lag vor Kiew nach Beginn des Winters ohne Winterkleidung. An einem besonders kalten Tag brachte der Fahrer dem Stabsarzt zwei grosse Kamelhaardecken, die er für ihn organisiert hätte. Schon misstrauisch fragte Scheunert ihn, woher sie kämen. "Aus beschlagnahmten Beständen", war die Antwort. "Und wenn ich mir alle Knochen abfriere, diese Decken benutze ich nicht", rief er, "bringen Sie sie sofort wieder weg." Doch noch konnte man sich auch vormachen, die sogenannte Befriedung rückwärtigen Gebietes sei eine übertriebene Reaktion innerhalb des traditionellen Kriegsrechtes, wonach Saboteure erschossen werden konnten. "Aber in so grossen Gruppen? Wir

---

[98] Dazu: Erhard Roy Wiehn (Hg-) Die Schoáh von Babij Jar – Das Massaker deutscher Sonderkommandos an der jüdischen Bevölkerung von Kiew 1941 fünfzig Jahre danach zum Gedenken. Konstanz 1991; ders.(Hg.), Babij Jar 1941 – Das Massaker an der jüdischen Bevölkerung von Kiew 60 Jahre danach zum Gedenken. Konstanz 2001; ders. Kiew Babij Jar – Ein fast vergessenes Verbrechen. Konstanz 2011.

begriffen immer noch nicht, was in unserer unmittelbaren Nähe geschehen war."

Gleich darauf kam der Marschbefehl in Richtung Orel (Orjol), wo 40 Grad Kälte herrschten. "Unsere Abteilung geriet in einen der ersten Kessel. Unser bisheriger Befehlshaber von Oertzen hatte sich geweigert, einen Angriff durchzuführen, für dem die Abteilung keine Waffen mehr hatte. Er wurde mit der Begründung, er sei aus Altersgründen nicht mehr in der Lage, etwas zu wagen, nach Norwegen versetzt. Sein Nachfolger riskierte Menschenleben ohne Skrupel, und wir schlugen uns mit grossen Verlusten durch. Oertzen nahm sich im Zusammenhang mit dem Attentat des 20. Juli (*1944*) das Leben. Ich kann mit Gewissheit sagen, dass in seiner Einheit unter seinem Befehl keine Kriegsverbrechen begangen wurden." Den desolaten Rückzug im Sommer 1943 hat Scheunert nicht mehr miterlebt, er kam ein halbes Jahr vorher mit schwerer Gelbsucht ins Lazarett. Danach war er Stabsarzt in der Nervenabteilung in Erfurt.

Schon im Sommer 1942 aber war Gerhart Scheunert ein anderer schwerer Verdacht gekommen. Sein Sanitätsunteroffizier hatte Heimaturlaub bekommen, weil seine Mutter gestorben war, wie es hiess, an einer Blinddarmentzündung. "Er wusste jedoch, dass sie schon lange keinen Blinddarm mehr hatte, dagegen hatte sie wiederholt Depressionen entwickelt. Die Todesangabe stellte uns vor ein Rätsel. In Erfurt begegnete mir nun beim Ausgang vom Lazarett ein angesehener katholischer Bürger, dessen Tochter mit Schizophrenie bei mir in Behandlung gewesen war. Im Feld hatte ich von ihrem Tod erfahren und ihm einen Kondolenzbrief geschrieben. Jetzt wollte ich Genaueres hören, doch er ging auf die andere Strassenseite und wollte mich offensichtlich nicht sehen. Später erfuhr ich: das Mädchen war in einer Euthanasieanstalt umgebracht worden. Er muss sich darüber im Klaren gewesen sein und mich mit den Psychiatern identifiziert haben, die seine Tochter auf dem Gewissen hatten."

Dass der Mord an Geisteskranken schon länger systematisch betrieben wurde, hat dem Lazarettinsassen in den wenigen Monaten in der Heimat niemand erzählt. "Man wurde bereits intensiv überwacht und sprach nicht mehr so darüber, wie es wohl durch den Grafen von Galen[99] noch geschah, der 1941 von der Kanzel gegen die Vernichtung 'lebensunwerten Lebens' auftrat. Damals war ich schon im Felde, und auch mit meinen früheren Fachkollegen hatte ich keinen Austausch mehr. So habe ich die ganze Wahrheit erst nach dem Kriege erfahren."

---

[99] Clemens August Graf von Galen (1878–1946), Kardinal; https://www.google.de/#q=Graf+von+Galen

Kurz nach Dr. Scheunerts Weggang von der Leipziger Klinik, durch den er den Nationalsozialisten entkommen wollte, war Professor Hans Heinze Chefarzt des Psychiatrischen Krankenhauses in Brandenburg-Görden geworden. "Er hatte mich noch gefragt, ob ich eine Medizinalratsstelle bei ihm haben wolle, doch ich hatte abgelehnt. Wenn ich zugesagt hätte, wäre es mir wohl nicht anders gegangen als einem Kollegen, den Heinze als Mitarbeiter gewann. 1940 fragte er ihn, ob er sich bei den Massnahmen, die jetzt ergriffen würden, auf ihn verlassen könnte. Es war die Euthanasie." Der Kollege antwortete: "Nein." Er wurde, obwohl er über das Alter hinaus war, als Truppenarzt zum Kriegseinsatz in eine Strafkompanie geschickt. Der Divisionsarzt versetzte ihn jedoch zu einer Nachschubeinheit und gab den ihm zugedachten Posten einem jüngeren aktiven Offizier. "Sonst ist ihm nichts geschehen. Man konnte offenbar doch nein sagen. Hier hätte auch ich nein gesagt, das weiss ich gewiss. Heinze wurde ein Manager der Euthanasieaktion und ein Mörder. Er hat auch persönlich Menschen umgebracht."

Das erfuhr Gerhart Scheunert erst, als er den Kollegen, den Heinze zum Komplizen machen wollte, 1950 in der Arbeit in Berlin wieder traf, wo sie die Spuren der Vergangenheit verfolgten. Bei der Aufarbeitung der Verbrechen des Nationalsozialismus war es Scheunert wichtig: "Euthanasie ist zu unterscheiden von Sterilisation nach dem Gesetz in seiner ursprünglichen Intention. Dieses Gesetz war lange vor dem Nationalsozialismus in den Ministerien vorbereitet worden. Wenn es nach bestem Wissen restriktiv angewendet wurde, hielten wir es für ein überwiegend gutes Gesetz. Auch in Teilen der USA und in Skandinavien hat es Sterilisationsgesetze gegeben, bei denen der Gedanke der Fürsorgepflicht des Staates eine Rolle spielte. Die Durchsetzung staatlichen Zwanges lehnen wir heute eindeutig ab und können auch Entscheidungen nicht mehr billigen, die auf damals vermeintlich gesichertem Wissen beruhten." Der Gedanke, Menschen Leid durch künftiges Leben zu ersparen, war in seiner damaligen ärztlichen Umgebung nirgendwo mit dem der "Vernichtung lebensunwerten Lebens" verbunden. Eine solche Vorstellung war zu Anfang des Jahrhunderts von Alfred Hoche[100] und Karl Binding[101] formuliert, aber von der grossen Mehrzahl der Mediziner als ethisch unvertretbar verworfen worden. Scheunerts Chef Paul Schröder hatte eindeutig dagegen Stellung genommen. "Dass der zunehmend wahnsinnige Hitler Kranke ermorden würde, war für uns nicht vorstellbar."

[100] Alfred Hoche (1865–1943), deutscher Psychiater u. Neurologe; https://www.google.de /#q= Alfred+Hoche

[101] Karl Binding (1841–1920), deutscher Rechtswissenschaftler; https://www.google.de/#q= karl+binding; http://www.staff.uni-marburg.de/~rohrmann/Literatur/binding.html

Aus dem Erfurter Lazarett wurde Gerhart Scheunert trotz schwerer Gelbsucht und einer Gallenoperation Anfang 1944 überraschend wieder an die Front versetzt. Man hatte beanstandet, dass er als Neurologe seine Quote an Felddiensttauglichkeitsbestätigungen von Patienten nicht erfüllt hätte. Er hatte eine Reihe von Verwundeten mit Lähmungserscheinungen mit der Begründung, dass sie kein Gewehr würden halten können, vor dem Fronteinsatz bewahrt. Dafür wurde er an die rumänische Front kommandiert. Im damals ungarischen Klausenburg wurde er Leiter einer neurologischen Abteilung.

In einem Privathaus war er bei einer Ungarn-Deutschen einquartiert, deren Ehemann nur selten überraschend auftauchte. Dem teilnehmenden Arzt wurde klar, dass er sich verborgen halten musste, weil er als Jude zum Arbeitseinsatz geholt werden sollte. Eines Tages berichtete die Frau, dass ihr Mann auf dem Lande, wo er sich aufhielt, einen Stellungsbefehl bekommen hatte und sich melden musste. Sie ahnten, dass er jetzt in ein Lager deportiert würde. Dann kam eine vorgedruckte Karte mit einem Absender "aus dem Walde". Gedruckt stand darauf "Mir geht es gut" und handgeschrieben nur der Vorname des Verschwundenen. "Nach einigem Warten wurde uns klar, dass es sein letzter Gruss gewesen war, wie wir heute wissen – aus Auschwitz."

Nach dem Zusammenbruch der rumänischen Front wurde Dr. Scheunert nach Komarom an der ungarisch-slowakischen Grenze kommandiert. Was hier in den ersten Nächten bei nasskaltem Wetter auf schlammigen Strassen vor sich ging, konnte Augen und Ohren nicht verborgen bleiben. "Züge von elenden, erschöpften, eng zusammengedrängten Menschen, die von SS-Soldaten bewacht wurden, schleppten sich durch den Ort. Es war die Austreibung der Budapester Juden." Da kam die Erinnerung an Frau Benedek und mit ihr siedend heiss die Vorstellung, dass ihre Schwester, Frau Friedemann, wenn sie noch in Budapest verblieben war, dort draussen in der Nacht unter den Gemarterten sein könnte. "Während ich im Bett lag und vergeblich zu schlafen versuchte, drang das Schlürfen und Schleifen der Schritte und gelegentlich ein Schrei herein, mit dem ein Wachposten die Erschöpften antrieb. In meinem Traumbild in einer dieser beiden Nächte waren meine Mutter und Therese Benedek miteinander verwoben. Eine Menschenmenge fiel über sie her und schlug wie eine Woge über ihr zusammen, und sie kam zu Tode. In diesem Traum erreichte mich die nicht mehr zu verleugnende Wirklichkeit."

Für die ungarischen Psychoanalytiker hatte es nach Ausbruch des Krieges kaum noch eine Möglichkeit zur Emigration gegeben. Judenfeindliche Verfügungen mehrten sich von Monat zu Monat. Nach der deutschen Okkupation begann die Massendeportation der ungarischen Juden. Vom Oktober 1944 an wurden auch Frauen, Alte und Kranke, die den Judenstern tragen mussten, aus ihren Verstecken geholt. Sie alle wurden im Fussmarsch nach Österreich und Deutschland in die Konzentrationslager getrieben.[102]

Gerhart Scheunerts Mutter starb 1945 nach einem Luftangriff, noch bevor die Amerikaner Leipzig erreichten. "Mein Vater erlag dem Hunger und einer Paratyphusepidemie kurz nach Kriegsende. Mein ältester Bruder Werner, der nie einen Kompromiss mit den Nazis eingegangen war, ist letztlich auch ihr Opfer geworden." Als man den Rechtsanwalt noch zum Richter berufen wollte, weigerte er sich mit den Worten: "Unter diesem Regime gehe ich nicht in den Staatsdienst." Seine Freistellung vom Kriegsdienst wurde danach sofort aufgehoben. An der Front geriet der 45-jährige unausgebildete Soldat in russische Gefangenschaft. Im September 1945 wurde er total entkräftet als arbeitsunfähig entlassen und starb im Lazarett, bevor seine Frau ihn erreichte. Der jüngere Bruder war mit einer anerkannten Kriegsdienstbeschädigung ebenfalls wieder einberufen worden und starb an einer Lungentuberkulose. "Beide Brüder hatten bedauert, dass ich in die NS-Partei eintrat, aber das geschwisterliche Verhältnis wurde nicht durch Vorwürfe getrübt. Doch ich mache mir bis heute Vorwürfe um meine Brüder, die dem Regime zum Opfer fielen, das ich einmal gewählt hatte."

Im Mai 1945 kam Gerhart Scheunert in amerikanische Kriegsgefangenschaft und erhielt zunächst den Befehl, das Lazarett weiter zu versorgen. "Zu meinen verwundeten Patienten kamen die ausgehungerten Überlebenden aus dem Konzentrationslager Mauthausen[103] und mit ihnen die bohrende Frage, was geschehen war. Der Zustand einer merkwürdigen geistigen Abwesenheit, in dem man das Erfahrene immer noch nicht ganz wahrhaben wollte, brach weg." Im Kriegsgefangenenlager in den Donauauen stellte ein entlassener deutscher Feldwebel einen Sammeltransport zusammen, mit dem alle, deren Wehrpass einen Heimatort in der Sowjetischen Besatzungszone auswies, in russische Gefangenschaft überstellt wurden. Nach einem Choleraanfall mit nachfolgender schwerer Herzschwäche hätte Gerhart Scheunert das Schicksal seiner Brüder geteilt. Doch durch Zufall geriet er in eine Abteilung, die von einem holländischen Juden überprüft wurde. "Ich habe ihm wahrheitsgemäss alles berichtet, auch, dass ich in der Partei gewesen bin. Er sagte darauf nur: Sie können Ihre Papiere holen."

---

[102] Dazu: Frieda Friedmann: Wenig Freude und viel Kummer – Jüdische Arbeiterfamiliengeschichte in Ungarn 1888–1968 Konstanz 2013, S. 150 ff. u. 306 ff.

[103] KZ 20 km östlich von Linz; dazu: Therese Müller, Als junge ungarische Jüdin im Holocaust. Konstanz 2014, S. 122 ff.; http://de.wikipedia.org/wiki/KZ_Mauthausen

Im September 1945 schlug sich der entlassene Wehrmachtsangehörige in Zivilkleidung auf Lastwagen bis zur Grenze der Sowjetischen Besatzungszone durch, in der Frau und Kinder wohnten. Mit einem ehemaligen Feldwebel versuchte er an verschiedenen Stellen, die Grenze zu überqueren, aber drüben bewegten sich Jeeps so auffällig hin und her, dass der Instinkt der Frontsoldaten sie stutzen liess. Nachdem sie am nächsten Tag von einem Einheimischen über die grüne Grenze gelotst worden waren, erfuhren sie, dass am Vortag in ganz Thüringen eine Grossrazzia stattgefunden hatte, mit der die Russen Tausende von ehemaligen Frontsoldaten, vor allem Offiziere aus amerikanischer Kriegsgefangenschaft, wieder gefangen genommen hatten. An diesem Tag wurde die Aktion beendet.

In Erfurt waren 3.000 Heimkehrer wieder abtransportiert worden. Frau Scheunert erzählte ihrem Mann, dass sie ihn in seiner Wohnung gesucht hatten. Dabei war ihnen ein Passbild vom Beginn des Jahres 1933 in die Hände gefallen, "das einzige, das mich je in Parteiuniform gezeigt hat." Frau Scheunert hatte erklärt, es handelte sich um einen Verwandten, der jetzt in russischer Gefangenschaft sei, und die Russen hatten es geglaubt. Die Praxis war von einem Kollegen belegt und das Haus voller Flüchtlinge. Es dauerte länger, bis der Heimkehrer wieder eine Existenzgrundlage hatte. "Damals war keine Zeit für Reflexionen. Das Nachdenken über den Alptraum des Dritten Reiches war blockiert. Man war mit Überleben beschäftigt, wir hatten Nahrungssorgen für unsere Kinder, russische Offiziere waren im Haus, und im Sprechzimmer fand die Praxis bei acht Grad Celsius statt. Es war, als sei das Unbegreifliche von einem abgefallen, als hätte man nichts mehr mit der Vergangenheit zu tun."

Erst nach zwei Jahren kam die Frage wieder: Wie konnte das geschehen, wie konnte man es geschehen lassen? Warum hatte man nicht erkannt, welche Entwicklung das nahm, dem man noch zugestimmt hatte, und war man dadurch mitschuldig geworden? Ein Prozess kam in Gang, den die nächste Generation vehement aufnahm, in dem jedoch für die Betroffenen selbst ein Rest unauflösbar blieb.

Schon ab 1948 führte der Psychiater auch wieder analytische Behandlungen durch. Unter sowjetischer Herrschaft musste er wieder erkennen: "Meine blauäugige Naivität war offenbar unheilbar." Wie hätte er sonst einen sowjetischen Offizier, der als Geheimdienst-Dolmetscher tätig war, als Patienten annehmen können? Er hatte behauptet, er sei Wolgadeutscher und müsse das verschweigen, um nicht als Verräter verdächtigt zu werden. "Ich hätte doch ahnen müssen, welcher Gefahr ich mich dabei aussetzte."

Zu Anfang des Jahres 1949 besuchte Dr. Scheunert eine Patientin mit Multipler Sklerose einmal wöchentlich abends in ihrem Hause. Nachbarn musste das aufgefallen sein, denn ihretwegen wurde er schriftlich zum sowjetischen Geheimdienst NKWD bestellt. Den sechs und sieben Stunden langen Verhören entnahm er, dass der Bruder der Frau Verbindungen in die Westzone hatte. "Von mir verlangte man, dass ich sie aushorchen und auch den Bruder bespitzeln sollte. Ich redete mich zunächst damit heraus, dass ich viel zu nervös wäre, um mich nicht zu verraten. Die Forderungen wurden verstärkt, der Nervenarzt sollte einen ehemaligen Polizeiarzt bespitzeln, der offenbar seinerseits ihn aushorchen sollte. Als der andere eines Tages verschwunden war, ahnte Scheunert, was zu erwarten war, wenn er die Unterschrift zu einer schon bereitliegenden Verpflichtung verweigerte. Wenn er nicht gezwungen werden wollte, Patienten und Kollegen zu bespitzeln, gab es nur die Flucht. Die Familie packte das Nötigste und erklärte den Nachbarn, dass sie in die Ferien führen. Als sie nach vielen Hindernissen endlich am Ostbahnhof in Berlin vorsorglich noch in einen Zug nach Pankow stiegen, lächelte ein mitfahrender älterer Herr: "Bisschen viel Gepäck für einen Urlaub!" Es war der letzte Schreck unter sowjetischer Herrschaft.

In Westberlin wurde der Neuankömmling wieder zu einem Verhör vorgeladen, diesmal beim amerikanischen Geheimdienst CIA. Er berichtete von den NKWD-Verhören und erhielt die Anerkennung als Flüchtling. Dann folgte noch ein Entnazifizierungsverfahren, denn die Amerikaner erkannten Entlastungszeugnisse aus der Sowjetischen Zone nicht an. Zwei Zeugen hatten dort zu Scheunerts voller Entlastung beigetragen. Ein ehemaliger Patient war von sich aus nach Erfurt gekommen, um sich zu bedanken, dass der damalige Feldarzt einen epileptischen Anfall provoziert hatte, der beweisen sollte, dass negative Äusserungen über Hitler und den Krieg in einem solchen Ausnahmezustand gefallen sein müssten. Er war daraufhin nur in eine Strafkompanie versetzt worden. Ein anderer Zeuge hatte berichtet, dass der Psychiater ihn vor der Einweisung in ein KZ mit einem Attest über Schizophrenie in eine Nervenheilanstalt überwiesen hatte, wo er dann wegen Fehldiagnose entlassen wurde. Die Amerikaner konnten diese Zeugen nicht vernehmen und berücksichtigten keine Aussagen aus dem Sowjetbereich. Gerhart Scheunert erhielt "die unrühmliche Bescheinigung 'Mitläufer'."

Eine vorläufige Bleibe fand die Familie Scheunert bei Carl Müller-Braunschweig und seiner Frau Ada. Der Psychoanalytiker versammelte seine Schüler regelmässig in seiner Wohnung in der Sulzaer Strasse, dem späteren Institut der "Deutschen Psychoanalytischen Vereinigung". Zu Anfang des Jahres 1950 hatten sieben der wenigen Psychoanalytiker der Freudschen Richtung, die es in Deutschland noch gab, die Gründung dieser Gesellschaft beschlossen, um die alte Tradition des Institutes, das Freuds Schüler geschaffen hatten, weiterzuführen. 1951 wurde in Amsterdam die DPV auf Empfehlung von Anna Freud mit überwältigender Mehrheit in die internationale Vereinigung aufgenommen. Das von den Gründungsmitgliedern beschlossene Ausbildungsprogramm orientierte sich am Ausbildungsplan des alten Berliner Psychoanalytischen Institutes.

Den Vorwurf, dass sie orthodoxe Freudianer seien, nahm Scheunert im Gründungsvorstand gern in Kauf. Sie waren überzeugt: "Der erste Schritt zu einer Renaissance müsste die Rückbesinnung auf die klassische unverfälschte Theorie und Praxis der Psychoanalyse Freuds sein." Als junger Hilfsassistent hatte er noch die Erstausgaben von Schriften Freuds erwerben können. 1933 abonnierte er Freuds "Internationale Zeitschrift für Psychoanalyse" und "Imago". Ab 1935 war sie in Deutschland nicht mehr ausgeliefert worden, Freuds Werke waren verbrannt und die Exemplare in den Bibliotheken weggeräumt. In der Bibliothek des "Reichsinstitutes" waren sie im "Giftschrank" verschlossen, und nur mit Genehmigung von M.H. Göring hatte Scheunert damals kurz Einblick nehmen dürfen. Aber ein Buch hatte Scheunert selbst nach Berlin gerettet: Freuds Traumdeutungen, die Therese Benedek ihm mit ihrer Widmung anvertraut hatte.

Therese Benedek erkundigte sich gleich nach dem Krieg. wie es ihrem Schüler ergangen war. "Ich habe ihr einen langen Brief geschrieben, und ich war tief beschämt, als ich dann Care-Pakete für meine Familie von ihr bekam. Als ich sie und ihren Mann Tibor, der in Amerika endlich einen Universitäts-Lehrauftrag bekommen hatte, auf dem Kongress in Paris 1957 zum ersten Mal wiedersah, war es für mich keineswegs selbstverständlich, dass beide mich herzlich begrüssten." Als Gerhart Scheunert das auszudrücken versuchte, sagte Frau Benedek: "Sie brauchen sich bei mir nicht zu entschuldigen."

Die Frage der Schuld, die Karl Jaspers[104] in seinen Vorlesungen im ersten Nachkriegssemester stellte, liess Gerhart Scheunert nicht los. "Wie kann man heute jemand glaubhaft machen, in welcher Naivität ich 1933 in die Partei eingetreten bin, ohne die antisemitische Seite überhaupt ernsthaft zur Kenntnis zu nehmen, und wie oft wir und auch die jüdischen Freunde uns dann noch beruhigen liessen, das alles würde schon wieder nachlassen." Auch für Jaspers war nach 1933 "die Welt so sehr verwandelt, dass noch nicht begriffen werden konnte, was eigentlich geschehen war." Doch nun kam die schreckliche Frage,

---

[104] Karl Jaspers (1883–1969), deutscher Psychiater u. Philosoph; https://www.google.de/#q=karl+jaspers

ob man im Nicht-Begreifen quasi die Hand dazu gereicht hatte, dass später so Furchtbares geschehen konnte. Für Scheunert war der Irrtum, dem er erlegen war, "wie ein Fremdkörper in meiner Biographie". Aber den Anteil der "metaphysischen Schuld", die Jaspers formulierte, nahm er an.

Der Psychoanalytiker legte sich noch einmal zwei Jahre lang auf die Couch, um die nationalsozialistische Vergangenheit in seiner eigenen zu bearbeiten. Es gab in Berlin nur zwei Analytiker, die für dieses Anliegen in Frage kamen, Käthe Dräger,[105] die in der KPD im Widerstand gewesen war, und Carl Müller-Braunschweig.[106] Von ihm als dem Älteren erhoffte Scheunert sich die meiste Einsicht in die frühen Zusammenhänge, die ihm zu schaffen machten. Müller-Braunschweig hatte an der Entwicklung des "Deutschen Institutes" im Kriege keinen Anteil mehr. 1938 hatte er in Wien eine Karte an Anna Freud geschrieben, die sie in der Hoffnung, ihrem Vater zu helfen, im Gestapo-Verhör erwähnte. Darauf erhielt er Lehrverbot am Göring-Institut, unter dem er aber dennoch litt. Rückbesinnung bedeutete für Scheunert in diesen Jahren vor allem die Rückkehr zur Analyse Freuds und die Wiederaufnahme des Denkens und der Werke der vertriebenen jüdischen Analytiker.

Unter Inkaufnahme eines sehr bescheidenen Lebens wurde die psychoanalytische Lehr- und Ausbildungstätigkeit wieder begonnen und auf Scheunerts Initiative auch das "Jahrbuch der Psychoanalyse" neubegründet. Als 1960 zum 10-jährigen Jubiläum der DPV der erste Band erschien, schrieb Anna Freud das Geleitwort und beschrieb die doppelte Aufgabe: "Arbeit auf dem eigenen Boden im ständigen Gedankenaustausch mit der Arbeit der analytischen Autoren der ganzen Welt." Auch Therese Benedek schrieb einen Aufsatz in diesem Band. Gerhart Scheunert stellte ihm die Erinnerung an Karl Abraham und Max Eitingon voran, auf deren Leistungen in Deutschland endlich weitergebaut werden konnte. "Psychoanalyse gedeiht nur in einer Gesellschaft der geistigen Freiheit; jedes autoritäre System fühlt sich von der Psychoanalyse bedrückt und unterdrückt", war seine eigene Erfahrung.

In jeder Begegnung mit emigrierten Analytikern war für Gerhart Scheunert die Vergangenheit gegenwärtig. Er gehörte noch einer Generation an, die mit Sprachen schlecht ausgestattet war: "mein Englisch war immer sehr unvollkommen." Aber er fühlte sehr nach, wie Emigranten die deutsche Sprache empfanden, die ihnen ein Gefühl von Ursprung und Heimat aber zugleich das

---

[105] Käthe Dräger (1900–1974), kommunistische Politikerin, Pädagogin u. Psychoanalytikerin; https://www.google.de/#q=Käthe+Dräger

[106] Carl Müller-Braunschweig (1891–1958), Philosoph u. Psychoanalytiker; http://de.wikipedia.org/wiki/Carl_Müller-Braunschweig

Bewusstsein vermittelte, "da gehöre ich nicht mehr hin." Er spürte die Freude des nach London emigrierten Wiener Kinderanalytikers Willi Hoffer[107] bei der ersten Rückkehr zur Fünfzigjahrfeier der Wiener Psychoanalytischen Gesellschaft 1958 und sah gleichzeitig das Auftauchen traumatischer Erinnerungen. Er verschwieg ihm auch nicht die eigene Problematik des frühen Parteibeitrittes. Als Hoffer später nach Hamburg kam, hielt er seinen Vortrag wieder auf deutsch. Auf dem Stockholmer Kongress 1963 bat Scheunert den Kollegen Heinz Kohut,[108] seine englischen Ausführungen auf Deutsch beantworten zu dürfen. Nach kurzer Zeit sprach der über England Emigrierte selbst wieder Deutsch. Er schien froh, die Schwelle überwunden zu haben. Die grösste Freude war es nicht nur für Scheunert, dass in einer von ihm 1963 in Stockholm geleiteten Diskussionsgruppe über die Vergangenheit in Stockholm auch Anna Freud erstmals wieder auf Deutsch Stellung nahm. "Es hat sich dann nicht sehr bald wiederholt, das war mir nur zu verständlich", bemerkte er aber auch.

"Ich war immer darauf gefasst dass die Verfolgten mit denen, die dem damaligen Staat nicht widerstanden haben, nichts mehr zu tun haben wollten. Aber dann konnte ich mit vielen emigrierten namhaften Analytikern in vollem beiderseitigen Wissen ein freundschaftliches Verhältnis gewinnen." Dankbar erinnerte sich Scheunert an ein eindringliches Gespräch mit einem inzwischen in den USA bekannten Ethnoanalytiker, der von seinen Erlebnissen als Holländer im Widerstand gegen die deutsche Besatzung berichtete. Unvermittelt fragte er: "Waren Sie in der Nazipartei?" Gerhart Scheunert sagte "Ja" und erzählte ihm von seinem Problem mit sich selbst. Nach einer Pause sagte der Kollege: "Vielleicht überrascht es Sie, aber wenn ich als junger Deutscher die letzten Jahre der Weimarer Republik erlebt hätte, könnte ich mir gut denken, dass ich auch in einer solchen Lage gewesen wäre."

Im dritten Band des "Jahrbuches der Psychoanalyse" kamen schon vorwiegend jüngere Psychoanalytiker zu Wort. Der neuen Generation kam die "Gnade der späten Geburt" zugute, auch wenn sie noch einen Teil der Hitlerzeit bewusst miterlebt hatte. "Ich habe mich nie darum gekümmert, welche Vorstellungen die Jüngeren damals vielleicht noch gehabt hatten, es sei denn, sie waren meine Lehranalysanden", erklärte Scheunert. Sie scheuten sich

[107] Willi (Wilhelm) Hoffer (1897–1967), britischer (geb. in Österreich) Arzt u. Psychoanalytiker; http://www.answers.com/topic/hoffer-willi-wilhelm

[108] Heinz Kohut (1913–1981), amerikanischer (geb. in Österreich) Psychoanalytiker; https://www.google.de/#q=Heiz+Kohut

später, auch wenn sie Hitler abgelehnt hatten, nicht, zu sagen, "Wir sind doch alle irgendwie mitgelaufen."

Die später Geborenen aber fragten eines Tages, ob Gerhart Scheunert seine Parteizugehörigkeit vor ihnen nicht bewusst im Dunkeln gehalten hätte. Das war ihm nie in den Sinn gekommen. In den 1950er und 1960er Jahren waren die Gespräche nicht mehr oft auf die Vergangenheit gekommen. Danach brach sie durch, aber da gab es "einen Stil der öffentlichen Selbstbezichtigung", der Scheunert so fremd war wie die Radikalität der 68er. Diejenigen, die ihn hatten fragen können, waren meist noch bei ihm in Ausbildung oder gehörten zum Umfeld seiner Lehranalysanden. "Da habe ich mich nicht für berechtigt gehalten, das alles auf den Tisch zu legen, wie es war, weil das die Übertragungsverhältnisse kompliziert und Projektionen ermöglicht hätte, die dann völlig in die Irre führen und die analytische Praxis gefährden konnten." Wie persönliche Offenbarungen den Erfolg der Analyse in Frage stellen, hatte Gerhart Scheunert in seinen Veröffentlichungen über die psychoanalytische Arzt-Patient-Beziehung, über Freuds Regel der Abstinenz und das Inkognito des Analytikers deutlich gemacht.

Der einzige Patient, der von sich aus auf die Frage kam, war ein Musiker, den ein Wiener Kollege ihm geschickt hatte. Sein Vater und sein Bruder waren in Auschwitz umgekommen. Er selbst wurde in einem jüdischen Arbeitstrupp schwer geschunden, ehe er entkam. Als er über den Nationalsozialismus reflektierte, sagte er zu seinem Analytiker: "Sie waren ja niemals Nazi!" Scheunert fragte zurück: "Sind sie dessen so gewiss? Und was wäre sonst?" Wenn er sich irgendeiner Sache sicher sei, dann der, "dass Sie kein Nazi waren!" beharrte der Patient. Gerhart Scheunert bekannte: "Da bin ich verstummt. Ich konnte ihm in diesem Augenblick nicht sagen, dass ich PG gewesen war. Er hätte die Analyse in einem für den Analysanden sehr unglücklichen Augenblick abbrechen müssen. Aber ich konnte ihm natürlich auch nicht sagen, ich wäre nicht Nazi gewesen, weil ich es der Gesinnung nach niemals war." Der Analysand wurde ein sehr kreativer, bekannter Komponist. Wenn er später von der Parteizugehörigkeit des Analytikers erfahren hat, wird es ihm nicht mehr viel ausgemacht haben.

Es war stets Scheunerts Anliegen, in Wissenschaft und Praxis der Psychoanalyse eine tragbare Ausgewogenheit von Technik im Sinne der Abstinenz des Analytikers und Menschlichkeit in der Anteilnahme aber auch der aufkommenden Wahrheit gegenüber sich selbst zu finden. Schüler und Freunde bescheinigten ihm in der Festschrift des Hamburger Balint-Institutes zu seinem 70. Geburtstag, "Humanität und Technik in der Psychoanalyse", er habe als erster zur Erschütterung des Mythos vom unpersönlichen Analytiker beigetragen. Das Balint-Institut der Universität war 1959 mit Scheunerts Übersiedlung von Berlin nach Hamburg gegründet worden. Unter der Naziherrschaft hatte er eine Universitätslaufbahn abgelehnt, weil sie praktisch nur Parteigenossen offenstand, die NS-Aktivitäten nicht ablehnten. Nun begann doch eine Lehrtätigkeit, die ihm entsprach. Mehr als 25 Semester hatte er an der Universität Hamburg gelehrt und einer neuen Generation vermittelt, was er vom Gedankengut der psychoanalytischen Bewegung in Deutschland vor ihrer Vernichtung in sich aufgenommen, darüber hinweg bewahrt und erneuert hatte.

Gerhart Scheunert (1906–1994)

"Wir sind in der Psychoanalyse in vielen Punkten über Freud hinausgekommen", sagte er auf der 25. Jahrestagung der Deutschen Psychoanalytischen Vereinigung und nannte besonders die Erkenntnisse der Ich-Psychologie, auf die er 1954 als Erster in Deutschland hingewiesen hatte. Er würdigte auch die Methodenvarianten, die der Psychoanalyse die Anwendung bei einer viel breiteren Schicht der Gesellschaft erschliessen sollten, denn das war stets sein Anliegen gewesen. Aber wirkliche therapeutische Möglichkeiten sah er nur dann, wenn der Zusammenhang mit der klassischen Analyse des Einzelnen nicht verloren ging. Sich in oftmals jahrelanger Arbeit mit dem Geschick eines einzelnen Menschen zu befassen, war für ihn nie zu mühsam oder "unwirtschaftlich", weil es "dem Patienten auf die Dauer hilft und unsere Einsichten in die Natur des Menschen fördert." Dass die hermeneutische Methode, die diese Erkenntnisse ermöglicht, auch Wissenschaft ist, hat er gegen den Ausschliesslichkeitsanspruch des physikalisch-mathematischen Wissenschaftsbegriffes immer betont und als Professor der Psychoanalyse gelehrt.

Als Gerhart Scheunert sich in Bad Kissingen zur Ruhe gesetzt hatte, kam eine neue Phase der "Vergangenheitsbewältigung" auch in der deutschen Psychoanalyse. 1985 fand zum ersten Mal wieder ein internationaler psychoanalytischer Kongress in Deutschland statt. Es war für die vertriebenen deutschen Analytiker und ihre Nachfahren in all den Jahren noch zu schwer gewesen, auf deutschem Boden mit deutschen Analytikern zusammenzukommen. Berlin kam als einstige Hauptstadt des Dritten Reiches immer noch nicht als Tagungsort in Frage. Man wählte Hamburg, und die jüngere deutsche Analytikergeneration sah sich aufgerufen, die "Geschichte der Psychoanalyse in Deutschland" in einer dokumentarischen Ausstellung zu analysieren. Dabei wurden einige von ihnen erstmals auf Professor Scheunerts ehemalige Parteimitgliedschaft aufmerksam. Er hatte sie nie geleugnet, aber sie war in den letzten Jahren kaum noch zur Sprache gekommen. Die Generation jedoch, die an der verdeckten Nazivergangenheit ihrer Väter schwer zu tragen hatte, sah in ihm eine Projektionsfigur, an der sich noch "Verschwiegenes" aufdecken liesse.

Der verdiente Ehrenpräsident der Deutschen Psychoanalytischen Vereinigung geriet in hohem Alter in ein Zwielicht, das ihm schmerzlich zu schaffen machte. Jüngere Kollegen erklärten, dass es für einen Psychoanalytiker im Unterschied zu anderen Berufsgruppen nicht entschuldbar gewesen sei, der Partei beigetreten zu sein. Für Analytiker habe es damals keine andere Möglichkeit gegeben, als zu emigrieren oder im Widerstand zu arbeiten. "Nach der individuellen Lebenssituation in den zwanziger und dreissiger Jahren fragten sie nicht", meinte der alte Analytiker. "Die Information musste zunächst einmal so sein, dass man die Notwendigkeit zu emigrieren erkannte." Für ihn waren Zeitungen in der Jugend nicht erreichbar, dann kaum bezahlbar, und im Dritten Reich wurden sie gleichgeschaltet. Ins Ausland kam er nicht, Sommerferien gab es nur auf dem Land in Sachsen oder Thüringen. Einmal war er mit seinem jüdischen Schulfreund in den Alpen auch über die Grenze gewandert. Das war seine ganze Reiseerfahrung.

In Erfurt hatte er bewusst einen abgelegenen Wohnort gewählt, um von der Partei möglichst unbemerkt in seiner Praxis arbeiten zu können. Dass ihm diese Lebensform gelang, und dass es eine psychoanalytische Praxis war, die er führte, "war das ganz Unangepasste, Eigene", auf das er stolz gewesen war. Nach Berlin kam er nur, wenn Arbeit, Frau und Kinder ihm Zeit liessen und die Fahrten nicht zu teuer wurden. Erst im Nachhinein erfuhr er von der Emigration der jüdischen Analytiker. Wie schwer es war, in einem fremden Land Aufnahme zu finden, wusste er von Therese Benedek, und da war sie bereits international bekannt.

Dass man sich in Nischen zurückzog, um möglichst wenig Berührung mit den Nazis zu haben, genügte späteren Betrachtern nicht. Gerhart Scheunert gab zu: "Ich war zu feige, zu sagen, ich habe mich getäuscht, damit will ich nichts zu tun haben. Das hätte man wohl tun sollen, aber es hätte den Kopf kosten können, ohne jemandem zu nutzen." Als Arzt hat er aber nie gezögert, bedrohten Patienten zu helfen. Vielen Unglücklichen und Belasteten hat er in schwerer Zeit mit seiner Behandlung Kraft zum Überleben vermittelt.

Es war eine stille Freude für den 88-jährigen, dass sich in der Stube, wo er sich mit schwindendem Augenlicht vor seinem Tode noch mit dem Erinnerungsmaterial auseinandersetzte, zahlreiche Briefe der Ermutigung von Kollegen sammelten. Aus Zürich bestätigten die Freunde: "Wir haben Ihre Erlebnisse und sogenannte Vergangenheit immer gekannt. Uns schienen Sie stets das beste und beinahe das einzige Beispiel dafür zu sein, dass ein Deutscher jener Zeit ebenso würdig wie vernünftig mit Ereignissen der Jugendzeit, die mit den Nazijahren zusammenfiel, verfahren ist." Schüler dankten ihm für sein Lebenswerk, den Wiederaufbau der Freudschen Psychoanalyse und die Ermöglichung ihrer Ausbildung nach dem Krieg. Sie würdigten sein "Einstehen für einen Teil unser aller politischer Vergangenheit".

Aus Holland, dem Land seiner Emigration, schrieb ein Kollege, der "unter Lebensgefahr im aktiven Widerstand" gewesen war: "Sie waren und sind für mich ein grosser Mensch, aufrecht und ehrlich, mit einer mitmenschlichen Wärme, wie man sie in unserem Fach leider nur zu selten findet – einer der grossen europäischen Analytiker und vorbildlich guter und anständiger Mensch. Dass ich Ihnen begegnen durfte und dass ich zu Ihnen in einem freundschaftlichen Verhältnis stehen darf, ist für mich persönlich ein grosser Reichtum."

5. Freunde in der Neuen Welt:
Wilhelm Magnus, Hans Jonas und die Emigration

Im Oktober 1990 hielt der Philosoph Hans Jonas[109] in New Rochelle die Trauerrede für seinen besten Freund, den deutsch-amerikanischen Mathematiker Willhelm Magnus,[110] an den Kreis der Freunde, Kollegen und Schüler in englischer Sprache, den Trude Magnus den Verwandten übersetzte:

Auch ich möchte von meinem geliebten Wilhelm Abschied nehmen und mit einigen Worten die einzigartigen Qualitäten seiner Person ins Gedächtnis zurückrufen und zugleich im Scheiden Dank sagen für das immer erneute Glück, das in der Freundschaft mit ihm mein Leben durchzogen hat. Wir hatten beide die Mitte unseres Lebens überschritten, als wir uns vor 35 Jahren trafen, aber seitdem waren wir die engsten Freunde. Eigentlich waren Trude und er der Grund dafür, dass die Jonas-Familie sich in New Rochelle niederliess, als meine akademische Heimstatt von Kanada nach New York überwechselte. Das war 1955, und seither verging mit Ausnahme der jährlichen Ferien und Reisen kaum je eine Woche, in der wir Vier nicht einen Abend in ihrem oder unserem Haus zusammen verbrachten. Und was waren das für Abende! Sprudelnd von intellektuellem Interesse, ja Erregung der vielfältigsten Art. Doch immer auf dem sicheren Felsen gemeinsamer Grundwerte, der leicht alle Verschiedenheiten einzelner Urteile aushält.

Er war ein wahrhaft kultivierter Mensch eines verschwindenden Typus, für den zum Beispiel die Liebe zu einem Gedicht bedeutete, es auswendig zu können. Bis zum Ende konnte er mich immer noch damit überraschen, was er zu diesem oder jenem Thema des Augenblicks zitieren konnte. In wissenschaftlichen Dingen war er ein wunderbar klarer und grosszügig bereitwilliger Erläuterer, wie ich als häufiger laienhafter Nutzniesser Grund habe, dankbar zu erinnern. Welches Privileg muss es gewesen sein, sein Schüler sein zu dürfen!

Ich will an der Leuchtkraft seines Intellekts nur verweilen, um zu sagen, welch ein erhebendes Fest es war, in der Unterhaltung mit ihr in Beziehung zu

---

[109] Hans Jonas (1903–1993); Philosoph, 1992 Dr. h.c. der Universität Konstanz; http://de.wikipedia.org/wiki/Hans_Jonas

[110] Hans Heinrich Wilhelm Magnus (1907–1990), Mathematiker; http://de.wikipedia.org/wiki/Hans_Heinrich_Wilhelm_Magnus

kommen. Aber mit diesem Glanz verband sich eine ausserordentliche Güte – mehr noch – die seltenste aller Tugenden: Reinheit des Herzens. Er strahlte einen angeborenen Adel des Charakters aus, und in einem Zeitalter voll modischen psychologischen Misstrauens zögerte man nicht, von der Güte seiner Seele zu sprechen. Verzeihen Sie diese altmodischen Worte, aber hier passen sie! Denn er war tatsächlich ein Mensch dieser seltenen Art von Tugendhaftigkeit, die es hin und wieder gibt und die hoffentlich niemals ausstirbt.

Einer unserer Freunde wandte auf Wilhelm, den Nicht-Juden, einmal einen ehrhaften und traditionellen jüdischen Titel an: Er ist, so sagte er mir, ein "lamed vavnik", einer der 36 verborgenen Gerechten, um derentwillen nach jüdischer Lehre die Welt zu einem jeden Zeitpunkt besteht. Immer noch schätze ich diese über das Diesseits hinausreichende Würdigung von einem sonst skeptischen Geist hoch ein. Sie sprach die Wahrheit über Wilhelm aus. In ihm war keine Bosheit. Seine Gerechtigkeit kannte keine Berechnung, sein Urteil keine Hintergedanken. Intrigen waren ihm fremd. Obwohl weit entfernt von Einfältigkeit besass er eine seltene Einfachheit der Sittlichkeit. Die Menschen fühlten dies.

Unsere Kinder fühlten es. Als mein Sohn im Gymnasium einen Aufsatz über das Thema schreiben sollte "Der Mensch, den ich am meisten bewundere", wählte er Wilhelm Magnus. Und als meine Frau ihn später im Leben vor einem geselligen Anlass vorsorglich darauf hinwies, dass ein Herr aufsteht, wenn eine Dame das Zimmer betritt, antwortete er nur: "Aber Mama, ich habe doch schliesslich in meiner ganzen Jugend das Vorbild von Wilhelm Magnus vor Augen gehabt!" Was er von den frühen Teenagerjahren seiner Schwestern an gesehen hatte, war, dass Wilhelm sich unfehlbar von seinem Stuhl erhob, wenn eine von ihnen den Raum betrat, und während der Begrüssung stehenblieb. Die liebenswürdige Höflichkeit dieses Verhaltens war letztlich ein liebenswerter Aspekt seiner Sittlichkeit: Dem anderen wurde die Ehre der Gleichheit zuteil. Ja, er war bei aller Strenge seiner kompromisslosen Ethik ein Mensch, den man einfach lieben musste. Ich werde ihn – wir alle werden ihn – liebend vermissen.

Der Mathematiker Wilhelm Magnus hatte die 12 schrecklichsten Jahre der deutschen Vergangenheit bis zum Ende bewusst durchlebt. Er hätte sich aber am allerwenigsten zu den "Gerechten" gezählt. Er war kein Widerstandskämpfer gewesen. Er war auch nicht verfolgt worden, obwohl er jüdische Vorfahren hatte und sie nicht verleugnete. Den Stammbaum, der den Behörden "arische Abstammung" nachweisen sollte, hatte er ihnen allerdings mit grossem Geschick vorenthalten. Er erkannte darin sofort die Gefahr.

In der Familie und im Freundeskreis war bekannt, dass der Urgrossvater Magnus und seine Frau, geborene Fraenkel, sich kurz nach 1800 hatten taufen lassen. Zu dem Zeitpunkt, der für die nationalsozialistischen Rassengesetze von 1935 zählte, waren sie noch jüdischen Glaubens. Kinder und Enkel heirateten in christliche Familien. Für Wilhelm war nach Nazirechnung "ein Achtel" jüdischer Abstammung zu bemessen. Dazu kam mit einem sogenannten Sechzehntel als weiterer Vorfahr noch der Kriminalrat Hitzig,[111] der ihm auch ein Vorbild war. Er hatte sich schützend vor den Dichter E.T.A. Hoffmann[112] gestellt, der als Hochverräter angeschuldigt worden war. Über das "stumme H", das die Familie dem jüdischen Itzig voranstellte, wurde in Berlin auch gern gewitzelt. Wilhelm Magnus zitierte dann Heinrich Heine,[113] der in dem H den Anfangsbuchstaben eines Heiligen sah.

Wilhelm Magnus (1907–1990)

[111] Jullius Eduard Hitzig (1770–1849), geb. Isaak Elias Itzig; Jurist, Verleger, Schriftsteller; http://de.wikipedia.org/wiki/Julius_Eduard_Hitzig

[112] E.T.A. Hoffmann (1776–1822); http://de.wikipedia.org/wiki/E._T._A._Hoffmann

[113] Heinrich Heine (1797–1856); https://www.google.de/#q=Heinrich+Heine

Es war aber nicht die jüdische Abstammung, derentwegen Wilhelms Vater Alfred Magnus nach 1933 nicht Ordinarius wurde. Das Naziregime machte ihm gleich zu Anfang einen politischen Prozess. Er ging nur dadurch glimpflich aus, dass die Ankläger sich als Kriminelle erwiesen. Aus seiner Stellung wurde er verdrängt, doch der Bruder Dietrich Bonhoeffers[114] holte ihn in die biochemische Forschung nach Leipzig. Erst nach dem Kriege bekam Alfred Magnus noch für wenige Lebensjahre eine Professur.

Sein Sohn Wilhelm hatte an der Universität Frankfurt keine Förderung zu erwarten. Er lehnte es ab, sich einer Parteiorganisation anzuschliessen. Es war auch nicht unbekannt, dass er jüdische Vorfahren hatte. Einer seiner Freunde erklärte einmal den anderen: "Wilhelm ist nämlich ein Zehntel jüdisch". Darauf wies ihn Wilhelm sachlich zurecht: "Mathematisch korrekt muss das ja wohl ein Achtel sein!" Eine Professur wurde ihm mit einem weiteren Grund verweigert: Jemand hatte ihn als "harmlosen, gänzlich unpolitischen Menschen" empfohlen. Das war für die Nationalsozialisten das Gegenteil einer Empfehlung.

Wilhelms Mutter hatte ihn politisch beeinflusst und geprägt. Sie sprach schon zu Anfang 1933 aus, was viele deutsche Demokraten ihr nicht abnehmen wollten. "Wir werden wirklich von Verbrechern regiert!" rief sie laut im Gespräch in einem Frankfurter Café. Auf den Rückseiten der Bänke sassen Leute, die das hörten, und Wilhelm war besorgt. Aber Alfred kannte Frankfurt und sagte: "Keine Angst, die denken genau so."

In Frankfurt hatte fast jeder jüdische Freunde. Wilhelms Universitätslehrer waren überwiegend jüdisch. Viele wanderten frühzeitig aus. "Emigrieren war aber nicht so einfach, namentlich nicht für die Älteren, die damit auch ihre Pension verloren. Die Welt war schnell überschwemmt mit deutschen Intellektuellen, und Tausende suchten vergeblich Stellen in der Emigration." Wilhelm hatte diese Entwicklung miterlebt, denn er war 1934/35 noch mit einem Rockefeller-Stipendium in Princeton gewesen. Liebend gern wäre er dort geblieben. Aber es gab zu viele, die nicht zurückkehren konnten. "Du kannst es doch vielleicht noch wagen", sagten die jüdischen Mathematikerfreunde, und Wilhelm ging wieder nach Frankfurt. Dort lernte er seine spätere Frau, Gertrud Remy, kennen. So war das Opfer im Rückblick nur "gut" für ihn.

Ganz anders als in Frankfurt war es in dem Städtchen Hadamar, in dem Trude Magnus aufgewachsen war. Dort wusste sie nur von einem jüdischen Viehhändler, den die Kinder mit dem Metzger heimlich beim Schlachten beob-

[114] Dietrich Bonhoeffer (1906–1945); lutherischer Theologe; http://de.wikipedia.org/wiki/Dietrich_Bonhoeffer

achteten und jiddisch sprechen hörten. Im Bereich des ländlichen Städtchens waren die Viehhändler wohl die einzige jüdische Gruppe. Nur Trudes Schwester Hildegard hatte eine jüdische Klassenkameradin. In Limburg, wo die Mädchen dann aufs Gymnasium gingen, gab es jüdische Ärzte und Kaufleute. Aber in der Klosterschule hatten sie keine jüdischen Mitschülerinnen. Doch in Hadamar wurden Hitlers Verbrechen in anderer Weise bekannt. Im Kriege erschien die grosse "Irrenanstalt" mit ihrem rauchenden Schornstein in der weiten Umgebung unheimlich. Ein katholischer Studentenpfarrer erklärte Trude die Bedeutung des schwarzen Rauches: hier wurden Geisteskranke ermordet.[115]

Als Trude zum Mathematikstudium nach Frankfurt kam, waren Wilhelms Professoren schon emigriert. Sie fand Wilhelms Abstammung interessant aber nicht so wichtig wie die Familie zu denken schien. Nach der Heirat gingen Trude und Wilhelm im August 1939 nach Berlin. Der Kriegsausbruch war abzusehen, aber Wilhelm hatte bei Telefunken eine Arbeit gefunden, in der er hoffte, freigestellt zu werden. In Magnus' Wilmersdorfer Mietshaus wohnte eine ältere jüdische Dame, mit der Trude oft über die "schrecklichen Zeiten" sprach, zu denen sich beide nicht näher zu äussern wagten. Trude wusste, dass ihre Sorge nicht zu vergleichen war mit der Angst der Jüdin, die schon nicht mehr die gleichen Lebensmittelkarten bekam. Sie brachte ihr die Magermilch, die ihr in der Schwangerschaft zugeteilt wurde.

Eines Tages aber war die Wohnung leer. Trude konnte es nicht fassen. Nur ihre Nachbarin hatte bemerkt, dass die alte Dame vor Beginn des Tages abgeholt worden war. Trude kannte schon länger den Begriff des "Arbeitslagers" und glaubte zu ahnen, was die alte Dame erwartete. Sie hoffte nur auf ein schnelles Ende des Krieges, damit man die Verschleppten wieder zurückholen könnte. Wilhelm aber sagte: "Wie soll sie denn die Kriegszeit überleben, so abgezehrt wie sie schon war?"

In Frankfurt[116] wurde eine jüdische Verwandte aus Wilhelms Elternhaus abgeholt, wo sie sich verborgen hielt. Telefunken hatte einen jüdischen Mitarbeiter entlassen müssen, dem Wilhelm in seiner Wohnung noch regelmässig Arbeit übermittelte. Eines Tages klingelte der Luftschutzwart des Hauses und liess sich nicht in der Tür abweisen. Er sah den jüdischen Besucher und er-

[115] InHadamar wurden 1941–1945 während der sog. "Aktion T4" ca. 14.500 Menschen mit Behinderungen ermordet; http://de.wikipedia.org/wiki/Tötungsanstalt_Hadamar

[116] Gretel Baum-Meróm u. Rudolf Baum, Kinder aus gutem Hause – Von Frankfurt am Main nach Israel und Amerika. Konstanz 2011; Gretel Baum-Meróm, Ich erinnere – Jüdisches Leben in Frankfurt am Main und in Israel. Konstanz 2009; Julie u. Norbert Baum, Mein lieber Rudolf – Elternbriefe an den emigrierten Sohn in den USA. Konstanz 2011.

fasste, was er wohl schon vermutet hatte. Danach waren die Treffen für beide zu gefährlich.

Aus freien Stücken verkehrte Wilhelm Magnus nicht mit Nazis, "man mied sie wie die Pest". Das Kriterium für Bekanntschaften war für ihn: "Wenn ich sage, Hitler ist ein Schweinehund, wird er mich dann denunzieren? Wenn er es tut, ist er ein Schweinehund, wenn er es nicht tut, ist er ein Mensch." Trude meinte: "Wirklich fanatische Nazis waren vielleicht 25 Prozent der Bevölkerung, wirkliche Gegner wohl weniger. Fünfzig Prozent standen auf jeder Stufe dazwischen. Es gab die Halbnazis, die aber doch keine Menschen angezeigt haben. Es gab vor allem Halbherzige. Nur wenige waren es, die wie die Geschwister Scholl[117] ihr Leben einsetzten. Sich für Mitmenschen einzusetzen, hielt ich für unumgänglich, auch angesichts der Gefahr. Aber ich sah auch die Verantwortung für meine Familie und besonders für die Kinder. Zum Widerstand kann ich mich deshalb nicht rechnen. Wenn wir Kontakte zu ihm gesucht hätten, so hätten wir sie wohl auch gefunden."

Wilhelm ging mit sich selbst ins Gericht. Eine Möglichkeit, sich zu rechtfertigen, gab es in der Nazizeit für ihn nicht. "Das wäre so, als ob Leute, die jahrelang in einem Bordell gelebt haben, ihre Unschuld beteuerten. Es ist das System der Diktatoren, dass sie alle mit hineinziehen und mitschuldig machen. Die mittelalterlichen Seeräuber haben ihre Gefangenen so lange hungern lassen, bis man sie zwingen konnte, einen Menschen mit umzubringen, jeder wenigstens mit einem Stich. Dann waren sie mit den Mördern schuldig und somit stumm."

Gern erzählte Wilhelm auch die Geschichte von Mark Twain[118] "The stranger": Ein guter Geist kommt auf die Erde, wo zwei Jungen sich mit ihm befreunden. Die meisten anderen sehen in ihm eine Hexe. Eines Tages steinigen sie den Geist, und auch die Jungen werfen schliesslich jeder einen Stein. Später schämen sich die beiden, doch sie sagen: "Alle haben es getan!" Wilhelm machte deutlich: "Ein einziger wollte den Stein werfen, alle anderen taten es aus Angst, selbst gesteinigt zu werden. Die wirklichen Verbrecher unter den Nazis waren verhältnismässig selten. Aber es gab viele, die aus Angst vor ihnen handelten."

Die Angst war auch nicht grundlos. Wilhelm kannte einen Polizeioffizier, der zur Waffen-SS eingezogen wurde, die in Polen jüdisches Eigentum zu beschlagnahmen hatte. Als eine alte Frau ihn anflehte, ihr wenigstens ein Erin-

[117] Hans (*1918) und Sophie (*1921) Scholl wurden am 22. Februar 1943 zum Tode verurteilt und mit der Guillotine hingerichtet; http://de.wikipedia.org/wiki/Geschwister_Scholl

[118] Mark Twain (1835–1910); http://de.wikipedia.org/wiki/Mark_Twain

nerungsstück zu lassen, tat er es, "also war er Mensch." Dafür wurde er wegen Unterschlagung von "Staatseigentum" – dem konfiszierten jüdischen Eigentum – verurteilt. In einer Strafkompanie wurde er durch ein Minenfeld gejagt und kam nach qualvoller Verstümmelung ums Leben. "Es war die schwerste Belastung der Nazizeit, dass die Angst vor der Verbrecherbande, die das Land beherrschte, auch berechtigt war. Sie belohnte das Verbrechen und setzte auf menschliches Handeln die Todesstrafe, das war absolut teuflisch."

Wenn man Wilhelm fragte, warum er die ihm nach dem Krieg verliehene Professur auf Lebenszeit in Göttingen aufgab, um einem Ruf in die Vereinigten Staaten zu folgen, so konnte man verschiedene Antworten hören: die Nähe der Zonengrenze, die damals akut erscheinende neue Kriegsgefahr aus dem Osten oder die Enge der Wohnung, für die Magnus nicht mit der noch üblichen Ellenbogenpraxis gekämpft hatten. Trude bezeichnete die Göttinger Jahre im geistigen Neubeginn nach 1945 dennoch als die wohl schönsten ihres Lebens. "In unserem engen Zimmer gab es die interessantesten Diskussionen mit den amerikanischen Mathematikern, die wieder nach Göttingen kamen, und den heimgekehrten sozialistischen Politikern."

Wilhelms Liebe zu den Vereinigten Staaten war seit dem Studienaufenthalt in Princeton lebendig geblieben. Er trug schwer an der Vergangenheit in Deutschland und sah sie mit den Augen der Emigrierten, die nach der Rückkehr nicht einmal Gräber ihrer ermordeten Angehörigen fanden. Als erster nahm er unmittelbar teil an dem Leid, über das sie nicht zu sprechen vermochten. Es wurde sein tiefstes Anliegen, Brücken der Zusammengehörigkeit Stein um Stein wieder zu errichten. Wenn die Freunde hier nicht mehr Wurzeln fassen konnten, wollte er die Freundschaft dort erneuern, wo man sie hingetrieben hatte. So jedenfalls kam es und muss in seinem Wesen begründet gewesen sein, wie Hans es in der verborgenen Reinheit, Gerechtigkeit und Herzensgüte sah.

Der Ruf nach New York kam von Magnus Lehrer Richard Courant,[119] der nach Hilbert[120] und Gauss[121] der dritte geniale Mathematiker in Göttingen gewesen war. Er emigrierte 1934 in die USA, wo die New York University ihn gebeten hatte, die mathematische Fakultät zu internationalem Niveau zu entwickeln. Es gelang ihm noch, mehrere fähige Mathematiker nachzuziehen

---

[119] Richard Courant (1888–1972), deutsch-amerikan. Mathematiker; https://www.google.de/#q=Richard+Courant

[120] David Hilbert (1862–1943); https://www.google.de/#q=Hilbert

[121] Carl Friedrich Gauß (1777–1855); http://de.wikipedia.org/wiki/Carl_Friedrich_Gauß

und vor dem Schicksal zu retten. 1937 folgte Kurt Otto Friedrichs,[122] der später zum Erfolg des "Courant Institute of Mathematical Sciences" beitrug. Er wollte seine jüdische Verlobte Nellie aus Deutschland retten und konnte sie nach vielen Hindernissen in der Freiheit heiraten.

Das Ehepaar Courant lebte mit den Kindern in New Rochelle bei New York. Sie zogen Kurt Otto und Nellie Friedrichs und deren fünf Kinder in die Nachbarschaft. Diesen Familien folgten Wilhelm und Trude Magnus mit ihren beiden Töchtern Jutta und Bettina. Auch ein weiteres Ehepaar in diesem Kreis war Wilhelm schon vertraut: Als er 1934 in Princeton gefährdeteren deutschen Kollegen seinen Platz überliess, kam Courants Göttinger Schüler Fritz John[123] an die New York University. Sein Vater war Jude. Seiner nichtjüdischen Frau hatten Freunde schon bei ihrer Verlobung gesagt: "Du bist ja wirklich mutig!" Sie brach mit ihm in ein neues Dasein auf, das sie in New Rochelle begründeten. Courant hatte in diesem Städtchen die beste Schule für seine Kinder gefunden. In der lieblichen grünen Umgebung wuchs nun eine ganze Schar deutsch-amerikanischer Schulkinder auf.

Von Anfang an bewegte Trude und Wilhelm das Verhältnis zu den Emigranten. Die ersten Wiederbegegnungen nach dem Krieg in Göttingen waren noch von der Furcht begleitet: "wie alles, was man tut und getan hat, interpretiert werden könnte. Wir alle hätten ja mehr wissen und auch tun können! Damit musste nun jeder auf seine Weise fertig werden." Doch Courant hatte mit Magnus nicht nur den Mathematiker an sein Institut gerufen, den er brauchte, sondern auch den Freund, von dem alle wussten, wie er gedacht hatte. Trotz dieses Zuspruchs vermied Wilhelm es lange, von sich aus auf Emigranten zuzugehen. "Alle unsere jüdischen Freunde hier haben ihrerseits den ersten Schritt getan."

Trude erfuhr bald, was es für ein jüdisches Mädchen in Deutschland bedeutet hatte, sich wie sie in einen vielversprechenden jungen Mathematiker zu verlieben. Für Nellie Friedrichs blieb der 4. Februar 1933, an dem noch kaum jemand erfasst hatte, was im Januar geschehen war, das schönste Datum ihres Lebens. Auf einem Ball in Braunschweig tanzte ein junger Mann, den sie für einen Studenten hielt, wieder und wieder nur mit ihr. Es war der jüngste Professor an der Hochschule in Braunschweig. Er liess sie fortan nicht mehr aus den Augen, obwohl beide zunehmend fürchten mussten, miteinander gesehen zu werden. Schon im März, nach dem Reichstagsbrand, musste Frieder, wie sie ihn nannte, Angst um Nellie haben. Ihr Hauswirt, ein "Obernazi", nahm an

[122] Kurt Otto Friedrichs (1901–1982); http://de.wikipedia.org/wiki/Kurt_Friedrichs

[123] Fritz John (1910–1994); http://de.wikipedia.org/wiki/Fritz_John

den Ausschreitungen teil, zu denen die Nazis aufriefen. Nellie fürchtete, er könnte dem Professor "Rassenschande" anhängen. Ein Kollege, den Friedrichs durch seine frühe Karriere überrundet hatte, wurde Parteimitglied und grüsste seine jüdischen Freunde nicht mehr. Als er mit anderen Kollegen dem jungen Paar im Park begegnete, sagte er laut: "Den Friedrichs werde ich noch rauskriegen!"

Friedrichs wollte lieber früher als später "raus". Er hatte schon mit Courant Kontakt aufgenommen. Während die Emigration für Juden immer schwerer wurde, betraf ihn die Forderung der Nationalsozialisten: "Deutsche bleiben in Deutschland!" Die Behörden hatten schon eine Liste der emigrierten jüdischen und nicht-jüdischen Gelehrten. Sie verlangten von Friedrichs, Courants Einladung mit einer Absage zu beantworteten, die im Durchdruck dem Kultusminister Rust vorgelegt werden musste. Die Emigration konnte nur heimlich erfolgen. Was Friedrichs erst 1937 über einen Besuch zu seiner Schwester in Frankreich mit dem von ihr beschafften amerikanischen Besuchsvisum gelang, wäre Nellie wohl nie mehr gelungen, wenn sie nicht zufällig in Frankreich geboren worden wäre. Eine kluge Freundin, deren Bruder "Alter Kämpfer" der Nationalsozialisten war, hatte ihr schon vor Hitlers Machtergreifung gesagt: "Behalte immer deinen französischen Pass!" Er ermöglichte nun auch ihr den Fluchtweg über Frankreich.

"Schlag Mitternacht unter der Eiche in unserem Park" hatten Nellie und Frieder sich in Braunschweig noch einmal verabredet, um die Flucht zu besprechen. Ihre Familien wohnten in Mietshäusern diesseits und jenseits des Parks. Nellie zitterte, dass der Hauswirt sie im hellen Mondlicht davoneilen sähe, und ängstigte sich dabei auch für Friedrichs Familie. "Das Schreckliche war, dass alle durch mich gefährdet sein konnten. Ich wäre verzweifelt gewesen, wenn durch mein Verhalten noch etwas passiert wäre. Man kann sich das heute gar nicht mehr vorstellen, was man alles fürchten musste, selbst wenn die Gefahr objektiv gerade einmal nicht so gross gewesen sein mag." Wilhelm Magnus erklärte ihr dazu: "Es war einer der teuflischen Züge des System, dass bewusst Angst und die Vorstellung verbreitet wurde, es gäbe überall jemand, der alles sah, hörte und anzeigen konnte."

Die Liebenden gelangten beide auf abenteuerlichen Wegen nach New York, aber heiraten konnten sie nur in Kanada. Von da aus durften sie dann über die Grenze zurück in die USA einwandern. Das erste Kind, Walter, wurde 1940 geboren. Sein Bild erreichte die Grosseltern Friedrichs noch über das Rote Kreuz in Deutschland, ehe sie 1941 kurz nacheinander starben. Nellie vergisst es ihnen nie, mit wie viel Verständnis sie das Opfer brachten, ihren Sohn mit in das Land ihrer Zuflucht ziehen zu lassen, wo sie ihn nie mehr wiedersahen.

Neben den Mathematikern war Wilhelm Magnus Zeit seines Lebens mit Philosophen befreundet. Hans Georg Gadamer[124] hatte den jungen Freund schon früh mit Jaspers bekannt gemacht. "Jedermann wusste, dass Jaspers eine jüdische Frau hatte. Wäre das Buch 'Die geistige Situation der Zeit' nicht noch vor 1933 gedruckt worden, so hätten wir es wohl nicht mehr zu lesen bekommen. Wir erfuhren dann irgendwie, dass Frau Jaspers mit ihrem Mann überlebte." Durch Friedrichs lernten Magnus' in New Rochelle Karl Löwith[125] kennen. Er hatte mit Gadamer bis 1934 in Marburg gewirkt. Als Emigrant in Rom wurde er 1938 durch die italienischen Rassengesetze zum zweiten Mal vertrieben. Nur durch treue Beziehungen aus Marburg gelangte er an die Universität Sendai in Japan, wo Hitlers Pakt der Achsenmächte dann die Existenz wieder in Frage stellte. 1941 gelangte er in die USA, und nach dem Krieg wurde er an die New School for Social Research in New York berufen.

Löwiths wohnten in einem Nachbarort von New Rochelle. Auch sie genossen dort, wie Ada später schrieb, "die Anregungen durch die vielen bedeutenden Menschen." Als Karl und Ada Löwith 1951 zum ersten Mal über den Sommer nach Heidelberg gingen, boten sie ihr Haus dem Ehepaar Jonas an. Sie empfahlen den Freunden Magnus die Bekanntschaft mit dem Philosophen und wiesen Jonas auf den Mathematiker mit seinem Familien- und Freundeskreis hin. Hans Jonas war zu dieser Zeit Professor in Ottawa. Wilhelm Magnus wusste aber, dass er aus Israel gekommen war. Trotz seiner Liebe zur Philosophie blieb er dem Grundsatz treu, als Deutscher nicht den Anfang der Bekanntschaft zu machen. So kamen Jonas' zuerst mit ihren Kindern zur Familie Magnus. "Wir verstanden uns vom ersten Tage an", erinnerten sich Trude Magnus und Lore Jonas. Im Januar 1955 wurde Hans Jonas als Professor für Philosophie an die Graduate Faculty der New School for Social Research in New York berufen. "Wir zogen wegen der Magnus nach New Rochelle", erklärte er später.

Einen Kreis von hochbegabten Wissenschaftlern, Freunden und Diskussionspartnern hatte Hans Jonas immer wieder um sich gehabt. In Jerusalem war es "die Blüte, die Auslese des jüdischen Volkes" gewesen, hinter deren intensiven geistigen Disputen ihm selbst das Universitätsleben in Heidelberg und Berlin zu verblassen schien. Sie hatten miteinander Deutsch gesprochen, ein "Stück Mitteleuropa" in Jerusalem, im damaligen Palästina. Einen Ruf nach Deutschland vermochte Jonas nach dem Krieg nicht anzunehmen. Seine Mutter war in Auschwitz ermordet worden. Philosophieren mit Freunden in deutscher Spra-

124 Hans Georg Gadamer (1900–2002); http://de.wikipedia.org/wiki/Hans-Georg_Gadamer

125 Karl Löwith (1897–1973); http://de.wikipedia.org/wiki/Karl_Löwith

che, diesmal mit dem Hintergrund von Mathematik und Naturwissenschaft, war aber für ihn eine Schicksalsfügung.

Die Freundschaft der Wissenschaftler in New Rochelle entwickelte sich weiter auf der tragenden Grundlage der Familien. Jonas hatten schon zwei Kinder, Ayalah und John. Trude erwartete ihren Sohn Alfred, den amerikanischen Nachkömmling nach Jutta und Bettina in Göttingen. Die beiden Frauen und Mütter hatten mehr gemeinsam als die intensive Zuwendung, die sie in den entscheidenden Lebensjahren ihren Kindern gaben. Sie waren mitdenkende Frauen für ihre wissenschaftlich arbeitenden Männer, für deren hohe Begabung sie die eigenen geistigen Gaben einsetzten. In ihrer Freundschaft fanden beide auch Mittel und Wege, ihren persönlichen Interessen nachzugehen. Beruflich war ihnen hinderlich, dass sie nicht im Lande ausgebildet waren. Trude hatte nur ein deutsches Studium vorzuweisen, Lore einen vielfach unterbrochenen Bildungsweg in mehreren Ländern, den sie nirgends abschliessen konnte.

Trude Magnus war immer dankbar, dass sie 1934, in einer Zeit, wo das Abitur noch eine Frage des Geldes war, das eher Söhnen zufloss, ein Studium hatte beginnen können. Aus dem ganzen Städtchen Hadamar mit seinen 3.000 Einwohnern hatten bis dahin nur vier Mädchen Abitur in Limburg gemacht. An der Frankfurter Universität sah sich die Mathematikstudentin aber schon nicht mehr benachteiligt. Der Weg in die Wissenschaft war in Deutschland von Frauen seit zwei Jahrzehnten vorbereitet worden. Dass von ihnen besondere Leistungen erwartet wurden, war für Trude kein Problem. Ihr Vater hatte als Mathematiklehrer die Begabungen seiner beiden Töchter früh gefördert.

Aber in Amerika fand sie zu Anfang der 1950er Jahre für Frauen alles noch etwas altmodischer als im neu beginnenden Nachkriegsdeutschland. So gab sie zunächst mathematischen Nachhilfeunterricht, wie sie es im Kriege in Berlin gewohnt war. Als ihre Kinder heranwuchsen, fand sie an der New Yorker Universität ein neues Interessengebiet, die Ägyptologie. Die Entschlüsselung der Hieroglyphen und Überprüfung der Übersetzungen in den Werken ihres Lehrers Henry Fischer brachten neuen Anschluss an wissenschaftliches Denken.

Lore Jonas hätte in Regensburg auch zu den wenigen Mädchen gehören sollen, die in den 1930er Jahren Abitur machten und studierten. Aber während Trude sich auf ihr Abitur vorbereitete, musste die 17-jährige Lore ihre Heimatstadt verlassen. Ihr Vater liebte diese Stadt, in der er sich als Rechtsanwalt zum Sachwalter der Armen gemacht hatte. Lores Mutter hielt im "Allgemeinen Frauenverein" Vorträge über Emanzipation und Frauenfragen. Im

Kreis ihrer christlichen Freunde pflegten die Eltern Literatur und Musik. Nur über Politik sprach man zu wenig.

1933 sollte der jüdische Rechtsanwalt, der Freimaurer hohen Grades war, aus der Loge verdrängt werden. Aber der Grossmeister löste stattdessen die Loge auf. Am 1. April entfernten SA-Männer das Kanzleischild "Rechtsanwalt Weiner" von der Mauer an der Strasse. Dann wurde ihm die Wohnung gekündigt und sein Haus durchsucht. Die SA hätte ihn in "Schutzhaft" genommen, wenn er nicht gerade abwesend gewesen wäre. Nach dem Boykott-Tag (1. April 1933) durfte Lore die Schule nicht mehr besuchen. Der Klassenlehrer der Tertianerin bot an, sie allein zu unterrichten, aber der Direktor untersagte ihm das. Als die Familie auswandern wollte, drohte ein Mandant dem Rechtsanwalt, ihn ins Konzentrationslager zu bringen, falls er nicht seine Schulden von 10.000 Mark für einen verlorenen Prozess übernähme. Der Bruder dieses Mandanten hatte im Lager Dachau einen führenden Posten. So blieb dem Vater nichts übrig, als das Geld zu zahlen, das die Familie für den Beginn im neuen Land bitter nötig behabt hätte.

An eine akademische Ausbildung konnte Lore in Jerusalem nicht mehr denken. Sie verdiente ihr Geld als Kinderpflegerin und nahm jede Gelegenheit wahr, an Universitätskursen teilzunehmen. Durch einen ihrer Lehrer lernte sie Hans Jonas kennen. Auf einem Fest bezauberte sie sein Künstlerauge, und nie vergass sie die Gespräche mit ihm. Doch erst auf längerem Umweg fanden sie sich für immer.

Hans Jonas hatte einen grossen Freundeskreis in Jerusalem, in den auch die Familien der Freunde einbezogen waren. In den engen Wohnräumen mit Petroleumöfen diskutierte man bis in die Nächte. In bescheidenem Rahmen lebten sie alle die mitgebrachte Kultur. Die nahen Freunde gehörten zu den frühen zionistischen Einwanderern, die nicht erst "durch Hitler Juden geworden waren". Sie hatten das Ende von Aufklärung und Toleranz frühzeitig gespürt und erfahren. Dem wachsenden Antisemitismus in Deutschland hatten sie die verstärkte Besinnung auf ihr jüdisches Erbe und die Verbundenheit mit dem Heiligen Land entgegengesetzt. Herzls[126] zeitweilige Vorstellung, auch ein anderes Land könne zum Staat der Juden werden, hielt dem religiösen Gefühl nicht stand, das Juden immer mit dem Land verbunden hatte, das Moses ihrem Volk verhiess.

[126] Theodor Herzl (1860–1904); http://de.wikipedia.org/wiki/Theodor_Herzl

Hans Jonas hatte sich während des Studiums schon darauf vorbereitet, das "Land der Väter" zu bebauen. Wie Martin Buber[127] und Gershom Scholem[128] ging es ihm aber mehr um die geistige Erneuerung des Judentums als um politische Aktion. Die Freunde waren Mitglieder des Friedensbundes "Brit Shalom", der die friedliche Koexistenz mit den Arabern zum Ziel hatte. Die gemeinsamen Wurzeln der semitischen Völker waren für sie von Bedeutung, und sie glaubten an die Möglichkeit eines binationalen Staates. Auch später, als die meisten von ihnen in realistischeren, oft auch nationalistischeren Bahnen dachten, sah Hans Jonas in einer selbstverantwortlichen Rolle der Araber die Voraussetzung künftigen Friedens. Ein "moralisch fundierter Zionismus" konnte für ihn Aktionen, bei denen Menschlichkeit in Frage stand, nicht decken.

Die führenden Mitglieder des Brit Schalom waren Mitbegründer der Hebräischen Universität in Jerusalem. Der langjährige Rektor Magnes hatte 1924 ein judaistisches Institut eröffnet. Gerschom Scholem wurde Dozent für jüdische Mystik. 1938 konnte er noch eine Professur für Martin Buber durchsetzen, der sich im nationalsozialistischen Deutschland bis dahin noch bemüht hatte, Bildungsmöglichkeiten für die aus Schulen und Universitäten vertriebenen jungen Juden zu schaffen. Die wenigen finanzierbaren Posten der Hebräischen Universität waren damit für eine Generation vergeben. Hans Jonas fand nur noch eine Möglichkeit, im Rahmen des British Council Vorlesungen zu halten. Ein enger Freund von Jonas und Scholem war der Erziehungswissenschaftler Ernst Simon,[129] den eine tiefe Schüler-Lehrer-Freundschaft auch mit Buber verband. Die Freundesgruppe traf sich oft in Simons 1931 erbauten Jerusalemer Haus, dem Stolz der jungen Familie. Ernst Simons Mutter hatte aus Berlin noch geschrieben: "Es ist genauso gross wie unser 'Berliner Zimmer'. Alle drei Freunde stammten aus begüterten, assimilierten Familien. Ihre Eltern hatten dem *Central-Verein deutscher Staatsbürger jüdischen Glaubens* angehört. Für sie hatte es keinen anderen Staat gegeben als den deutschen. Aber die Jungen träumten von einem jüdischen Gemeinwesen. Der Erste Weltkrieg brachte für sie die erste Distanzierung vom übertriebenen deutschen Nationalismus. Scholems Bruder wurde zu neun Monaten Gefängnis verurteilt, weil er an Kaisers Geburtstag an einer Antikriegsdemonstration teilgenommen hatte.

[127] Martin Buber (1878–1965); dazu: Erhard Roy Wiehn, Martin Buber als Soziolog. Konstanz 2008; http://de.wikipedia.org/wiki/Martin_Buber

[128] Gershom Scholem (1897–1982); https://www.google.de/#q=Gerschom+Scholem

[129] Ernst Simon (1899–1988); http://de.wikipedia.org/wiki/Ernst_Simon_(Philosoph)

Sein Vater verbot dem Sohn dafür das Haus. Aber Gerschom stand zu seinem Bruder.

Ernst Simons Vater hatte seinem Sohn nach der ersten antisemitischen Erfahrung als Schüler erklärt: "Ihr seid Juden, und ihr sollt stolz darauf sein." Als Ernst im Ersten Weltkrieg sah, dass die jüdischen Kameraden, die sich als Freiwillige gemeldet hatten, nicht gleichwertig behandelt wurden, rief er ihnen das zionistische "Übermorgen in Jerusalem" zu. Sein Vater aber blieb in Berlin, auch als er dort mit seiner Frau schon ausgegrenzt wurde. "Eine belagerte Festung lässt man nicht im Stich", sagte er zu dem Sohn, der ihn nach Jerusalem holen wollten.

Am Krieg gegen Hitler nahm von den Freunden nur Hans Jonas teil, obgleich er schon in fortgeschrittenem Alter war. Er hatte aber nicht mehr im Ersten Weltkrieg gekämpft, hatte nicht das Grauen von Verdun vor Augen und die Splitter der Verwundung im Körper, die Ernst Simon zeitlebens zu schaffen machten. Ernst war noch vor dem Abitur als Freiwilliger in den Krieg gezogen. Im Feld war er Pazifist geworden.

Wie Hans Jonas über den Krieg gegen Hitler dachte, hat er in den "Meilensteinen" der jüdischen Verbindungen in einem Aufsatz über Karl Barth[130] nach 1945 noch einmal begründet: Barths realpolitische Folgerung aus der Erkenntnis der Weltgefahr durch Hitler war es, dass dem Übel widerstanden werden muss – "d.h. dass, wenn kein anderer Weg bleibt, der Krieg gegen das nationalsozialistische Deutschland zu wünschen und, da er endlich kam, zu bejahen sei." Wie Barth empfand Hans Jonas, "dass es etwas gibt, das schlimmer ist als Sterben und als Töten: das freiwillige Jasagen zu der Schande der Herrschaft des Antichrist."

Gleich bei Kriegsbeginn meldete er sich zur "jüdischen Heimatarmee", der British Army, und zwar zur Artillerie. Er wurde Geschützmeister und war stolz auf seine handwerkliche Ausbildung und Leistung als Schlosser. Mit Ballistik beschäftigte der Philosoph sich so gründlich, dass er eines Tages feststellte, dass alle Geschütze seiner Einheit ungenau ausgerichtet waren. Er schrieb einen Brief an den Kommandierenden General, in dem er die bisherigen Berechnungen richtigstellte. Darauf wurden die Geschütze akkurat eingestellt, aber er verlor seinen Rang als Korporal: Er war nicht den Weg über seinen nächsten Vorgesetzten gegangen.

---

130 Karl Barth (1886–1968), Schweizer reformierter Theologe; http://de.wikipedia.org/wiki/Karl_Barth

1943 sollte die Jüdische Brigade[131] zum Einsatz kommen. Da erhielt Lore Weiner einen Anruf aus Haifa, sie möchte alles vorbereiten, damit in zwei Tagen Hochzeit sein könnte. Es wurde eine Khaki-Hochzeit im Haus von Jonas ältester Freundin in Haifa, dem Standort der Brigade. Zwischen der Heirat und dem Ende des Krieges hat Hans Jonas seine junge Frau nur zweimal besuchen können, einmal von Zypern aus und einmal aus Ägypten. Dann wurde die Einheit nach Italien geschickt. Für sie, die Wissen suchte und von ihm erwartete, begann er regelmässig aufzuschreiben, was er dachte. Die "Lehrbriefe", die mit den Liebesbriefen einhergingen, wurden zur Grundlage seiner späteren philosophischen Schriften. "Lehrbrief Nummer ..., Fortsetzung folgt", heisst es am Ende der Texte, die er ohne jede Literatur, ganz auf sein Gedächtnis und Denken angewiesen, entwickelte.

Nach dem Kriegsende kam Hans Jonas mit der britischen Besatzung nach Deutschland. Erst im November 1945 wurde er wieder nach Palästina entlassen. Vieles hatte sich inzwischen verändert, auch das friedliche Zusammenleben mit den Arabern, für das die Freunde sich engagiert hatten. Das junge Paar zog in ein arabisches Dorf, wo sie ein schönes Haus mieten konnten. Sie pflegten freundlichen Umgang mit dem Besitzer und seiner zahlreichen Familie, die fast das ganze Dorf ausmachte. Er war der Mukhtar,[132] den die Engländer als Verwalter des Dorfes eingesetzt hatten. Als die Unruhen auf den Krieg zuliefen, kam er zu Hans Jonas und sagte: "Du weisst, dass du mir immer ein lieber Gast warst. Es ist eine Ehre für das Dorf, so einen gelehrten Mann hier zu haben. Doch es gibt gewisse Unruhen von ausserhalb. Natürlich werde ich dich vor ihnen beschützen, ja ich werde vor deiner Schwelle schlafen und mein Leben für euch einsetzen. Wenn aber alles nichts hilft und sie euch umbringen, dann werde ich Blutrache üben wie für meinen eigenen Sohn!" Das war die gastfreundliche Art, Hans Jonas mitzuteilen, was er mit Recht etwa so verstand: "Mach', dass du hier wegkommst!" Zwei Tage später waren die Jonas in zwei Zimmer nach Jerusalem gezogen.

Der Krieg war für Hans Jonas noch nicht zu Ende. Jerusalem musste verteidigt werden. Beim Anstehen nach Brot in einer Feuerpause begegnete Lore sieben jungen Witwen, die an einem Tag ihre Männer verloren hatten. Auch Lores Bruder fiel in diesem Krieg. Hans Jonas war als Artillerieoffizier damit befasst, die beiden Kanonen, die sie hatten, so schnell wie möglich von einer Stelle zur anderen zu schaffen, damit die Araber überall den Eindruck hatten,

[131] Siehe S. 20, Fußnote 13.

[132] Ortsvorsteher.

dass sich Geschütze auf sie richteten. Die überfüllten Häuser hatten keine Luftschutzkeller. Man flüchtete in Gräben oder hinter Mauern, die oft einstürzten. In die grösste Angst hinein sagte Hans Jonas zu denen, die um ihn waren: "Vielleicht werden wir es in Jerusalem nicht überleben, aber der jüdische Staat wird überleben!"

Alle Freunde haben überlebt. Die Briten zogen sich (1948) zurück, Palästina wurde geteilt, Israel wurde ein eigenständiger Staat. Aber auch Jerusalem wurde geteilt. Hans Jonas sah voraus, dass es noch wenigstens für eine Generation Unruhen in diesem Lande geben würde. Die Menschen lebten bedrängter als zuvor. Die Hebräische Universität, die Jonas einen festen Lehrauftrag nach der Rückkehr aus dem Krieg zugesagt hatte, war geschlossen. Die School of Higher Studies des British Council hatte mit dem Fortgang der Engländer aufgehört zu existieren. Es gab eine Arbeitsvermittlung für heimgekehrte Soldaten, und Jonas konnte wählen, ob er eine Übersetzung aus dem Englischen ins Hebräische oder die Korrektur eines hebräischen Buches übernehmen wollte. Die Niederlegung seiner eigenen Gedanken war wieder hinausgeschoben. Die erste Lebenshälfte hatte er bereits überschritten.

Ernst Simon war der Freund, der Jonas am besten verstand. Er stellte eine Verbindung zu einem kanadischen Schüler in New York her, wo Simon 1947 am Jüdischen Seminar gelehrt hatte. Als Lore im achten Monat schwanger war, kam Hans, noch immer in Uniform, zum Urlaub nach Tel Aviv, wo sie eine kleine Wohnung hatten. Im Briefkasten fand er ein Telegramm, mit dem er für ein Jahr nach Kanada eingeladen wurde. Die wohlhabende Lady Davis und ihr kanadischer Mann wollten durch ein Stipendium europäische Gelehrte ins Land ziehen, "in order to lift the cultural level of Canada."

Als Hans Jonas aus der Armee entlassen wurde, war seine Tochter Ayalah schon geboren. 1949 reiste das Ehepaar mit dem Baby in der Tragetasche nach Kanada, wohin Ernst Simon eine Verbindung schuf, ein "freundliches", fremdes Land, das aber eine neue Arbeitssprache erforderte. Doch deutsch konnte er noch nicht wieder lehren. Eine Berufung nach Marburg lehnte er ab. Zu schwer lastete das Schicksal seiner Mutter auf seiner Seele. Als er im Sommer 1945 in der Uniform der Befreier in seine Vaterstadt Mönchengladbach zurückgekehrt war, hatte er erfahren, dass sie nach Lodz deportiert und in Auschwitz ermordet worden war.

Das Elternhaus, in dem Hans Jonas geboren wurde, steht bis heute in der Mozartstrasse in Mönchengladbach. Sein Grossvater hatte 1896 die Leinenweberei B. Jonas aus Borken in Westfalen in die aufstrebende Industriestadt überführt, um sie zu mechanisieren. Seine Söhne Alfred und Gustav führten die Fabrik weiter. Hans Jonas wurde als Gustavs zweiter Sohn 1903 in Mönchengladbach geboren. Das Unternehmertum der Väter war nicht das Erbe, dem er folgte. Grossvater Benjamin Jonas war mehr als 50 Jahre lang Vorsteher der Jüdischen Gemeinde in Borken gewesen. Vom Vater seiner Mutter Rosa Horowitz hatte Hans die besondere Neigung für Kunst und Wissenschaft. Der Oberrabbiner in Krefeld war über das Rheinland hinaus als Historiker, Sprachforscher und als liberaler Denker bekannt.

Zu Lore und Hans Jonas' Hochzeit bemerkte ein väterlicher Freund in Israel, hier heirate eine Pfälzerin einen Preussen. In Gladbach hatte man die Familie Jonas häufig die "Hohenzollern aus Borken" genannt. Der König von Preussen hatte Benjamin Jonas den "Kronenorden" verliehen, nachdem er in preussischem Pioniergeist eine Chaussee von Borken bis zur holländischen Grenze zustande gebracht hatte. Es war ein rheinisches Preussentum, mehr nach Paris als nach Berlin gewandt, das man in Mönchengladbach duldete. In manchem Haus soll jedoch noch ein Napoleonbild gehangen haben. Hans Jonas verfiel, wenn er mit Verwandten sprach, in späten Jahren noch in den rheinischen Dialekt seiner Heimat.

Die Stadt Mönchengladbach verdankte der Familie Jonas soziale und kulturelle Stiftungen wie das Gladbacher Orchester. Rose Jonas war sehr musikliebend. Der heranwachsende Hans aber wünschte sich vor allem Malstunden. Er bekam Unterricht in einem Kreis junger Gladbacher Maler, die nach den Erfahrungen von Verdun Pazifisten geworden waren und deren Bilder bald zur "entarteten Kunst" zählten.

Eine Zeit lang hatte der junge Hans auch vor, Arzt zu werden. Er hoffte seinen zwei Jahre älteren Bruder Ludwig durch die Entdeckung neuer Medikamente von seiner unheilbaren Gelenkkrankheit zu befreien. Danach wollte er mit ihm den Weltraum entdecken, sich der Raumschifffahrt zuwenden. Als Ludwig wegen der fortschreitenden Krankheit das humanistische Gymnasium verlassen musste, suchte der Vater einen Primaner, der ihm Privatstunden geben konnte. Der vom Direktor empfohlene katholische Primus Rudolf Vitus wurde wie ein vierter Sohn im Hause Jonas aufgenommen.

Nachdem Ludwig nach einem durch seine Lähmung verursachten Unfall gestorben war, setzten die Brüder Hans und Georg den geistigen Austausch mit Rudolf Vitus fort. Rudolf studierte Theologie, und Hans nahm an seinen Studien der hebräischen Sprache und des Alten Testaments teil. Der junge Priester fand im jüdischen Glauben die Wurzeln des Christentums, und Hans Jonas interessierte sich für die frühen Zeiten des christlichen Denkens. Beide kämpften sie für Toleranz. In diesem Geist fanden sie auch nach dem schwersten Erleben von Hans Jonas wieder zueinander.

Aus tiefer Bildung stammende Toleranz war schon das Vorbild des Grossvaters, des Oberrabbiners Dr. Jakob Horowitz. In Hans' Geburtsjahr 1903 hielt er zur Einweihung der neugebauten Synagoge in Krefeld eine Predigt, in der er die Situation der Juden mit der des neuen Gotteshauses verglich: von innen erweitert und aussen verändert solle es auf den alten Säulen ruhen. Sein Dank und seine Fürbitte galt allen, "die sich mit den Israeliten vor einem Schöpfer verneigten." Sein Nachfolger ehrte in ihm einen Mann, der Eintracht zwischen den verschiedenen Bekenntnissen in Krefeld schuf, "ein Mann voll Menschenliebe, Vorurteilslosigkeit und Duldsamkeit." Er war Religions- und Sprachwissenschaftler, der ausser Griechisch und Hebräisch noch Aramäisch lernte, um sich mit Harnack[133] über die Auslegung der frühesten Form des Alten Testaments auseinanderzusetzen.

Dieser Grossvater, der auch sein Vorbild wurde, starb, als Hans Jonas erst vier Jahre alt war. Aber sein Sohn, Hans' Onkel Leo Horowitz, übte einen bleibenden Einfluss auf ihn aus. Er bezeugte es in dem Kondolenzbrief, den er 1967 an Leos Tochter Lotte Wiesner nach Chile sandte, wo der Onkel im gesegneten Alter von 94 Jahren starb:

Meine liebe Lotte,
Von einer Europareise zurückkehrend, erhielt ich Deinen Brief mit der Nachricht vom Tode Deines Vaters, meines geliebten und verehrten Onkel Leo. Er war der weiseste der Menschen. Sein Bild scheint in meine früheste Kindheit und hat für mein ganzes Leben meine Vorstellung vom Adel des Geistes geformt. Von ihm weiss ich, was unparteiisches Erkennen, bescheidenes Wissen, nachsichtiges Verstehen, überlegende Skepsis, illusionsfreie Güte ist. Er lebte in der Nähe grosser und anspruchsvoller Gegenstände des Verstandes, und seine Vernunft verzieh den Menschen ihre Torheit, da er die Natur des Menschen nicht überschätzte. An ihm zuerst, und nie vollkommener, sah ich die Selbstentsagung der Subjektivität zu Ehren des Eigenrechts der Dinge, das Schweigen der Leidenschaft vor der wägenden Schau. Um ihn war die Luft rein und der Wind still, sodass die Wahrheit zu ihrer strengen und doch ihn immer neu bezaubernden Gegenwart kommen konnte. Ihrer Vorläufigkeit und Stückhaftigkeit war sich sein wachsamer Zweifel tief bewusst, doch seiner unstillbaren Wissenslust war das jeweils von ihr Erreichbare der kostbarste Besitz. Vor ihr war ihm seine eigene Person uninteressant. In ihrer Gesellschaft, ihrem unaufdringlichen Widerschein lebte er, ohne sich je mit ihr zu schmükken.

---

133 Karl Gustav Adolf von Harnack (1851–1930), protestant. Theologe u. Kirchenhistoriker; http://de.wikipedia.org/wiki/Adolf_von_Harnack

In meinem Leben war "Onkel Leo" von Anfang an da. Vor seiner Verheiratung (lange galt er in der Familie als 'eingefleischter Junggeselle') verbrachte er fast jedes Wochenende bei uns in Gladbach, und an den Samstagabenden erzählte er uns Kindern vor dem Schlafengehen selbsterdachte Geschichten mit Fortsetzung von Woche zu Woche. Es waren (da wir Jungens waren) Räubergeschichten, und manchmal wurde auch geschossen.

Im Ersten Weltkrieg, als mein eigenes geistiges Erwachen begann, entdeckte ich den unabhängigen, unbestechlichen, Abstand haltenden Einzelgänger, dessen Blick kein Propagandanebel trügen, dessen Nüchternheit kein Phrasenrausch verwirren konnte. Gleich als England in den Krieg eintrat, stand ihm fest, dass wir nicht gewinnen könnten, und keine Siegesmeldungen, an denen es Jahre hindurch nicht fehlte, machten ihn daran irre. Als alles bei uns noch jubelte, wusste er, was an der Marne passiert war, und was es für den deutschen Kriegsplan bedeutete.

Irgendwann einmal verriet er mir das Geheimnis seiner Unabhängigkeit im rein Tatsächlichen vom offiziellen Text: gleich zu Anfang hatte er sich auf eine Schweizer Zeitung abonniert und bezog sie den ganzen Krieg hindurch. Jeder hätte es tun können, aber keiner tat es. Ihm war sofort klar, dass in solcher Situation nur einer neutralen Berichterstattung einigermassen zu trauen sei.

Aber so wenig wie ihm der deutsche Patriotismus den Kopf verdrehte, tat es später die Revolution mit ihren überschwenglichen Visionen. Alles Utopische erfüllte ihn mit Misstrauen. Der Optimismus der Radikallösungen, der Traum der Perfektibilität, das Universalrezept zur Ameliorisierung der menschlichen Dinge – all dies schien seiner Skepsis naiv und irreal; und zumal der vox populi versagte er jede Ehrfurcht. Er dachte hoch von der Vernunft, aber gering von ihrer Verteilung unter den Menschen und von ihrer Macht, sich durchzusetzen. So behielt er klaren Kopf in gelassener Isolierung, wenn die Wogen um ihn hochgingen. Ich kenne keinen Menschen, der immuner gegen geistige Massenansteckung gewesen wäre.

Mein in jenen Jahren erwachender Zionismus war ihm fremd, z.T. aus obigen Gründen, aber Überredung war nicht seine Sache, und so auch nicht Widerlegung. Das ergab sich nicht nur aus Temperament und instinktiver Toleranz, sondern auch aus seiner skeptischen Meinung von den Grenzen des Arguments. "Glaube nur nicht", sagte er mir einmal, "dass Ansichten durch Gegengründe geändert werden. Historisch setzen sich neue Wahrheiten durch, nicht dadurch dass die Vertreter der alten Irrtümer sich überzeugen lassen, sondern dass sie aussterben und mehr und mehr der Nachwachsenden noch nicht Festgelegten von vornherein für die besseren Gründe optieren." Je länger ich mit der Geistesgeschichte umgehe, desto mehr finde ich die Wahrheit dieser Be-

obachtung bestätigt, die zwar für den Stolz des Menschen empfindlich ist, aber gleichzeitig die Weisheit der Schöpfungsordnung beleuchtet, nach der es Tod und neues Leben geben muss.

In solch unaufdringlicher, aber nachhaltiger Weise prägte sich Dein Vater meinem intellektuellen Werdegang auf. ... Immer sehe ich von neuem, wo Dein Vater geistig am meisten zu Haus war: In der Welt des 18. Jahrhunderts, im Zeitalter der Aufklärung, der Kritik und der Vernunft. Mit seiner gemessenen Rationalität begegnete er dem Anprall unseres wüsten Jahrhunderts und bewahrte sich mit der schmerzlicheren Reife der späteren Erfahrung, die dem Optimismus entsagen musste, die Seelenruhe unverbitterter Resignation. Die Wunden dieser Zeit blieben ihm nicht erspart – Sohn und Schwester verlor er an ihr Wüten. Aber obwohl ich ihn seit 1933 nicht wiedergesehen habe, sagten mir seine Briefe, dass die Lust der Erkenntnis und die Heiterkeit der Kontemplation, diese Attribute der Weisheit, ihn nie verlassen haben. ...

Wer im 92. Jahr schreiben konnte, dass er "seit einigen Jahren das Geigenspiel wieder aufgenommen" habe; und dass er, um seinen nicht mehr so guten Augen die Ermüdung langen Lesens zu sparen, sich jetzt auf mathematische Logik konzentriere, "wo eine Seite genügenden Stoff zum Nachdenken gibt" – der hat dem Menschenbild die Treue gehalten, und das Leben hat es ihm mit langer Treue gelohnt. Mit ihm ist einer der Seltenen dahingegangen, die es von Zeit zu Zeit geben muss, damit aller Fragwürdigkeit zum Trotz die Schöpfung des Menschen gerechtfertigt erscheint. Die Allzuwenigen, die den Stillen kannten, werden ihn nicht vergessen.

Als werdender Zionist hatte Hans Jonas bei seinem Onkel wenig Verständnis gefunden, zu seinem Vater stand er geradezu in Opposition. Gustav Jonas war im Vorstand des *Central-Vereins deutscher Staatsbürger jüdischen Glaubens*. Er meinte, Zionismus sei nur eine Sache der zugewanderten Ostjuden. Als er wissen wollte, was seinen Sohn dazu bewogen hätte, antwortete Hans, er habe die Zeitungen des Central-Vereins gründlich genug gelesen, um die Gegenposition einnehmen zu müssen. Der 16-jährige hatte im Judentum mehr als nur die Religion gesehen, nach der sich deutsche Bürger unterschieden. Die deutsch-jüdischen Staatsbürger sah er als nicht gleichberechtigt. So bedurfte es für ihn auch einer politischen Konzeption des Judentums. Von manifestem Antisemitismus vor Hitler hat Hans Jonas aber nicht berichtet.

In das Stiftische Humanistische Gymnasium, das Hans von 1912 bis 1921 besuchte, schickten jüdische Kaufmanns- und Akademikerfamilien ihre Kinder auch noch in den 1930er Jahren, während Nationalsozialisten sie eher mieden. Nach der sogenannten "Kristallnacht" wurde der Direktor zwangsbeurlaubt. Er hatte sich bei den Eltern der von der Schule verwiesenen jüdischen Schüler telefonisch entschuldigt.

Als 12-jähriger erlebte Hans Jonas in dieser Schule schon den Durchbruch eigenständigen Denkens. Die Lehrer waren überwiegend preussisch. Drei ihrer jüdischen Schüler meldeten sich im Ersten Weltkrieg zum Notabitur und freiwilligen Fronteinsatz. Der Lehrer Ernst Brasse begann seinen Unterricht täglich mit der Frage: "Nun, was gibt es Neues vom Kriegsschauplatz?" Ein Klassenkamerad berichtete darauf, dass im Kanal ein englischer Truppentransporter torpediert worden sei. "Ja", sagte Professor Brasse, "sehr gute, sehr gute Nachrichten. Hoffentlich sind recht viele dabei ertrunken."

"In dem Moment knackte irgendetwas in mir", berichtete Hans Jonas, "ich zeigte auf und sagte: Darf man das eigentlich wünschen? Da erwiderte er: 'So, du meinst, das sei nicht christlich.' Nun war ich der einzige Jude in der Klasse, und ich antwortete – es war eine Situation, in der es kein langes Nachdenken geben konnte: 'Nein, ich meine – nicht menschlich.' Und da wurde er rot. Das war für mich ein Moment des Erwachens."

In welche Richtung sich das "humanistische" Denken von Hans Jonas weiter entwickelte, zeigte sein Abituraufsatz. Von Kants Kategorischem Imperativ ausgehend formulierte er seine Forderung: "Wenn du selbst es bist, der das Gutachten darüber abzugeben hat, ob deine augenblickliche Handlungsweise zum allgemeinen Gesetz erhoben werden kann, so hat diese deine begutachtende Persönlichkeit eine ungeheure Verantwortung gegenüber der Allgemeinheit, und um sie zu dieser Verantwortlichkeit fähig zu machen, um sie nicht – wenn vielleicht auch in gutem Willen – in ihrem Richteramt verhängnisvolle Fehler machen zu lassen, musst du sie ausbilden, musst du sie zu ihrem schweren verantwortungsvollen Beruf erziehen."

Der "Verantwortungs-Jonas", als den er sich später aus der Sicht des Durchschnittslesers auch ironisch selbst bezeichnete, hatte mit 17 Jahren sein Lebensthema gefunden. Er studierte Philosophie, Theologie und Kunstgeschichte. Wichtig war ihm aber auch die Aktivität in der Zionistischen Studentenorganisation, in der man Hebräisch lernte und sich mit Palästina beschäftigte. Mit 19 Jahren unterbrach der hochbegabte Schüler von Heidegger[134] und Bultmann[135] in Marburg sein Studium, weil er sich auf ein Leben als Lehrer und natürlich auch als Landwirt in Palästina vorbereiten wollte. Er lernte bei einem Wolfenbütteler Bauern Gartenbau, pflanzte Erdbeeren und

[134] Martin Heidegger (1889–1976); http://de.wikipedia.org/wiki/Martin_Heidegger

[135] Rudolf Bultmann (1884–1976), evang. Theologe; http://de.wikipedia.org/wiki/Rudolf_Bultmann

stach Spargel, bis der Lehrherr ihn selbst zu der Einsicht brachte, dass er zur Philosophie doch besser taugte. Sein Philosophieren hat aber aus der unmittelbaren harten Nähe zum Boden und zur Natur Anregungen zum späteren Thema des Umgangs mit den knappen Ressourcen dieser Erde geschöpft.

Doch er war auf das Jahr 1933 anders vorbereitet als die meisten und auch als seine Familie. Am 1. April, als die jüdischen Geschäfte, Betriebe und Arztpraxen boykottiert wurden, war für ihn das "Fass schon übergelaufen". Er beantragte ein Zertifikat der britischen Mandatsregierung für Palästina, als dies noch möglich war. Er verliess Deutschland im September (1933) mit einem Lebensprogramm, das schon durchdacht und vorbereitet war.

Das freie kreative Leben der Malerfreunde in Mönchengladbach hatte ein Ende. In den Gestapoakten wurden sie als "Kulturbolschewisten" geführt. Langsam zogen die Schlingen sich zu, vor allem für die jüdischen Familien. Hans Jonas jüngerer Bruder Georg wurde in der Nacht vom 9. November 1938 abgeholt und nach Dachau gebracht. Seine Mutter nahm die Ausreisegenehmigung, die ihr Sohn Hans ihr schon aus Israel geschickt hatte, und erreichte, dass Georg zur Auswanderung aus dem Konzentrationslager entlassen wurde. Er reiste an ihrer Stelle in die Freiheit. Ehe Hans ein zweites Zertifikat beschaffen konnte, brach der Krieg aus.

Die Firma, die Rose Jonas nach dem Tode ihres Mannes mit ihrem Schwager Alfred führte, musste einem "Arier" übereignet werden. Als nach den schikanösen Mietvorschriften Juden nur noch bei Juden wohnen durften, musste Rose auch ihr Haus verlassen. Sie zog mit vielen ihres Eigentums Beraubten zu ihrem Schwager Alfred in sein nun so genanntes "Judenhaus". Ihm gegenüber hatte sich das Büro der Gestapo einquartiert.

Im November 1941 kam der Maler Hans Lünenborg[136] zu seiner Schwester Hedwig Gier und bat sie, so schnell wie möglich zur Mutter von Hans Jonas zu gehen. Er hatte im Café von Parteigenossen erfahren, dass am nächsten Morgen ein "Judentransport" von Mönchengladbach abgehen würde, und nicht geruht, bis er erfuhr, wer auf der Liste stand. Einer der ersten Namen war Rose Jonas. Der Maler hatte schon mehrfach im Gebäude der Gestapo in "Schutzhaft" gesessen und seine Deportation in ein KZ erwartet. Deshalb wagte er es nicht, an dem berüchtigten Bau vorbeizugehen, der dem Jonashaus gegenüberlag, sondern bat seine Schwester Hedwig, Rose aufzusuchen.

"Es war ein Abend im November, und es regnete fürchterlich", erinnerte sich Hedwig Gier. "Ich vergesse nie, wie ich vor der Haustüre stand und auf

---

[136] Hans Lüneborg (1904–1990); http://de.wikipedia.org/wiki/Hans_Lünenborg

mein Klingeln hinter der Glasscheibe ein ganz verängstigtes schmales Gesicht erschien. Es war das Hausmädchen der Familie Alfred Jonas. Sie liess mich hereinkommen und führte mich in das Wohnzimmer, in dem viele Menschen waren, die ich nicht kannte. Doch Frau Jonas und ihr Schwager waren unter ihnen. Meine Mutter hatte mir eine Reliquie der Heiligen Theresia von Lisieux mitgegeben. Sie sollte Frau Jonas zum Schutz dienen. Sie würde verschickt, mehr wussten wir nicht, aber das war ja gerade schrecklich genug."

Rose Jonas freute sich über den Ausdruck der Freundschaft der frommen Katholikin, aber sie weinte bitterlich. "Wir haben eben unsere Todesurteile unterschrieben, waren ihre Worte." Hedwig konnte dies trotz aller schrecklichen Erfahrungen der Freunde nicht begreifen. Mit voller Überzeugung tröstete sie Rose Jonas: "Mehr als zwei Jahre dauert es doch nicht, bis wir den Krieg verloren haben, dann holen wir Sie wieder ab!" Noch lange sass Hedwig Gier mit der kleinen Gruppe zusammen. Viele kannte sie vom Sehen, denn sie hatte die gedemütigten Träger des Judensterns immer besonders herzlich gegrüsst. Die Versammelten fragten sie, ob sie auch noch eine Reliquie bekommen könnten. Nach zwei Tagen brachte Hedwig 50 Marienmedaillen, die sie von den Vincentinerinnen erbeten hatte. Da war Frau Jonas nicht mehr unter ihnen.

Sie war am nächsten Morgen abgeholt worden. "Ich habe doch nie jemand etwas zu Leide getan", waren die letzten Worte, die Hedwig Gier in Erinnerung hatte. "Warum hatte es sie getroffen?", fragte sie sich immer wieder. Sie sah Hedwigs Mutter so ähnlich, dass man sie beide von weitem hätte verwechseln können. Noch in hohem Alter sah sie das schmale, schöne Gesicht der zarten Frau Jonas, umrahmt von ihren krausen braunen Haar vor sich wie das Gesicht der eigenen Mutter. "Uns alle hätte es treffen können!"

Aus Warschau kam noch eine Karte "mit herzlichen Grüssen" an Hedwig Gier. "Ich bin hier im Altenheim", stand darauf. So hiess es auch in dem Befehl der Gestapo, der den Betroffenen einige Tage vor ihrem Abtransport zugestellt wurde. Die jüdischen Gemeinden selbst waren mit der Benachrichtigung beauftragt, damit der Eindruck entstünde, es könne so schlimm nicht sein.

Es lastet schwer, den Weg von Rose Jonas aus Mönchengladbach zu verfolgen. Hans Jonas konnte es erst mit der Forschung des Chronisten der Geschichte der Gladbacher Juden, Günter Erckens. Am 31. Juli 1941 hatte Göring[137] Heydrich[138] beauftragt, einen Gesetzentwurf zur Durchführung einer

[137] Hermann Göring (1893–1946); http://de.wikipedia.org/wiki/Hermann_Göring

[138] Reinhard Heydrich (1904–1942); http://de.wikipedia.org/wiki/Reinhard_Heydrich

"Endlösung der Judenfrage" vorzulegen. In die Vorbereitungsphase bis zur Wannseekonferenz am 20. Januar 1942 fiel bereits der erste Deportationsbefehl vom 14. Oktober 1941, durch den deutsche Juden nach Lodz "verschickt" wurden. Die polnische Stadt hiess nach ihrer Eroberung im Polenfeldzug und der Eingliederung in den sogenannten Warthegau *Litzmannstadt* und war zum grössten Teil ein Ghetto. Am 27. Oktober 1941 ging ein Sammeltransport aus Düsseldorf ab, zu dem 75 Juden aus Gladbach und Rheydt gehörten. Über die Hälfte waren Frauen, und die meisten waren über 50 Jahre alt.

Nach dem Bescheid, den sie vor der Abreise erhalten hatten, durften sie nicht mehr als 50 kg Gepäck, hundert Reichsmark und Nahrung für drei Tage mitnehmen. Das Geld wurde ihnen gleich für den Transport abgenommen. Vom Bahnhof Mönchengladbach wurden die Zwangsverschickten nach Düsseldorf transportiert. Vom Hauptbahnhof schleppten sie ihr schweres Gepäck zu Fuss bis zum Schlachthof. "Der Boden des Gebäudes war nass und frostig, für die Nacht gab es nicht einmal Sitzgelegenheiten", erzählte eine Überlebende dem späteren Forscher. "Dann wurden wir untersucht, mussten uns ausziehen und am nächsten Morgen zum Güterbahnhof laufen." Der Transport endete in Lodz.

Der Weitertransport erfolgte noch in Personenwagen, aber die Entwürdigung der alten Menschen überstieg jedes Mass. Nach den Feststellungen des Gladbacher Forschers kamen in der ersten Novemberhälfte 19.287 Juden aus allen Teilen des Reiches auf ähnliche Weise nach Lodz. Von den 75 Gladbacher Deportierten überlebten nur drei. Die meisten starben im Ghetto schon an Hunger, Typhus, Tuberkulose oder anderen Folgen des Erlittenen. Im August 1944 wurde das Ghetto wegen der Nähe zur Front aufgelöst. Die Überlebenden wurden in andere Lager transportiert. Rose Jonas kam nach Auschwitz.

Alfred Jonas verkaufte sein Haus in der Lützowstrasse im Oktober 1941 an einen "Arier", der Erlös wurde sofort konfisziert. Als der Tag für die Abreise zu seinem Sohn Gerald in die USA schon feststand, zerstörte Hitlers Kriegserklärung an Amerika die letzte Hoffnung. Im Januar 1942 befahl das Wohnungsamt die Räumung des "arisierten" Hauses von allen dort wohnenden Juden. Im Juli 1942 traf Hedwig Gier eine jüdische Schulfreundin auf der Strasse. Sie fragte, ob Hedwig schon erfahren habe, dass Herr Jonas am nächsten Tage fort müsse. "Ich meinte, er habe doch ein Schiffsbillett, aber sie sagte, das hätten sie ihm schon abgenommen. Wenn ich ihn noch einmal besuchen wollte, könnte ich an der Hintertüre eines Hauses in der Aachener

Strasse klopfen." Es war das Haus des jüdischen Klempners Jakob Levi, das dem 71-jährigen als letzte Bleibe zugewiesen worden war.

Inzwischen war es noch gefährlicher geworden, "Judenhäuser" zu besuchen, und Frau Gier machte sich erst nach 10 Uhr im Dunkeln auf den Weg. "Als ich an die Haustür klopfte, öffnete mir Herr Jonas. Er packte gerade seinen Koffer, und ein Nachbar half ihm dabei. Als er seine karierte Hausjacke einpacken wollte, fragte er mich, ob das noch Sinn hätte, oder ob man sie ihm dort abnehmen würde. Ich fürchtete so etwas jetzt schon sehr aber riet ihm doch, sie mitzunehmen. Zur Erinnerung gab er mir eine kleine Glocke mit einem silbernen Vögelchen, mit dem die Familie immer zum Essen gerufen worden war. Zum Abschied umarmte er mich und sagte: 'Ich gebe Ihnen den dreifachen Segen für Ihre Kinder.'"

Am 25. Juli wurde Alfred Jonas nach Theresienstadt[139] deportiert. Das sogenannte Altersghetto war schon länger bekannt. Die Gestapo hatte ältere vermögende Juden dazu aufgefordert, rechtzeitig einen "Heimeinkaufsvertrag" abzuschliessen. Beim Tode des Vertragspartners bestünde kein Anspruch auf Rückzahlung. Die Deportierten aus Gladbach und Umgebung hatten die Summe von 62.250 Reichsmark aufgebracht. Unter den 20 Beteiligten hatte Alfred Jonas aber nur 150 RM bezahlt. Das entsprach einem Monatssatz für angebliche Verpflegung im "Altersheim". Er hatte daran wohl nicht mehr geglaubt. Als Theresienstadt 1945 von sowjetischen Truppen befreit wurde, lebten von 155.000 eingelieferten Häftlingen noch 32.000 in elendestem Zustand, und viele raffte jetzt der Typhus dahin. Ein grosser Teil war in die Vernichtungslager im Osten und nach Auschwitz weitertransportiert worden. Aus dem Gladbacher Transport hatte nur der jüngste Teilnehmer überlebt. Er war in Theresienstadt, als "Kapo" in der sogenannten jüdischen Selbstverwaltung eingesetzt worden.

Den ganzen Leidensweg seiner Angehörigen erfuhr Hans Jonas bei seiner Rückkehr in britischer Uniform 1945 noch nicht. In der jüdischen Gemeinde aber brach eine Frau in Tränen aus, als sie ihn sah. Sie war in Lodz mit Rose Jonas zusammen gewesen, bis diese 1942 nach Auschwitz deportiert wurde. Jetzt wusste sie: das war ihr Tod.

Am nächsten Tag besuchte Hans Jonas Hedwig Gier. Die Karte aus Warschau, die sie ihm zeigen wollte, war nun kein Lebenszeichen mehr. Es war ein frommer Wunsch der Katholikin geblieben, Frau Jonas nach dem Kriege

---

[139] Dazu: Pavel Stransky, Als Boten der Opfer – Von Prag durch Theresienstadt, Auschwitz, Schwarzheide und zurück. Konstanz 2001; Hans Munk, Theresienstadt in Bildern und Reimen. Konstanz 2009.

heimzuholen. Sie selber hatte nicht an ihre Wiederkehr geglaubt. "Wenn mein Sohn Hans das wüsste", hatte sie tief traurig zu Hedwig gesagt. Und sie hatte die junge Freundin gewarnt: "Wenn sie uns alle geholt haben, dann sind Sie, die überzeugten Christen an der Reihe."

Bis ins Alter verfolgte Frau Gier eine schreckliche Frage, die ihr Hans Jonas jedoch niemals gestellt hat: Hätte sie seine Mutter verstecken können? Der Abschied war überraschend gekommen, mitten in der Nacht. Es war die erste "Verschickung" aus Mönchengladbach, wo gleichzeitig die Schulkinder nach Osten "landverschickt" wurden. Hedwig lebte mit ihrer Familie und der Mutter in ihrem grossen Elternhaus, wo sie nach dem Tode des Vaters eine Etage vermietet hatten. Ein Amtsgerichtsrat war dort eingezogen, dessen Frau auf jede Aussage lauschte. Die beiden hatten bereits die Malerfreunde angezeigt. Was würde geschehen, wenn die Denunzianten eine fremde Frau im Luftschutzkeller erblickten? "Ich war ja auch für die Mutter und für meine Familie verantwortlich", grübelte die alte Dame verzweifelt.

Von Rose Jonas bevorstehendem Abtransport erfuhr auch der einstige Pflegesohn und Hauslehrer der Familie, Rudolf Vitus. Der kirchliche Querdenker war in eine Bauerngemeinde abgestellt worden. Dort suchte Rose Jonas ihn auf, als sie den Transportbefehl erhalten hatte. Sie brachte ihm einige Wertgegenstände, die er für ihre Söhne verwahren sollte. Hätte er sie noch verbergen können? Solche Gedanken lagen Hans Jonas fern. Als er den Pfarrer 1960 erstmals wieder besuchte, erklärte dieser ihm, dass es in dem kleinen Ort, wo jeder ihn kannte und jeder auf jeden aufpasste, unmöglich gewesen war. In einem nahen katholischen Krankenhaus hatte die Gestapo noch eine 88-jährige alte Dame aus ihrem Versteck aufgespürt und nach Theresienstadt verschleppt. In den Wochen vor Kriegsende musste Rudolf Vitus selber im Verborgenen leben. Er hatte auf der Kanzel geäussert, dass es mit den Verbrechern bald ein Ende haben würde. Danach suchte die Gestapo auch ihn.

Hans Jonas las in New York später den Briefwechsel des Malers Kurt Beyerlein mit seiner Frau, "Aus jenen Jahren" 1941–45. Sie notierte am 6. Februar 1942, als ihr Mann im Felde war: "Es passieren Dinge, die ich aus Vorsicht Kurt nicht schreiben kann. Am Gartentörchen stand morgens Herr Horn. Herr H. ist Jude, seine Frau evangelisch. Wir litten mit ihnen, als Herr H. eines Tages geholt wurde. Man liess ihn aber nach einiger Zeit wieder frei. Was er uns dann unter dem Siegel grösster Verschwiegenheit von den Erlebnissen während seiner Haft berichtete, war so grausam (nur sadistische Menschen können sich so furchtbare Peinigungen ausdenken). Er sagte, dass er sich das Leben nehmen würde, ehe er noch einmal in eine solche Hölle gebracht würde. Wir sagten ihm spontan unsere Hilfe zu. Ein Rechtsanwalt aus

M.Gladbach, den ich durch Treffen der Bekennenden Gemeinde kannte, brachte Herrn H. zu einem katholischen Rechtsanwalt in Erkelenz. Von dort sollte er in ein Kloster nach Holland gebracht werden. Ich verbrachte Tage in Sorge, ob die mutige Tat gelänge. Wenn nicht, würden wir Fluchthelfer als Schwerverbrecher behandelt und wahrscheinlich getötet. Besonders ich würde in der 'gleichgeschalteten' Presse als ehrlose Deutsche hingestellt werden, die – während ihr Mann Soldat ist – einen Juden in ihr Schlafzimmer einlässt! Viel später erfuhr ich, dass Herr H. den Krieg in einem holländischen Franziskanerkloster heil überstanden hat."

Die Freunde in seiner Geburtsstadt hat Hans Jonas regelmässig besucht, wenn er in Deutschland war. Ein Bild des Malers Kurt Beyerlein hatte in der Emigration stets einen Platz über seinem Bett. Es versetzte ihn in die niederrheinische Landschaft zurück, die die Freunde so gern durchstreiften. Im Hintergrund sah man die Stadt Mönchengladbach. "Es ist keine sehr schöne Stadt", hatte er oft gesagt, aber das hing mit der industriellen Entwicklung zusammen, die auch seine Väter gefördert hatten. In das goldene Buch der geliebten Heimatstadt konnte Hans Jonas sich erst mit 84 Jahren einschreiben, als die Stadt die Vertriebenen einlud: "54 Jahre nach meiner Auswanderung – eine unerwartet festliche Wiederkehr, Hans Jonas."

Zwei Jahre später wurde dem 86-jährigen das Ehrenbürgerrecht verliehen. Der Oberbürgermeister gedachte seiner Eltern: "Ihr Vater war überzeugt, dass ihm nichts geschehen würde, da er Teilnehmer des Ersten Weltkrieges war. Er und Ihre Mutter verliessen Mönchengladbach nicht. Diese Auffassung war für alle trügerisch und hatte fürchterliche Folgen. Voller Scham gestehen wir ein, dass auch hier die Synagogen brannten und auch hier Juden in die Vernichtung geschickt wurden." Für Hans Jonas war es nicht einfach, sich in seiner Rede offiziell "zu dieser Stadt zu bekennen", deren Bürgerrecht er in all den Jahren nicht in Anspruch nehmen konnte. "Denn mein eigenes Bürgerrecht und sogar Menschenrecht war mir und den Meinen ja 1933 in aller Form aberkannt worden. Und seitdem hatte ich zwar Bekannte und auch einige liebe Freunde aber keine Mitbürger mehr in Mönchengladbach. Nun soll ich also ehrenhalber wieder ein Bürger der Stadt sein, in der ich geboren wurde und aufwuchs, in der kaum noch jemand von denen am Leben ist, die einst mit mir dort jung waren, in der nur noch Grabsteine auf dem jüdischen Friedhof von meiner Familie zeugen. Der letzte Name darauf ist der meiner Mutter mit dem Todesjahr 1942 und dem Todesort Auschwitz. – Was antwortet man auf eine solche Ehrung? Sagen kann ich, dass dies ein grosser und nie erträumter Augenblick in meinem Leben ist."

Wenn erstmals ein Philosoph zum Ehrenbürger einer Stadt gemacht wurde, fragte Jonas sich, warum? "Wer von der Allgemeinheit brauchte etwas von Gnosis zu wissen, dem Thema meiner frühen philosophischen Forschungen? – Aber um die Krisenrichtung der heutigen technischen Kultur, mein spätes Thema, muss jeder wissen, soll jeder sich kümmern, denn ihre Zukunftsdrohung geht jeden an, und die sich daraus ergebenden sittlichen Imperative richten sich an jeden – Einzelne und Körperschaften, Regierungen, Konzerne, Produzenten, Konsumenten, an dich und mich. Gewiss hat bei dieser Wahl auch ein Teil der jüdischen Tragödie mitgespielt. Aber mir ist wichtig daran die Anerkennung einer neuen Rolle der Philosophie. In ihrem Namen also nehme ich die Ehrung mit ergebenem Dank an."

Unter diesem Zeichen stand auch Hans Jonas' Wiederbegegnung mit Karl Jaspers im November 1945. Seinetwegen war 1926 Jonas mit Hannah Arendt[140] von Marburg nach Heidelberg gegangen. Zur Wiedereröffnung der Universität nach dem Kriege hielt Jaspers seine berühmte Vorlesung, mit der er sich zu der metaphysischen Last bekannte, die jetzt alle Deutschen guten Willens teilten: "Dass wir leben, ist unsere Schuld." Hans Jonas wollte den tiefen Eindruck dieser Rede nach Israel vermitteln, wo eine Übersetzung erscheinen sollte. Der alte Freundeskreis, der dem Verleger Salman Schocken nahestand, konnte sich jedoch nicht zum Druck durchringen. Als Überlebender war auch ein Jaspers schuldig, schlossen diejenigen, die eine positive Beziehung zu Deutschland nicht mehr finden konnten. Wieder war es Ernst Simon, der Jonas verstand und in einem Gedicht zu trösten suchte, das mit den Zeilen endete:

Heldentum verlangen sehr
schwankende Gestalten.
Freund, die Rückkehr fällt Dir schwer,
denn wir sind die Alten.

Ernst Simon stand zu Deutschland zeitlebens anders als Scholem, mit dem er doch innig befreundet war. Er war auch in der Hitlerzeit noch mehrfach in Berlin gewesen. 1934 hatte Buber ihn für ein Jahr in die "Reichsvertretung der Deutschen Juden" geholt, die Mittelstelle für die Auswanderung nach Palästina. In einem Vortrag vor mehr als 1.000 Zuhörern hatte er erklärt: "Ich bin Hitler sogar dankbar für das Ariergesetz, denn so kann kein Jude Nazi werden." Eine Anzahl von Gestapo-Beobachtern, die das mitgehört hatten, schie-

[140] Hannah Arendt (1906–1975); http://de.wikipedia.org/wiki/Hannah_Arendt

nen es positiv für sich zu buchen, denn Simon und seiner aus Russland stammenden Frau Toni geschah nichts, so hat sie es erzählt

1938, als Buber schon in Israel war, fuhr Ernst noch einmal zu seinem kranken Vater nach Berlin. Dort besuchte er auch seinen ehemaligen Lehrer Hermann Onken, der ihn noch von der Auswanderung hatte zurückhalten wollen, um ihn zu habilitieren. Jetzt war Onken selbst nicht mehr an der Universität. "Sie haben mehr Recht behalten, als ich für Sie hoffte!", begrüsste er Ernst Simon. Einer seiner Professoren war aber Nationalsozialist geworden. "Wo gehobelt wird, da fallen Späne. Die Späne sind die Juden", erklärte er dem Besucher aus Israel. Ernst Simon hat den Namen dieses Professors aus Rücksicht auf seine Familie nie genannt. Die Namen der Freunde Onken, Dibelius,[141] Bonhoeffer und Gollwitzer[142] aber liessen ihn und seine Frau am Überdauern des Menschlichen nicht verzweifeln.

Auch Ernst Simon blieb schwerstes Erleben in seiner Familie nicht erspart. 1938 hatte der deutsche Konsul in Palästina – auch einer der wenigen "Menschen" – Ernst vor seiner Reise zu dem kranken Vater eindringlich gefragt: "Sie wollen ihn doch wohl herausholen?" und ihm ein Visum in die Hand gedrückt. Aber der Vater hatte seinem Sohn nur die Frage gestellt: "Wie kann ein Zionist verlangen, dass man sein Vaterland verlässt?" Er war dazu wohl auch zu alt und schwach. Als Ernsts Eltern 1940 doch endlich noch die letzte Möglichkeit ergreifen wollten, von Triest aus nach Israel zu kommen, nahm sie kein Schiff mehr auf. Sie mussten nach Berlin zurückkehren. 1944 schlug ein SS-Mann auf offener Strasse Ernst Simons Vater nieder. Er war sofort tot.

Toni Simon sagte in Jerusalem noch von ihrem in Israel verstorbenen Mann: "Ernst war ein Deutscher." Bei der Auswanderung hatte er dem Vater versprochen, die deutsche Sprache lebendig zu halten. Er und seine russisch gebürtige Frau taten es auch für Kinder und Enkel. "Eine Sprache ist ein Geschenk", sagte sie und erinnerte sich: "Ernst hatte nie Schwierigkeiten, mit Deutschen zu reden. 'Wer mit mir spricht, der ist kein Nazi', sagte er. Seine besten Freunde waren im deutschen Widerstand."

Auch Hans Jonas würdigte den Widerstand der "Bekennenden Kirche" und Karl Barths Einsatz für die aus Deutschland Vertriebenen. Aber er empfand noch immer schmerzlich die "durchaus schemenhafte Anschauung ihrer haupt-

---

[141] Karl Otto Dibelius (1890–1967), 1961–1966 Bischof von Berlin-Brandenburg, 1949–1961 Ratsvorsitzender der Evang. Kirche in Deutschland; http://de.wikipedia.org/ wiki/Otto_Dibelius

[142] Helmut Gollwitzer (1908–1993), evang. Theologe; http://de.wikipedia.org/wiki/Helmut_ Gollwitzer

sächlichsten Opfer, der Juden." Als jüdischer Philosoph, der sich mit Religionsphilosophie befasst hatte, konnte er in Deutschland immer noch keinen Nährboden finden. Im Krieg waren Leben und Sterben und das Sein der Natur Gegenstand seines Denkens geworden. Dazu versprach er sich Impulse in der angelsächsischen Welt durch das Stipendium in Montreal. Es galt nur für ein Studienjahr und umfasste keine Lehrtätigkeit. Doch der Dean des Dawson College der McGill-Universität bat Hans Jonas, die Ingenieurstudenten in Philosophie zu unterrichten. Im Frühjahr 1950 wurde das College, das für Kriegsheimkehrer eingerichtet worden war, überraschend geschlossen. Hans Jonas fand eine Stelle als Visiting Professor an der Universität in Ottawa. Dort wurde der Sohn Jonathan geboren.

Die Berufung an die New School of Social Research in New York fiel in eine unruhige Zeit. Hannah Arendt, die dort Professorin für Politikwissenschaften war, machte sich Gedanken über die Zukunft des Landes und seiner Intellektuellen. Sie sah die Freiheit des Denkens in der Verfolgung Linksintellektueller durch MacCarthy[143] bedroht. "Soll man hier arbeiten oder nicht", war die Frage, die Jonas auch Wilhelm Magnus stellte. Die Überzeugung der Freunde war es, dass die Demokratie solche Auswüchse überwinden kann. Hans Jonas versprach sich viel von den Studenten der Graduate School, und er wollte forschen und schreiben. Der Inhaber der "Named Professorship" hatte auch die Möglichkeit, häufiger ein halbes Jahr bezahlten Forschungsurlaub zu nehmen. In einem solchem "Sabbat-Semester" erhielt er dann den ersten Gnosis-Lehrstuhl der Universität München.

Die amerikanische Professur war nach dem Gründer der New School Alvin Johnsson benannt, der sie mit der Einrichtung der Graduate-Fakultät zur "Universität im Exil" gemacht hatte. Etwa 200 europäische Wissenschaftler, Politiker und Künstler hatten hier zwischen 1933 und 1945 ihre intellektuelle Wirkungsstätte und materielle Existenzgrundlage gefunden. Die Zeiten der sogenannten Mayflower-Elite gingen dem Ende zu, aber es war noch ein bedeutender Kreis geblieben. Hans Jonas hat ihn so bereichert, dass der Alvin Johnsson-Lehrstuhl später nach ihm "Hans Jonas Lehrstuhl" benannt wurde.

Gern erinnerte sich Lore Jonas an die warme Aufnahme im Kollegenkreis der New School. Da waren die Einladungen im Hause von Ernst Staudinger, der als vertriebener politischer Beamter eine grosse Gabe im Fund Raising für die wachsende Universität hatte. Im Hause des ehemaligen Diplomaten Rietzler, der Max Liebermanns einzige Tochter geheiratet hatte, bewunderte man an

---

143 Joseph McCarthy (1908–1957), amerikan. Politiker, der gegen die angebliche Unterwanderung des Regierungsapparates kämpfte; http://de.wikipedia.org/wiki/Joseph_McCarthy

den Wänden die Originale des Malers, die sie nach Amerika gerettet hatten. Nahe Freundschaft bestand zwischen Lehrern der New School und dem am Union Theological Seminar lehrenden Paul Tillich. Seine Predigten in der neugotischen Kirche St. John the Divine am Broadway hörten auch die nichtchristlichen Emigranten. Der religiöse Sozialist war in Amerika populär geworden durch die Verknüpfung von Religion und Psychoanalyse und die Schlagkraft seines Witzes auch für Ungläubige. Einen väterlichen Freund fand Jonas in dem Nationalökonomen Adolph Lowe (Adolf Löwe),[144] der das Kieler Institut für Weltwirtschaft gründete und 1933 verlassen musste. Er ermahnte ihn immer wieder seinem Genius zu folgen. Der ehemalige Direktor der Berliner Hochschule für Politik, die er 1933 verlassen hatte, Simons, war Begründer einer Konzertreihe, in der man für einen Dollar das Budapester Symphonieorchester hören konnte.

Ein Leben lang dauerte die Freundschaft mit Hannah Arendt die mit ihrem Mann Heinrich Blücher den familiären Kreis in New Rochelle bereicherte. Man ging zusammen in ihre Vorträge oder in Hans Jonas Seminar und diskutierte dann bis in die Nacht zu geselligem Imbiss. Die Freunde nahmen auch an den geistvollen Kursen des Herrn Blücher über die metaphysischen Grundlagen der modernen Malerei teil. Hannah hatte ihren Mann als Flüchtling in Paris kennengelernt und mit ihm von dort in die USA flüchten müssen. Er lehrte als Autodidakt zunächst in der Erwachsenenbildung und dann an einem College südlich von New York Philosophie. In seinen letzten Lebenstagen erhielt er dafür noch den Ehrendoktor.

Die befreundeten Familien trafen sich auch in den Sommerferien. In den Catskills hatten Magnus ein Cottage gefunden. Die anderen wohnten in einem nahen Hotel. Hannah hatte zu Trude Magnus gesagt, "Es ist gar nicht leicht, einen Ferienort zu finden. Es gibt solche, wo ich nicht hingehen kann, weil ich jüdisch bin, und andere, wo ich nicht hingehen kann, weil mein Mann nicht jüdisch ist." Hier gab es sie alle, die ehemaligen politischen Flüchtlinge, die rassisch und religiös Verfolgten und die vom Druck aus dem Osten Vertriebenen. Sie fühlten deutsch und konnten deutsch sprechen, ohne dass sie der Vergangenheit so begegneten, wie sie es in Deutschland noch lange fürchten mussten. Hannah Arendt sagte zu Lore Jonas, von allem, was die Emigranten aufgeben mussten, sei "das Schlimmste die Muttersprache, in der man sich ausdrücken kann wie in keiner anderen." Jonas sprachen miteinander deutsch. Die Kinder verstanden sie, sprachen aber lieber englisch. Hans selbst sprach ein ganz vor-

[144] Adolph Lowe (geb. Adolf Löwe,1893–1995); http://de.wikipedia.org/wiki/Adolph_Lowe

zügliches Englisch und meinte später, dass sein gutes Verhältnis zur englischen Sprache sein Deutsch noch verbessert hätte.

In ihren Gesprächsabenden diskutierten die Freunde Politik, Kunst und den Alltag, "alles war für Jonas interessant", erinnerte sich Trude. "Er war immer lebhaft und anregend, schon durch die Art wie er sich ausdrückte, oft schnell, nicht philosophisch bedachtsam doch immer gut formuliert." Bei Friedrichs und Magnus konnte Jonas sein Interesse für Naturwissenschaften befriedigen. Friedrichs war als Mathematiker auf die neue Quantenmechanik spezialisiert, Wilhelm Magnus gab Erklärungen zu mathematisch-naturwissenschaftlichen Problemen. "Ich hatte im neuen Wohnsitz Amerika das Glück vertrauten Umgangs mit Vertretern der exakten Wissenschaften, von denen ich in der zweiten Hälfte meines Lebens mehr für mich lernte als von den dortigen philosophischen Zeitgenossen", schrieb Hans Jonas später. Er hatte viel Freude an zahlentheoretischen Spielereien, wie Wilhelm sie abends vor dem Einschlafen im Kopf zu lösen pflegte. Lore sah darin "eine besondere Variation des menschlichen Geistes".

Hans Joanas sprach im Freundeskreis über alle Themen, die ihn bewegten und in seinen Schriften Gestalt gewannen. Sie stammten aus ihm selbst und formten sich in ihm. Aber es bedeutete ihm sehr viel, jeden Zugang in der deutschen Gelehrtendiskussion suchen zu können. Für Wilhelm Magnus war es eine Erfüllung seiner grossen Liebe zur Philosophie, dass er befruchtend teilnehmen konnte.

Unter den englischen Beiträgen, die in einer Festschrift zu Hans Jonas 75. Geburtstag im Mai 1978 in den USA erschienen, hat Wilhelm Magnus einen Essay über das Verhältnis von Philosophie und Naturwissenschaft in Jonas Werk gebracht, mit dem Titel "The philosopher and the scientist: comment on the perception of the exact sciences in the work of Hans Jonas". "Es ist schwierig, das Werk eines Philosophen zu kommentieren", stellte er fest. Er wolle aber versuchen, auf die philosophische Analyse von Wissenschaft und Technik einzugehen, wie sie in Jonas' Werk erscheint. "Als Empfänger und nicht als Erzeuger philosophischer Ideen" wollte der Mathematiker sprechen. Er meinte, dass Jonas seiner Auffassung, dass Philosophie nur leben kann durch eine nie endende Interaktion mit allen menschlichen Bestrebungen, nicht widersprechen würde: "Es gibt nur eine menschliche Kultur, von der die exakten Wissenschaften ein Teil sind."

Naturwissenschaftliche und mathematische Forschung ist für Magnus eindeutig international. Dic Antworten von Naturwissenschaftlern auf die Frage nach einem philosophischen Verständnis der Naturwissenschaften sind aber sehr verschieden. Weithin bekannt sind die philosophischen Aussagen bedeutender Physiker wie Bohr,[145] Einstein[146] und Heisenberg,[147] die den Naturwissenschaften eine tiefe kulturelle Rolle zusprechen. Für die Naturwissenschaftler, die eine besondere Beziehung zur Philosophie haben, auch wenn sie nur eine Minorität darstellen mögen, wollte Wilhelm Magnus sprechen: "Was wir von der Philosophie erwarten, ist vor allem ein mitteilbarer Ausdruck unserer Überzeugung, dass die Naturwissenschaften über ihre Resultate hinaus von Bedeutung sind." Der Aufsatz von Hans Jonas "The Practical Uses of Theory" traf nach seines Freundes Magnus Meinung die besonderen philosophischen Bedürfnisse der Naturwissenschaftler. Wissenschaftliche Gewissheit erwartete der Mathematiker von einer philosophischen Untersuchung nicht, wohl aber mit Jaspers ausgedrückt "Erhellung".

Wilhelm Magnus hat immer nach einem philosophischen Verständnis seiner Wissenschaft gesucht. Bei Hans Jonas fand er den Ansatz in dem Aufsatz "Die Freiheit des Bildschaffens", den Magnus in seiner Wissenschaft bekanntmachte. Danach war das entscheidende Merkmal des homo sapiens die Freiheit des Entwerfens, die Fähigkeit, Bilder zu schaffen, und Wilhelm stimmte Hans Jonas zu: "Wir erkennen in den mathematischen Modellen der Physik und den Lehrsätzen der Topologie und Zahlentheorie die späteste Metamorphose unserer spezifisch menschlichen Fähigkeit: Sie sind Bilder der Elemente wirklicher oder möglicher Ordnung, die dem Universum innewohnt."

In mehr als drei Jahrzehnten habe er hauptsächlich englisch geschrieben und publiziert, schrieb Hans Jonas beim Erscheinen des "Prinzip Verantwortung", aus dem in den Jahren des Werdens viele Gedanken schon in amerikanische Aufsätze eingegangen waren. An allem, was er englisch niederschrieb, um es dann gegebenenfalls auch ins Deutsche zu übersetzen, hatte er die Freunde schon in seiner Muttersprache teilnehmen lassen. Mit ihnen erörterte er die Themen, die ihn bewegten und in seinen Schriften Gestalt gewannen. "Sie stammten aus ihm selbst und formten sich in ihm", erinnerte sich Trude, "aber es bedeutete ihm viel, sie in der Diskussion entwickeln zu können." Neun Jahre nach Kriegsende kam der erste Teil des zweiten Bandes der Gnosis heraus. "Dem Andenken meiner Mutter – Auschwitz 1942" widmete Hans Jonas sein erstes deutschsprachiges Buch.

Im Jahr vor Hannah Arendts Tod (1974) hatte Jonas den Entschluss gefasst, das Werk, das im Entstehen war, seine Ethik, auf deutsch zu schreiben. Es

---

[145] Niels Bohr (1885–1962), dänischer Physiker; https://www.google.de/#q=Niels+Boh

[146] Albert Einstein (1879–1955); http://de.wikipedia.org/wiki/Albert_Einstein

[147] Werner Heisenberg (1901–1976); http://de.wikipedia.org/wiki/Werner_Heisenberg

war für ihn der schnellere Weg, der ihm immer noch zu langsam war "angesichts der Grenzen des Lebens wie der Dringlichkeit des Gegenstandes". Eines der zentralen Kapitel gab er Hannah als erster Leserin für eine Stellungnahme. Als sie es ihm zurückgab, sagte sie nur: "Eines ist klar, das ist das Buch, das der liebe Gott mit Dir im Sinn gehabt hat." Es war der Beginn des Durchbruchs des deutschsprachigen Philosophen in Deutschland.

Im Juni 1983 erhielt Hans Jonas in New Rochelle einen Brief aus dem Rheinland:

Sehr geehrter Herr Professor, lieber Hans Jonas,
am Himmelfahrtstag spät abends schaltete ich den Fernseher ein, um festzustellen, ob der angekündigte Professor im Gespräch über das Prinzip Verantwortung derselbe Hans Jonas wäre, den ich 1926 in Heidelberg kannte. Er war es! Ich weiss zwar nicht, ob Sie sich an die junge Studentin, der Sie damals so liebevoll Hebräisch beigebracht haben, noch erinnern? Mir wurde die Heidelberger Zeit und damit Hans Jonas und Hannah Arendt wieder lebendig. Nun sind wir alt, ein langes, schwieriges Leben liegt hinter uns, und der Zufall führte Sie in mein Wohnzimmer und schenkte mir eine seltene Stunde! 80 Jahre und solch eine Lebendigkeit und Straffheit im Äusseren wie in Sprache und Gestik ...
Ihre Ruth Weinmann geb. Pose

Anfang September (1983) antwortete Hans Jonas:

Liebe Ruth Pose!
Erst bei den 2 Worten Ihres Briefes, "geb. Pose", fielen mir die Schuppen von den Augen, und ich wusste, wer die Schreiberin war, und "die junge Studentin" stand wieder vor mir, der ich "so liebevoll Hebräisch beibrachte". Ich habe mich riesig mit Ihrem Brief gefreut, der mich erst spät, bei Rückkehr von einer längeren Europareise, unter der hier angesammelten Post erreichte. Dann musste ich die Antwort noch mal aufschieben, wegen vordringlicher Arbeiten (denn mein "Ruhestand" ist keiner).

Heidelberg 1926 – – da schien die Welt noch täuschend in Ordnung und verheissungsvoll. ... Über meinen Lebenslauf sagt Ihnen einiges die beiliegende Laudatio von R. Spaemann. Ergänzend: 1933 weg von Deutschland, erst nach London, 1935 Jerusalem, 1949 Kanada, 1955 USA. Einen jüngeren Bruder brachte ich 1939 noch rechtzeitig (aus Dachau heraus) nach Palästina; meine gerade verwitwete Mutter nicht mehr, und sie endete in Auschwitz. ...
In freundlicher Erinnerung und mit herzlichem Gruss
Ihr Hans Jonas

Im Dezember 1985 schrieb Ruth Weinmann ihrem Jugendfreund von einer Rede des Fraktionsführers der SPD im Bundestag, Hans Jochen Vogel, in der er dem Bundeskanzler Kohl "voller Zukunftsgläubigkeit" geraten hatte, sich über die dringenden Fragen des Weiterbestehens dieser Erde zu unterrichten und das Buch von Hans Jonas "Das Prinzip Verantwortung" zu lesen. Gleich nach seinem Erscheinen hatte Helmut Schmidt das Buch mit in den Sommerurlaub genommen und seine Lektüre "jedem empfohlen".

Wenn "Verantwortung eine Funktion der Macht ist, die aktiv und passiv etwas ausrichten kann, so erfordern deren neue Ausmasse in der technischen Zivilisation auch neue ethische Vorschriften." Diesen Anruf hatten die Staatslenker überraschend intensiv aufgegriffen. Hans Jonas wollte der Ethik eine neue Dimension eröffnen. Mit der Dankesrede zur Verleihung des Friedenspreises des Deutschen Buchhandels 1987 brachte er sie den Hörern in Frankfurt und einem tausendfachen Fernsehpublikum nahe: "Jetzt und hier, so sagt uns die Pflicht, sollen wir unsere Macht zügeln, also unseren Genuss kürzen, um einer künftigen Menschheit willen, die unsere Augen nicht mehr sehen werden."

Die philosophische Laudatio für den Friedenspreisträger berührte auch die Vergangenheit, die ihn mehr als alles bewegte. Mit Jonas eigenen Worten schlug der Redner die Brücke von Auschwitz zur Gegenwart: "Eine grosse Anstrengung ist von uns Lebenden verlangt, den Schatten von unserer Stirn zu lüften und denen, die nach uns kommen, eine neue Möglichkeit der Seelenheiterkeit dadurch zu verschaffen, dass wir sie, die Gemordeten, der unsichtbaren Welt zurückgeben." Das hiess für Hans Jonas: "das göttliche Abenteuer auf Erden nicht im Stich lassen."

Als 1984 die Evangelisch-Theologische Fakultät in Tübingen ihm den Leopold Lucas-Preis verlieh, fand er Gelegenheit, vor einem vorwiegend theologischen Universitätskreis von seinem jahrzehntelangen Ringen um den "Gottesbegriff nach Auschwitz" zu sprechen. Leopold Lucas[148] war von der Hochschule für die Wissenschaft des Judentums in Berlin, die auch Jonas besucht hatte, nach Theresienstadt deportiert worden, und seine Frau Dorothea wurde in Auschwitz vergast. Die Mutter des Preisstifters hatte das Schicksal von Rose Jonas geteilt.

---

[148] http://de.wikipedia.org/wiki/Dr.-Leopold-Lucas-Preis

Hans Jonas (1903–1993)

Im Juni 1992 verlieh die Freie Universität Berlin Hans Jonas den Ehrendoktor der Philosophie. Berlin war das Zentrum deutsch-jüdischer Kultur seit Moses Mendelssohn. Von 1921–1923 hatte Hans Jonas an der "Hochschule für die Wissenschaft des Judentums" und an der Berliner Universität studiert. Aber Berlin wurde die Stadt "von wo die deutsche Entwürdigung, Vertreibung und Vernichtung ungezählter jüdischer Mitbürger ausgegangen ist", schrieb der Dekan der Fachbereiche Philosophie und Sozialwissenschaften, Professor Dietrich Böhler in der Verleihungsurkunde. "Nach dem deutschen Mord an den europäischen Juden und Ihrer Familie, der in Berlin organisiert wurde, konnten Sie dennoch wieder Vertrauen zu Deutschen zu finden." Im täglichen Umgang und vielfachen Diskussionen hatte Hans Jonas auf der Grundlage dieses Vertrauens in New Rochelle die Muttersprache zur Selbstverständlichkeit zurückgewonnen. Wie Trude berichtete, hatten die Freunde dort über alles auf deutsch gesprochen, auch die Arbeiten, die er später auf englisch publizierte.

Der Kreis, der Hans Jonas bei der Rückkehr in New Rochelle erwartete, war jetzt nicht mehr vollzählig. Oft hatten die Freunde über das Ende des Lebens gesprochen, das für alle ein langes und erfülltes war. Sie wollten es nicht mit technischen Mitteln künstlich verlängern. "Nachdem es möglich geworden war, durch Intervention von Apparaten und Medikamenten Lebenszustände aufrechtzuerhalten, die von der Natur nicht vorgesehen sind", entstand ein neuer Aspekt der Ethik. In seinem Buch "Technik, Medizin und Ethik" hatte Hans Jonas auch ein "Recht zu sterben" angemahnt. Den Tod nicht zu verdrängen und ihn dann zuzulassen, wenn seine Zeit gekommen ist, fällt dem modernen Denken schwer. Das Recht auf Leben ist davon unangetastet. Für die quälenden Grenzfälle zwischen öffentlichem Recht und persönlichem sittlichem Empfinden wollte Hans Jonas keine ethisch regelnde Antwort geben. Wir sind "zuletzt und im Äussersten auf die einsamen Entscheidungen der Liebe zurückgeworfen."

Die Achtung vor dem Leben, seine Bejahung, die Jonas Philosophie bestimmte, galt für alle alten Freunde. Zuerst waren es die Grossmütter in den Familien, die sie mit ihrer letzten Krankheit vor diese Frage stellten. Sie hatten noch den alten Hausarzt Dr. Freundlich, der 1934 als Emigrant gekommen war. "Wenn ich die Mutter jetzt ins Krankenhaus bringe", hatte er Wilhelm angesichts der fiebernden Rose Magnus gesagt, "dann wird sie vielleicht noch 14 Tage am Leben erhalten. Aber es ist zu Ende." Wilhelm war ihm bis an sein eigenes Lebensende dankbar, dass er für die Mutter "Nein" sagen durfte.

An seinem 80. Geburtstag musste Jonas bester Freund Wilhelm Magnus in seiner Dankesrede nach dem Schlusswort suchen und sagen: "Ich habe es vergessen." Sein Freund Hans Jonas wollte es nicht wahrhaben, doch seine Tochter Jutta wusste, es waren die Folgen eines Herzanfalls, von dem er sich nicht mehr erholte. Der Freund erlebte immer noch den Widerschein der "Leuchtkraft seines Geistes". Trude trug den Rückgang in ständiger Gegenwart in Liebe, Religiosität und Würde. In der ältesten Tochter Jutta hatten sie die stete ärztliche Ratgeberin. Wilhelm konnte in seinem Haus und in seiner Familie im 84. Lebensjahr ruhig sterben. Seine mathematischen Werke waren im Springer-Verlag vollständig erschienen.

"Wilhelm hatte sich noch Sorgen gemacht, dass das Ende hinausgezögert werden könnte", wusste die Freundin Nellie Friedrichs. "Frieder hätte es auch nicht gewollt, beide waren besonders dankbar, dass sie es zu Hause erwarten konnten." Jutta Magnus sagte aus ihrer Erfahrung als Ärztin: "If you bring somebody to the hospital, then they have to do it at least", und so begleitete sie ihren Vater still aus dem Leben. Kurt Otto Friedrichs erkrankte an Krebs. Als Nellie zuletzt den guten Dr. Freundlich, fragte, ob ein Zustand eingetreten sei, wo er ins Krankenhaus müsse, antwortete er, man würde dort noch alles tun, um sein Leben etwas zu verlängern. Ob das im Interesse ihres Mannes sei, liess er für Nellie offen. Frieder starb in ihren Armen.

Um beide Freunde hatte Hans Jonas sich schon länger sorgen müssen. Jetzt sorgten sich die Nächsten um ihn. Für das 90. Lebensjahr plante er keine

Europareise mehr. Da kam eine Einladung aus Italien, einen Preis für das beste ins Italienische übersetzte Buch des Jahres 1993 entgegenzunehmen. Sein Auge fiel auf den Namen der Stadt Udine, "und mit der Kraft unüberwindbarer Überzeugung gegen jeden Rat der Vorsicht wusste ich, dahin muss ich gehen!"

In dieser Stadt hatte im Frühjahr 1945 Hans Jonas Kampf gegen das nationalsozialistische Verbrechen ein Ende gefunden. Erst kurz zuvor hatten die jüdischen Befreier das Ausmass des Mordens erfahren. In Jonas Erinnerung lebte der Kampfesmarsch der Jüdischen Brigade wieder auf, in der die deutschen Emigranten besonders bedroht sein mussten. Sie trugen dennoch den Davidstern auf ihren Uniformen. Nach dem Sieg kamen jüdische Überlebende auf sie zu und erzählten, wie sie gerettet wurden. Jeder Bericht von Mut und Menschlichkeit unter Italienern war wie ein einsames Licht in Jonas Verzweiflung am Menschen. Nach einem halben Jahrhundert wollte er von diesem Licht noch etwas an seinen Ursprungsort zurückbringen. Von Frau und Tochter geleitet wurde er von vielen Freunden seiner Philosophie empfangen, die in den Norden Italiens gekommen waren.

Er erzählte ihnen von zwei österreichischen Schwestern aus Triest, die im Krieg vor der drohenden Deportation der Juden gewarnt worden waren. Auf dem Bahnsteig, wo sie fliehen wollten, stand schon ein Posten des deutschen Sicherheitsdienstes, der alle Ausweise kontrollierte. Da erhielten sie wieder einen Wink von einem Bahnbeamten, der sie auf einen unbewachten Zugang aufmerksam machte, durch den sie den Zug erreichten. In Udine, wo niemand sie kennen würde, mieteten sie ein unmöbliertes Zimmer. Bald hielt vor dem Haus ein Lastwagen, und zwei Betten wurden heraufgetragen – im Auftrage des Erzbischofs! Als Mensch erwies sich auch ein Schwarzhändler, dem sie für ein Pfund Speck ihren Schmuck verkauft hatten. Er kam des Nachts zurück: "von Ihnen will ich kein Geld." Hans Jonas bewahrte diesen Bericht als Unterpfand des Vertrauens aus der Zeit der Unmenschlichkeit.

Auf dem Rückflug von Italien brach Hans Jonas zusammen. Seine Frau wollte ihn in die Klinik bringen, aber er wollte nur nach Hause, um zu schlafen. Er erwachte nicht mehr. Das Krankenhaus hätte eine schriftliche Erklärung verlangt, mit der er extreme Massnahmen abgelehnt hatte. Die Diskussion über das grosse Problem, das den Philosophen zuletzt beschäftigt hatte, blieb allen erspart durch seine "Entscheidung der Liebe": Der Tod war eingetreten.

Erhard Roy Wiehn

Nachwort: *So haben sie es berichtet*

So haben sie es berichtet: "Mut zum Widerstand" (Gert Löllbach), "Auseinandersetzung mit dem Totalitarismus" (Richard und Charlotte Löwenthal sowie Charlottes Schwestern Johanna (Hanna) und Ruth), "Schicksal und Chance" (Eva und Ruth Brössler), "Die Last des Irrtums" (Gerhart Scheunert) und "Freunde in der Neuen Welt" (Wilhelm Magnus, Hans Jonas und die Emigration) sind fünf Kapitel der vorliegenden Schrift, die es in sich haben.

Dabei geht es vor allem um jüdische, aber auch um nichtjüdische Schicksale in Deutschland und Europa während der Zeit des Dritten Reiches und danach. Diese verschriftlichten Erinnerungen sind im Verlauf von vielen Jahren durch zahlreiche persönliche Gespräche entstanden, die nicht nur in Familiengeschichten einführen, sondern auch in die damalige Wissenschafts- und Zeitgeschichte: *So haben sie es berichtet.* Diese autorisierten Überlebensgeschichten sind berührend, dicht, detailreich, einfühlsam, elegant, hautnah, spannend, wie *von innen* geschrieben und stellen zweifellos nicht nur eine große Bereicherung unserer Edition dar, sondern auch der diesbezüglichen historischen Literatur.

In seinem ebenso sehr erfreulichen wie völlig überraschenden Brief vom 8. November 2013 bat mich Prof. M. Rainer Lepsius, das beigefügte Manuskript seiner Schwägerin Dr. Juliane Lepsius anzusehen, was ich umgehend tat, um stark beeindruckt sofort anzubieten, *So haben sie es berichtet* in unserer Edition Schoáh & Judaica zu veröffentlichen. Die Autorin hat dann erfreulicherweise ihre Schrift unserer Reihe spontan anvertraut, die Editionsarbeiten mit ihr und ihrem Mann Carlpeter Lepsius konnten unverzüglich beginnen, und in einem gemeinsamen Kraftakt waren wir mit diesem bedeutenden Buchprojekt viel schneller druckfertig als gedacht: *So haben sie es berichtet.*

Herzlich zu danken ist natürlich vor allem Dr. Juliane Lepsius für ihre ebenso engagierte wie unverwechselbare Erinnerungsarbeit, insbesondere wenn man bedenkt, daß fast alles hier Verewigte vergessen und somit verloren wäre, wenn sie es nicht aufgezeichnet hätte: *So haben sie es berichtet.* Herzlich zu danken ist auch Carlpeter Lepsius für die exzellente Zusammenarbeit und nicht zuletzt besonders dem Brückenbauer Professor M. Rainer Lepsius, einem meiner allerersten soziologischen Lehrer an der Ludwig-Maximilians-Universität München ab Wintersemester 1961/62: Heute noch fast wie gestern!

Einmal mehr mögen auch hier Wunsch und Motto unserer Edition gelten: Was aufgeschrieben, veröffentlicht und in etlichen Bibliotheken der Welt aufgehoben ist, wird hoffentlich nicht so schnell vergessen, damit vielleicht daraus gelernt werden kann. – Mit herzlichem Glückwunsch zum großen Geburtstag der Autorin Dr. Juliane Lepsius im Februar 2014 – und bis 127!

Erev Chanukka 5774 – 27. November 2013

Dr. phil. Juliane Lepsius

geb. Trendelenburg, Jahrgang 1924, verbrachte ihre Jugend- und Schulzeit in Berlin. Sie studierte Germanistik, Romanistik, Geschichte und Philosophie in Berlin, Tübingen und Wien. In Göttingen schrieb sie dann bei Nicolai Hartmann ihre philosophische Dissertation über *Die Ethik der vorkantischen deutschen Schulphilosophie*. 1952 wurde sie zum Dr. phil. promoviert und machte das Staatsexamen für Germanistik und Romanistik.

Längere Auslandsaufenthalte in den Jahren 1953 bis 1955 in England, Frankreich, Genf und – zum Studium der Vereinten Nationen – in den USA dienten der Vorbereitung auf den höheren Auswärtigen Dienst. 1955 wurde sie als eine der ersten Frauen in den diplomatischen Dienst aufgenommen. Stationen: Den Haag, Generalkonsulat Zürich, Dienststelle Berlin des Auswärtigen Amtes und Botschaft Stockholm. Dort wurde sie als Legationsrätin auch Leiterin der Rechts- und Konsularabteilung. In dieser Funktion war sie – im Zusammenhang mit dem ersten Auschwitz-Prozess – beauftragt, in Schweden lebende frühere Häftlinge als Zeugen dazu zu bewegen, von ihren traumatischen Erlebnissen zu berichten.

1964 heiratete sie in Stockholm den schwedischen Staatsbürger Carlpeter Lepsius und schied deshalb 1965 aus dem auswärtigen Dienst aus. Ihre beiden Kinder wurden in Frankfurt am Main geboren. Sie widmete sich zunächst ihrer Familie und ihrem zentralen Interessengebiet, der Psychoanalyse. In Düsseldorf begann sie 1975 mit dem Aufbau eines Seniorenprogramms der Volkshochschule und der philosophisch-literarischen Aufarbeitung von Erinnerungen der älteren Generation. 1991 erschien im Droste Verlag (Düsseldorf) ihr Buch *Es taucht in Träumen wieder auf – Schicksale seit 1933*, das aus Erinnerungen der eigenen Familie und jüdischer Freunde über Verfolgung und Emigration während des Nationalsozialismus berichtet. Sie lebt heute mit ihrem Mann im Oberbergischen Land.

Dr. Drs. h.c. Erhard Roy Wiehn, M.A.

Professor (em.) im Fachbereich Geschichte und Soziologie der Universität Konstanz; Veröffentlichungen vor allem zur Schoáh & Judaica:
www.uni-konstanz.de/soziologie/Judaica
& Wikipedia

Petr Hlaváček & Dušan Radovanovič

Verdrängte Elite

Aus dem Gedächtnis verbannte Gelehrte der Deutschen Universität in Prag

Herausgegeben von Erhard Roy Wiehn
Hartung-Gorre Verlag Konstanz
10/2013